MPAcc MAud
复试真题超精解
财务会计

总策划 ◎ 乐学喵考研复试研究院

主编 ◎ 段文佳

北京理工大学出版社
BEIJING INSTITUTE OF TECHNOLOGY PRESS

版权专有　侵权必究

图书在版编目（CIP）数据

MPAcc、MAud 复试真题超精解．财务会计 / 段文佳主编．－－北京：北京理工大学出版社，2023.12
　　ISBN 978－7－5763－3290－2

Ⅰ．①M…　Ⅱ．①段…　Ⅲ．①财务会计-研究生-入学考试-自学参考资料　Ⅳ．①F230

中国国家版本馆 CIP 数据核字（2023）第 249131 号

责任编辑：多海鹏	**文案编辑**：辛丽莉
责任校对：周瑞红	**责任印制**：李志强

出版发行 / 北京理工大学出版社有限责任公司
社　　址 / 北京市丰台区四合庄路 6 号
邮　　编 / 100070
电　　话 / （010）68944451（大众售后服务热线）
　　　　　　　（010）68912824（大众售后服务热线）
网　　址 / http://www.bitpress.com.cn

版 印 次 / 2023 年 12 月第 1 版第 1 次印刷
印　　刷 / 三河市文阁印刷有限公司
开　　本 / 787 mm×1092 mm　1/16
印　　张 / 22
字　　数 / 516 千字
定　　价 / 69.80 元

图书出现印装质量问题，请拨打售后服务热线，负责调换

一、会计的"痛"我都懂!

在我不算长的前28年人生中,我有两次特别强烈地需要一本好书。

第一次是在大一下学期,初次接触会计的我,被各种专业术语搞得晕头转向,实在不知道那几行神秘的"借""贷"背后遵循何种原理。于是,在那个刚有3G网的时代,我选择去图书馆寻找答案。遗憾的是,我搜寻整个图书馆也没找到真正针对小白、能让我"知其所以然"的书籍。

第二次则是在考研初试结束后,在不算充裕的复试准备期间里,我试图找一本书,期望它能像初试一样,清楚地知道复试考查题型、考查范围,从而给备考指明方向。这一次,我还是败兴而归。大概是因为院校都是自命题,确实很难有一本书能够"一统天下",广大考生也很难对复试"一探究竟"。

这两次经历像一颗种子,在我心头悄悄扎根。在经历6年的本硕会计之旅以及众多的考证之途后,我也算是参透了不少会计的底层原理,总结了不少应试的独门绝技。再加上从业5年对于MPAcc、MAud复试真题的研究,终于能让这颗种子发芽成长,我也能够从学员角度写一本"寻觅未果"的书,它既能完全针对MPAcc、MAud复试,又能帮助大家真正弄懂会计的底层逻辑。

由于考试辅导类书籍以"考点+真题"的呈现为主,我无法完全直接用文字阐述那些准则背后的原理以及分录的推理技巧,建议大家可以配合我的相关课程来进行学习。相信通过书课结合的学习方式,你也能像我一样开始感叹会计的魅力,并将复试备考阶段形成的财务思维和知识体系,完美地迁移到其他会计证书类考试。

二、财务会计学什么?

相较于其他科目,财务会计是一个更底层、更传统的学科。它就像一个略显冷漠的史官,袖手旁观地看着企业发生的大大小小的经济业务,并兢兢业业地加以记录,以求全面、客观、公允地反映企业的财务状况、经营成果和现金流量。

《财务会计》整本书就是讲述作为一名财务人员,如何通过日常账簿和期末报表,客观、公允地反映一家企业的财务情况。

第一篇是财务会计的基本原理。作为一名财务人员,先要明白一些财务会计的基本理论。例如:会计是什么?做好会计工作有什么前提条件?会计工作有什么方法和步骤?

第二篇至第四篇,是按照会计六大要素分门别类讲述财务人员的日常账簿。

第五篇是期末编表。日常工作形成的账簿多且散,无法集中反映企业的财务情况,也不便于直接利用这些信息做出经济决策。因此,财务人员还需要期末编制财务报告,从而综合地反映企业的经济活动过程和结果。

第六篇是特殊事项篇。比如：对于企业那些可能发生也可能不发生的事情（或有事项），一名"未雨绸缪"的会计怎么处理？资产负债表日至财务报告批准报出日期间，又发生了一些经济事项，要不要调整报表？企业会计政策变更后以及发现会计差错，怎么处理？

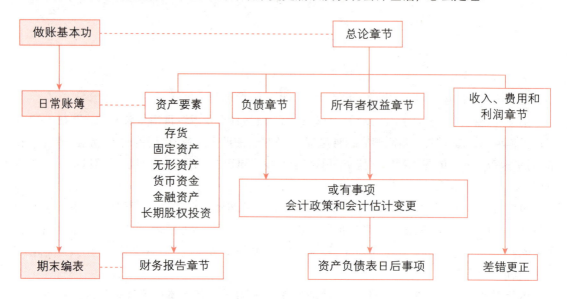

三、财务会计怎么学？

对于财务会计来说，核心就是"记账"。而"记账"需要使用会计的独特语言——分录。因此，我们常常听说"学会计就是背分录"。但是，将学习等同于记忆，就会变得痛苦且低效。更高效的学习方式是直接掌握分录的底层逻辑，学会"推"分录。为了帮助大家掌握分录的推理思维，我在这本书的分录列示部分设计了两个小巧思：

①会计科目旁边橙色括号里的文字对计量金额和适用情形进行了解释，这样就能比较好地解决大家"科目不会用，金额不会写"的问题。

②如果会计科目及括号文字都是橙色列示，则表示该科目是一个差额类科目，可能在借也可能在贷，最后哪方差数就写哪一方。

四、只学这本书够吗？

我统计了会计专硕、审计专硕中考查会计科目的 326 所院校，翻阅了这些学校给出的 28 本参考书目，并分析了 4 112 道真题，本书的 126 个考点基本可以囊括大部分学校 100% 的考点。对于大部分学校来说，学好本书内容即可。但也存在部分学校，会考得更深一些，大家如果学有余力，可以在完成本书的情况下扩充学习其他非重点内容（扫描本书封面二维码即可获取）。

最后，希望大家在这本书中能感受到我的 slogan：让会计简单一点，让考试快乐一点！

目录

第一篇 财务会计的基本原理

第一章 总 论 /3
　　第一节 会计定义及财务会计
　　　　　报告目标 /3
　　第二节 会计假设、会计基础与会计
　　　　　信息质量要求 /5
　　第三节 会计要素、会计计量
　　　　　属性与会计等式 /11
　　第四节 会计科目、会计账户与
　　　　　复式记账 /18
　　真题精练 /24

第二篇 日常做账之资产篇

第二章 存 货 /35
　　第一节 存货的确认和初始计量 /35
　　第二节 存货的后续计量 /42
　　第三节 存货的处置 /48
　　第四节 计划成本法 /50
　　真题精练 /54

第三章 固定资产 /62
　　第一节 固定资产的确认
　　　　　和初始计量 /62
　　第二节 固定资产的后续计量 /71
　　第三节 固定资产的处置 /82
　　真题精练 /87

第四章 无形资产 /93
　　第一节 无形资产的确认
　　　　　和初始计量 /94

　　第二节 无形资产的后续计量 /98
　　第三节 无形资产的处置 /101
　　真题精练 /105

第五章 货币资金 /109
　　第一节 库存现金 /110
　　第二节 银行存款 /112
　　第三节 其他货币资金 /114
　　真题精练 /115

第六章 金融资产 /117
　　第一节 金融资产概述及其
　　　　　分类 /117
　　第二节 应收票据与应收账款 /120
　　第三节 其他应收款及
　　　　　预付账款 /132
　　第四节 以摊余成本计量的
　　　　　金融资产 /135

第五节 以公允价值计量且其变动计入其他综合收益的金融资产 /141

第六节 以公允价值计量且其变动计入当期损益的金融资产 /148

真题精练 /153

第七章 长期股权投资 /161

第一节 长期股权投资概述 /161

第二节 形成控股合并的长期股权投资 /163

第三节 不形成控股合并的长期股权投资 /170

真题精练 /184

第三篇 日常做账之负债、所有者权益篇

第八章 负债 /191

第一节 负债概述 /192

第二节 短期借款 /192

第三节 应付及预收款项 /194

第四节 应付职工薪酬 /198

第五节 应交税费 /205

第六节 非流动负债 /210

真题精练 /216

第九章 所有者权益 /221

第一节 所有者权益概述 /221

第二节 实收资本或股本 /224

第三节 资本公积 /229

第四节 其他综合收益 /230

第五节 留存收益 /231

真题精练 /235

第四篇 日常做账之收入、费用和利润篇

第十章 收入、费用和利润 /243

第一节 收入 /243

第二节 费用和利润 /262

真题精练 /272

第五篇 期末编表篇

第十一章 财务报告 /281
  第一节 财务报表概述 /281
  第二节 资产负债表 /283
  第三节 利润表 /288
  第四节 所有者权益变动表 /291
  第五节 现金流量表 /293
  第六节 附注 /300
  真题精练 /301

第六篇 特殊事项篇

第十二章 或有事项 /311
  真题精练 /318

第十三章 资产负债表日后事项 /319
  第一节 资产负债表日后事项概述 /319
  第二节 资产负债表日后调整事项 /321
  第三节 资产负债表日后非调整事项 /324
  真题精练 /326

第十四章 会计变更与差错更正 /328
  第一节 会计变更 /328
  第二节 会计变更的处理方法 /331
  第三节 会计差错更正 /333
  真题精练 /336

第十五章 跨章节综合题 /338

第一篇

财务会计的基本原理

第一章 总论

考情点拨

大白话解释本章内容

所谓总论，就是围绕一个问题进行全面而概括的论述。怎么全面概括呢？其实就是采用"3W"原则进行探讨：财务会计是什么(what)？为什么要有财务会计(why)？财务会计怎么做(how)？本章第一节讲的是财务会计是什么以及财务会计有什么用。第二节则是做好财务会计的前提条件：做账前需明确的四大假设、何时做账，以及提供的会计信息需要满足何种质量要求。第三节讲的是做账的三个小工具。最后一节则是具体的做账方式与步骤。

本章难度 ★
本章重要程度 ★★★

本章复习策略

纵观财务会计全书来看，本章属于最重要的章节，没有之一。

首先，本章属于会计基础理论知识，其他章节的具体应用都是在本章所讲述的基本概念、基本方法之上展开的。"基础不牢"自然"地动山摇"。

其次，本章在历年真题中以名词解释、简答题、论述题以及面试的形式占据了半壁江山，全章80%的内容都需要背诵熟记。

另外，提醒大家在学习本章时，要学会"放过自己"。本章讲述的会计基本原则与基本方法的具体应用，需要后续章节的知识点作为铺垫。所以，大家学习时如果遇到实在无法理解的问题，可先放一放，待学完后面的具体章节再返回重新学习，必能"茅塞顿开"。

考点精讲

第一节 会计定义及财务会计报告目标

◆ 考点1·会计的定义与职能

1. 会计的定义

会计(accounting)是以<u>货币</u>为主要计量单位，<u>反映和监督</u>一个单位经济活动的一种<u>经济管理工作</u>。

2. 会计的职能

会计的职能是指会计在经济管理过程中所具有的功能。会计具有基本职能和拓展职能。

基本职能	会计核算	又称会计反映职能，是指会计以货币为主要计量单位，对特定主体的经济活动进行确认、计量、记录和报告	会计核算是会计监督的基础，而会计监督是会计核算的保证。两者必须结合起来发挥作用，才能正确、及时、完整地反映经济活动，有效地提高经济效益
	会计监督	又称会计控制职能，是指对特定主体经济活动和相关会核算的真实性、合法性和合理性进行监督检查	
拓展职能	①预测经济前景 ②参与经济决策 ③评价经营业绩		

3. 会计的两种观点

管理活动论：会计是一种经济管理活动，会计的确认、计量、报告、分析、监督、检查等方法只是手段，不是会计作为一种管理活动的目的 —— 强调会计人员的主观能动性

信息系统论：会计是一个收集、加工、整理、输出信息的过程，是纯技术性地提供会计信息的工作 —— 强调信息对决策的影响

主流观点：核算和监督的同时，为会计信息使用者提供决策所需的会计信息

▲会计的两种观点图

◆ 考点2·财务报告目标

对于财务会计来说，会计目标等同于财务报告的目标。财务报告目标是指向财务报告使用者提供与企业财务状况、经营成果和现金流量等有关的会计信息，反映企业管理层受托责任履行情况，有助于财务报告使用者做出经济决策。学术上将这两种观点概括为<u>受托责任观</u>和<u>决策有用观</u>。

财务报告使用者	关注信息
投资者	关心投资回报和投资风险，需要企业经营成果和利润分配等信息进行追加投资、减少投资或者维持目前投资的决策

续表

财务报告使用者	关注信息
债权人	关心本金和利息能否安全收回，需要企业的财务状况、盈利水平、现金流量信息判断企业的偿债能力，以便做出是否继续贷款或者收回贷款的决策
管理层	关心企业战略制定与执行，需要企业的经营成果等信息进行融资方式和融资规模的决策等
供应商	关心货款的收回及持续合作能力，需要经营能力、获利能力和支付能力信息，决定是否提供商业信用、扩大规模或者调整经营方向
客户	关心产品质量和价格以及持续供应能力，需要企业提供持续经营及获利能力的信息进行价格趋势等的判断，以决定是否继续购买商品或服务，是否需要更换供应商
政府	关心资源的有效配置、环境保护与经济发展的平衡问题、政策制定的有效性及税收的征收等。政府需要企业的营运能力、发展能力、盈利水平等信息，辅助各项政策的制定和调整
员工	需要企业提供的信息判断公司发展前景及就业保障

第二节 会计假设、会计基础与会计信息质量要求

◆考点3·会计基本假设

会计假设（accounting assumptions）是企业会计确认、计量和报告的前提，是对会计核算所处时间、空间环境等所作的合理假定。

1. 会计主体：给谁做账

会计主体（separate entity）是指企业会计确认、计量和报告的空间范围。

会计主体不同于法律主体。一般来说，法律主体就是会计主体，但会计主体不一定是法律主体。企业集团、企业、企业的分厂、企业的车间或事业部，都可以成为会计主体，但不一定是法律主体。

2. 持续经营：老板会跑吗

持续经营（going concern）是指在可以预见的将来，企业将会按当前的规模和状态继续经营下去，不会停业，也不会大规模削减业务。

处于持续经营的企业：要着眼于企业的可持续发展，采用非清算基础。

已经或即将停止营业、进行清算的企业：采用清算基础。

3. 会计分期：多久结一次账

会计分期（accounting-period）是指将一个企业持续经营的生产经营活动期间划分为若干连续的、长短相同的期间。会计分期对企业会计确认、计量和报告的时间范围做出了限定。

在会计分期假设下，会计核算应划分会计期间，分期结算账目和编制财务报告。

会计期间分为年度和中期。年度和中期均按公历起讫日期确定。中期是指短于一个完整的会计年度的报告期间。

4. 货币计量：用什么记账

货币计量（monetary unit）是指会计主体在财务会计确认、计量和报告时以货币计量，反映会计主体的财务状况、经营成果和现金流量。

在货币计量的前提下，我国的会计核算应以人民币作为记账本位币。业务收支以外币为主的企业也可选择某种外币作为记账本位币，但向外编送财务报告时，应折算为人民币反映。

【例1·单选·太原理工大学2016】现代会计的主要特征之一是（   ）。
A. 以货币作为主要计量单位
B. 不需要统一的计量单位
C. 货币、实物、劳动三种计量尺度并重
D. 以价值作为主要计量单位

【解析】会计主体在财务会计确认、计量和报告时以货币计量，反映会计主体的财务状况、经营成果和现金流量。

【答案】A

【例2·单选·北国会2016】下列关于货币计量的表述中，不正确的是（   ）。
A. 货币计量是指会计主体在会计核算过程中采用货币作为统一的计量单位
B. 我国企业的会计核算一般以人民币作为记账本位币
C. 在特定情况下，企业也可以选择人民币以外的某一货币作为记账本位币
D. 在境外设立的中国企业向国内报送的财务会计报告，无需折算为人民币

【解析】在货币计量的前提下，我国的会计核算应以人民币作为记账本位币。业务收支以外币为主的企业也可选择某种外币作为记账本位币，但向外编送财务报告时，应折算为人民币反映。

【答案】D

【例3·多选·天津大学】持续经营前提下，企业应当（   ）。
A. 采用非清算基础
B. 着眼于企业的可持续发展
C. 着眼于清算资产和清算损益的核算
D. 按原先承诺条件清偿债务
E. 清算时，采用清算会计程序

【解析】处于持续经营的企业，要着眼于企业的可持续发展，采用非清算基础。在持续经营假设下，企业拥有的各项资产就会在正常的经营过程中耗用、出售或转换，承担的债务也会在正常的经营过程中得到清偿，经营成果就会不断形成。已经或即将停止营业、进行清算的企业，采用清算基础。

【答案】ABD

◆ 考点 4 · 会计基础

会计基础是指会计确认、计量和报告的基础,具体包括权责发生制(accrual basis of accounting)和收付实现制(cash basis accounting)。企业会计的确认、计量和报告应当以权责发生制为基础,我国政府会计中的预算会计采用收付实现制,国务院另有规定的,从其规定。

项目	概念	"两个凡是"
权责发生制 (资产负债表、 利润表)	称应计制,它是以收入、费用是否发生而不是以款项是否收到或付出为标准来确认收入和费用的一种记账基础	凡是当期已经实现的收入和已经发生或应当负担的费用,无论款项是否收付,都应当作为当期的收入和费用确认;凡是不属于当期的收入和费用,即使款项已在当期收付,也不应当作为当期的收入和费用
收付实现制 (现金流量表)	也称现金制,是以收到或支付现金作为确认收入和费用的标准,是与权责发生制相对应的一种会计基础	凡是属于本期实际收到款项的收入和支付款项的费用,不管其是否归属于本期,都应当作为本期的收入和费用入账;凡是本期未实际收到款项的收入和未支付款项的费用,也不应作为本期的收入和费用入账

【知识延伸】配比原则

> 配比原则是由权责发生制延伸出来的一个原则。权责发生制的目的是要严格区分不同期间的收入和费用,以使相关的收入与相关的费用进行配比。配比包含以下两个层次:
> (1)因果关系配比。如卖黑森林蛋糕的收入不能与卖甜甜圈的成本进行匹配,必须是卖黑森林蛋糕的收入与卖黑森林蛋糕的成本进行配比。
> (2)期间配比。比如员工的工资尽管都在次月发放,但企业记录职工薪酬都是在当月月底进行。这是因为,薪酬虽然没有支付,但员工本月为企业工作产生的价值都在当月,理应记入当月。

【例4·单选·西安外国语2016】我国企业会计准则规定,企业的会计核算应当以( )为基础。

A. 收付实现制   B. 实地盘存制
C. 永续盘存制   D. 权责发生制

【解析】略
【答案】D

【例5·单选·西安外国语2016】 某企业9月份以银行存款支付第四季度的保险费24 000元。针对该项保险费支出,权责发生制下正确的会计处理是( )。

A. 全额计入9月份的费用
B. 按一定的方法分摊计入10—12月份的费用
C. 全额计入10月份的费用
D. 全额计入12月份的费用

【解析】权责发生制下,应当以收入、费用是否发生来确认收入和费用。本题中9月份支付的第四季度保险费,实际发生在10—12月,所以应该按照一定的方法分摊计入10—12月份的费用。

【答案】B

◆ 考点5·会计信息质量要求

会计信息质量要求或特征是保证企业财务报告信息有助于管理和决策所应具备的基本特征,主要包括可靠性(reliability)、可理解性(understandability)、可比性(comparability)、实质重于形式(substance over form)、重要性(materiality)、谨慎性(conservatism)、相关性(relevance)、及时性(timeliness)。

1. 八大会计信息质量要求概述(三可两重谨相及)

会计信息质量要求	要求内容
可靠性 (真实性/客观性)	以**实际发生的交易或者事项**为依据进行会计确认、计量和报告。可靠性是对会计工作和会计信息质量**最基本**的要求,因此应做到内容真实、数字准确、资料可靠
可理解性 (明晰性)	企业提供的会计信息应当**清晰明了**,便于财务报告使用者理解和使用
可比性	(1)同一企业不同时期发生的相同或者相似的交易或者事项,应当采用**一致**的会计政策,不得随意变更。确需变更的,应当在附注中说明(纵向可比); (2)不同企业发生的相同或者相似的交易或事项,应当采用**规定的**会计政策、确保会计信息口径一致、相互可比(横向可比) 【提示】可比性的要求并不意味着企业所选择的会计核算方法不能作任何变更,在符合一定条件的情况下,企业可以变更会计核算方法,但应在企业财务报告中作相应披露
实质重于形式	要求企业应当按照**交易或者事项的经济实质**进行会计确认、计量和报告,不应仅以交易或者事项的法律形式为依据 举例:长期租入的固定资产视为承租企业的资产

续表

会计信息质量要求	要求内容
重要性	凡对资产、负债、损益等有较大影响，并进而影响使用者作出合理判断的重要会计事项，必须按规定的会计方法和程序进行处理，并在财务报告中单独予以充分披露。而对于次要的会计事项，在不影响会计信息真实性和不至于误导使用者作出正确判断的前提下，可适当合并、简化处理
谨慎性（稳健性）	谨慎性也称稳健性或审慎性，是指企业在进行会计核算时，应当保持必要的谨慎，不得高估资产或收益、低估负债或费用，但不得计提秘密准备 举例： ①企业应定期或至少于年度终了对可能发生的各项资产损失计提减值准备（坏账准备）； ②企业对固定资产采用加速折旧法
相关性	企业提供的会计信息应当与财务报告使用者的经济决策需要相关，有助于财务会计报告使用者对企业过去、现在或者未来的情况作出评价或者预测
及时性	要求企业对于已经发生的交易或者事项，应当及时进行会计确认、计量和报告，不得提前或者延后。及时收集会计信息、及时处理会计信息、及时传递会计信息 【提示】及时性对相关性和可靠性起着制约作用

【注意】资产进行折旧、摊销时如果采用的方法属于"直线法"范畴，属于"正常"的、"一般"的费用摊销，不是"不应高估资产、不低估费用"。如果采用的是加速折旧和摊销，则体现谨慎性原则。

2. 会计信息质量要求之间的关系

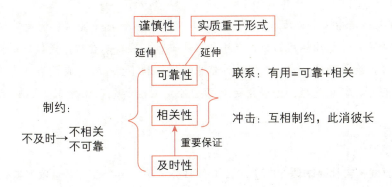

【例6·单选·北国会 2012】下列各项中，体现实质重于形式这一会计信息质量要求的是（　　）。

A. 确认预计负债

B. 对存货计提跌价准备

C. 对外公布财务报表时提供可比信息

D. 将长期租入固定资产视为自有资产入账

【解析】将长期租入固定资产视为自有资产入账，体现了实质重于形式要求。A、B项体现的是谨慎性要求，C项体现的是可比性要求。

【答案】D

【例7·单选·河南财经政法2011】企业提供的会计信息应当清晰明了，便于财务报告使用者理解和使用，这反映了会计信息质量要求的(　　)。

A. 重要性
B. 可理解性
C. 可比性
D. 相关性

【解析】教材原文，略。

【答案】B

【例8·单选·央财2016】下列各项中，能够体现可比性会计信息质量要求的是(　　)。

A. 对或有资产不予确认
B. 对固定资产计提减值准备
C. 对产品质量保证确认预计负债
D. 对存货发出计价方法不可随意变更

【解析】可比性要求同一企业不同时期发生的相同或者相似的交易或者事项，应当采用一致的会计政策，不得随意变更。确需变更的，应当在附注中说明。A、B、C项均体现谨慎性原则要求。

【答案】D

【例9·单选·天津大学】企业办公用品在领用时采用一次摊销法进行处理，遵循了(　　)原则。

A. 重要性
B. 可理解性
C. 可比性
D. 相关性

【解析】重要性是指凡对资产、负债、损益等有较大影响，并进而影响使用者作出合理判断的重要会计事项，必须按规定的会计方法和程序进行处理，并在财务报告中单独予以充分披露。而对于次要的会计事项，在不影响会计信息真实性和不至于误导使用者作出正确判断的前提下，可适当合并、简化处理。办公用品金额较小，对会计信息影响较小，可使用简化方法处理。

【答案】A

【例10·面试·吉林外国语2022】A公司向B公司销售材料发生了应收账款，现A公司已知B公司可能无法偿还，便计提了坏账准备。请问：

(1)上述材料反映了哪项会计信息质量要求？

(2)它的内涵是什么？

(3)会计信息质量要求对会计人员的要求是什么？

【答案】
(1)上述材料反映了谨慎性会计信息质量要求。
(2)它是指企业在进行会计核算时,应当保持必要的谨慎,不得高估资产或收益、低估负债或费用。
(3)会计人员应具备良好的职业道德、积极端正的职业态度、过硬的专业能力、和谐融洽的会计人际关系等素质,从而使得提供的会计信息满足会计信息使用者对会计信息质量的本质要求。

第三节 会计要素、会计计量属性与会计等式

本节讲述的是会计做账必不可少的三个小工具。

工具一会计要素(accounting elements),指的是根据交易或者事项的经济特征对财务会计对象做出的基本分类。有了会计要素,企业发生的经济交易和事项才得以分门别类,会计人员才能"对症下药"。

工具二会计等式(accounting equations),也称会计恒等式,是根据会计要素之间的相互依存关系建立的数字表达方式。两大会计等式串联了六大会计要素。会计等式解决的是记账原理问题。

工具三会计计量属性(accounting measurement attribute),也称计量基础,是指所用量度的经济属性,即按什么标准、什么角度来计量,是从不同会计角度对需反映的会计要素金额进行确定的基础,主要包括历史成本、重置成本、可变现净值和公允价值等。会计计量属性解决的是入账金额问题。

◆考点6·第一 会计等式及其要素

| 资产 | = | 负债 | + | 所有者权益 |
| 看起来的钱 | | 借来的钱 | | 真正属于自己的钱 |

该等式反映了企业**某一特定时点**资产、负债和所有者权益三者之间的平衡关系。该等式称为财务状况等式、基本会计等式、静态会计等式、存量会计等式。

它是复试记账法的理论基础,也是编制资产负债表的依据。

1. **资产(asset)**

(1)资产的定义

资产指企业过去的交易或者事项形成的、由企业拥有或者控制的、预期会给企业带来经济利益的资源。

根据资产的定义，资产具有以下几个方面的特征：
①资产应为企业拥有或者控制的资源；
②资产预期会给企业带来经济利益；
③资产是由企业过去的交易或者事项形成的。

(2)资产的确认条件

将一项资源确认为资产，除了符合资产的定义外，还需同时满足以下两个条件：
①与该资源有关的经济利益很可能流入企业；
②该资源成本或价值能够可靠地计量。

【例11·单选·河南财经政法2011】反映企业财务状况的会计要素有(　　)。
  A. 收入、费用和利润　　　　　　　B. 权责发生制和收付实现制
  C. 资产、负债和所有者权益　　　　D. 货币计量和持续经营
【解析】反映企业财务状况的会计要素即为构成财务状况等式的三个要素：资产、负债和所有者权益。
【答案】C

【例12·单选·东北石油】企业的资产从财产权利归属来看，一部分属于投资者，另一部分属于(　　)。
  A. 债务人　　　　　　　　　　　　B. 企业职工
  C. 债权人　　　　　　　　　　　　D. 企业法人
【解析】企业的资产来源于负债和所有者权益，负债属于债权人，所有者权益属于投资人。
【答案】C

2. 负债（liability）

(1)负债的定义

负债是指企业过去的交易或者事项形成的、预期会导致经济利益流出企业的现时义务。
根据负债的定义，负债具有以下几个方面的特征：
①负债是企业承担的现时义务；
②负债的清偿预期会导致经济利益流出企业；
③负债是由企业过去的交易或者事项形成的。

(2)负债的确认条件

将一项义务确认为负债，需要符合负债的定义，并同时满足以下两个条件：
①与该义务有关的经济利益很可能流出企业；
②未来流出的经济利益能够可靠地计量。

【例13·单选·北国会2016】以下关于负债的特征表述中，不正确的是(　　)。
  A. 负债是企业承担的现时义务

B. 负债的清偿预期会导致经济利益流出企业

C. 负债是由过去的交易或事项形成的

D. 流出的经济利益的金额尚不能够可靠地计量

【解析】将一项义务确认为负债,需要符合负债的定义,并同时满足以下两个条件:①与该义务有关的经济利益很可能流出企业;②未来流出的经济利益能够可靠地计量。D项表述不正确且不属于负债的特征。

【答案】D

3. 所有者权益（owners' equity）

(1) 所有者权益的定义

所有者权益是指企业资产扣除负债后,由所有者享有的剩余权益。公司的所有者权益又称为股东权益。所有者权益是所有者对企业资产的剩余索取权。

(2) 所有者权益的确认条件

所有者权益体现的是所有者在企业中的剩余权益,因此所有者权益的确认和计量主要依赖于资产和负债的确认和计量。

例如,企业接受投资者投入的资产,在该资产符合资产确认条件时,就相应符合所有者权益的确认条件;当该资产的价值能够可靠计量时,所有者权益的金额也就可以确定。

(3) 所有者权益的主要来源

来源	内容
所有者投入的资本（股本、资本公积）	指所有者投入企业的资本部分,它既包括构成企业注册资本或者股本部分的金额,也包括投入资本超过注册资本或者股本部分的金额,即资本溢价或者股本溢价
直接计入所有者权益的利得和损失（其他综合收益）	指不应计入当期损益、会导致所有者权益发生增减变动的、与所有者投入资本或者向所有者分配利润无关的利得或者损失
留存收益（盈余公积、未分配利润）	企业历年实现的净利润留存于企业的部分,主要包括计提的盈余公积和未分配利润

◆ **考点7·第二会计等式及其要素**

该等式反映了企业一定期间利润的实现过程，称为经营成果等式、动态会计等式或增量会计等式。它是编制利润表的依据。

1. 收入（狭义）

(1) 收入的定义

收入(revenue)是企业在日常活动中形成的、会导致所有者权益增加的、与所有者投入资本无关的经济利益的总流入。

收入具有以下几个方面的特征：

①收入是企业在日常活动中形成的；

②收入最终会导致所有者权益的增加；

③收入是与所有者投入资本无关的经济利益的总流入。

(2) 收入的确认条件

企业应当在履行了合同中的履约义务，即在客户取得相关商品或服务控制权时确认收入。取得相关商品控制权，是指能够主导该商品的使用并从中获得几乎全部的经济利益。

2. 费用（狭义）

(1) 费用的定义

费用(expense)是指企业在日常活动中发生的、会导致所有者权益减少的、与向所有者分配利润无关的经济利益的总流出。

根据费用的定义，费用具有以下几个方面的特征：

①费用应当是企业在日常活动中发生的；

②费用会导致所有者权益的减少；

③费用是与向所有者分配利润无关的经济利益的总流出。

(2) 费用的确认条件

费用的确认除了应当符合定义外，还至少应当符合以下条件：

①与费用相关的经济利益很可能流出企业；

②经济利益流出企业的结果会导致资产的减少或者负债的增加；

③经济利益的流出额能够可靠计量。

3. 利润（广义）

(1) 利润的定义

利润(profit)是指企业在一定会计期间的经营成果。利润的来源包括收入减去费用后的净额、直接计入当期利润的利得和损失等。

(2) 利润的确认条件

利润的确认主要依赖于收入和费用，以及利得和损失的确认，其金额的确定也主要取决于收入、费用、利得和损失金额的计量。

【例14·单选·河南财经政法2011】反映企业经营成果的会计要素有（　　）。
A. 收入、费用和利润
B. 权责发生制和收付实现制
C. 货币计量和持续经营
D. 资产、负债和所有者权益

【解析】反映企业经营成果的会计要素即为构成经营成果等式的三个要素：收入、费用和利润。

【答案】A

【例15·判断·江西理工2014】收入会导致资产的增加或负债的减少，必然导致所有者权益的增加。（　　）

【解析】收入是企业在日常活动中形成的、会导致所有者权益增加的、与所有者投入资本无关的经济利益的总流入。"导致所有者权益增加"是其特征之一。

【答案】√

◆考点8·收入与利得、费用与损失

项目	区别	联系
收入与利得	①收入与日常活动有关，利得与非日常活动有关；②收入是经济利益总流入，利得是经济利益净流入	都会导致所有者权益增加且与所有者投入资本无关
费用与损失	①费用与日常活动有关，损失与非日常活动有关；②费用是经济利益总流出，损失是经济利益净流出	都会导致所有者权益减少且与向所有者分配利润无关

【注意】区分收入和利得，一个重要标志就是是否为企业日常活动带来的经济利益流入，区分是否日常的关键就在于这种所得是不是"可持续"的。

【例16·判断·东北石油】企业的利得或损失是非日常活动中形成的。（　　）

【解析】略

【答案】√

◆考点9·会计计量属性：记多少钱

会计计量是为了将符合确认条件的会计要素登记入账并列报于财务报表而确定其金额的过程。企业应当按照规定的会计计量属性进行计量，确定相关金额。

会计计量属性也称计量基础，是指所用量度的经济属性，即按什么标准、什么角度来计量，是从不同会计角度对需反映的会计要素金额进行确定的基础，主要包括历史成本（historical cost）、重置成本（replacement cost）、可变现净值（net realizable value）、现值（present value）和公允价值（fair value）。

1. 五大会计计量属性概述

历史成本 （过去）	是指为取得或制造某项财产物资实际支付的现金或其他等价物； 资产按照其购置时支付的现金或现金等价物的金额，或者按照购置资产时所付出对价的公允价值计量；负债按照其因承担现时义务而实际收到的款项或者资产的金额，或者承担现时义务的合同金额，或者按照日常活动中为偿还负债预期需要支付的现金或者现金等价物的金额计量 过去购买 5 000 元
重置成本 （现在）	是指按照当前市场条件，重新取得同样一项资产所需要支付的现金或者现金等价物金额； 资产按照现在购买相同或者相似资产所需支付的现金或者现金等价物的金额计量；负债按照现在偿付该项债务所需支付的现金或者现金等价物的金额计量 现在购买 3 000 元
可变现净值 （现在）	指在正常的生产经营过程中，以预计售价减去进一步加工成本和预计销售费用以及相关税费后的净值 出售还没加奶油的蛋糕到手多少钱？
现值 （现在）	指对未来现金流量以恰当的折现率进行折现后的价值，是考虑货币时间价值的一种计量属性 10年后的100万 VS 现在的100万
公允价值 （现在）	指市场参与者在计量日发生的有序交易中，出售一项资产所能收到或者转移一项负债所支付的价格 二级市场实时股价

2. 各会计要素计量属性之间的关系

历史成本通常反映的是资产或者负债过去的价值，而重置成本、可变现净值、现值以及公允价值通常反映的是资产或者负债的现时成本或者现时价值，是与历史成本相对应的计量属性。

3. 会计要素计量属性的应用原则

企业在对会计要素进行计量时，一般应当采用历史成本。在某些情况下，为了提高会计信息质量，实现财务报告目标，企业会计准则允许采用重置成本、可变现净值、现值、公允价值计量的，应当保证所确定的会计要素金额能够取得并可靠计量，如果这些金额无法取得或者可靠计量的，则不允许采用其他计量属性。

【例17·单选·广东工业2016】如果企业资产按照现在购买相同或者相似资产所需支付的现金或者现金等价物的金额计量，负债按照现在偿付该项债务所需支付的现金或者现金等价物的金额计量，则其所采用的会计计量属性为（　　）。

A. 可变现净值　　　　　　　　B. 重置成本
C. 现值　　　　　　　　　　　D. 公允价值

【解析】在重置成本下，资产按照现在购买相同或者相似资产所需支付的现金或者现金等价物的金额计量；负债按照现在偿付该项债务所需支付的现金或者现金等价物的金额计量。

【答案】B

【例18·判断】公允价值，是指市场参与者在计量日发生的有序交易中，出售一项资产所能收到或者转移一项负债所需支付的价格。（　　）

【解析】略

【答案】√

【例19·单选】下列各项中，关于以银行存款偿还所欠货款业务对会计要素影响的表述正确的是（　　）。

A. 一项资产增加，另一项资产等额减少
B. 一项资产与一项负债等额增加
C. 一项负债增加，另一项负债等额减少
D. 一项资产与一项负债等额减少

【解析】以银行存款偿还所欠货款时，银行存款减少，应付账款减少，是负债和资产等额减少。

【答案】D

【例20·多选】下列各项中，引起企业资产和负债要素同时发生增减变动的经济业务有（　　）。

A. 收到股东投资款　　　　　　B. 以盈余公积转增股本

C. 从银行借入短期借款　　　　　　　D. 以银行存款归还前欠货款

【解析】选项A，收到股东投资款时资产和所有者权益同时增加；选项B，以盈余公积转增股本时所有者权益内部一增一减；选项C，从银行借入短期借款，资产和负债同时增加；选项D，以银行存款归还前欠货款，资产和负债同时减少。

【答案】CD

【例21·单选·河南财经政法2013】下列经济业务使资产和负债项目同时增加的是（　　）。

A. 生产产品领用材料

B. 以现金发放工资

C. 以资本公积金转增资本

D. 收到购货单位预付款存入银行

【解析】A项，生产成本增加，原材料减少，属于资产内部一增一减；B项，库存现金减少，应付职工薪酬减少，引起资产和负债同时减少；C项，资本公积减少，实收资本增加，属于所有者权益内部一增一减；D项，银行存款和预收账款增加，属于资产和负债同时增加。

【答案】D

【例22·单选·太原理工2016】编制资产负债表的理论依据是（　　）。

A. 复式记账法的记账规则　　　　　　B. 复式记账法的试算平衡公式

C. 会计等式　　　　　　　　　　　　D. 总账、明细账的平行登记

【解析】编制资产负债表的理论依据是静态会计等式"资产＝负债＋所有者权益"。

【答案】C

第四节　会计科目、会计账户与复式记账

2021年12月1日乐学喵发生了如下业务：
①收回了应收账款5万元；
②将10万元现金存入银行；
③购买10台电脑，用银行存款支付8万元。
喵会计心想：真开心，资产总额不变，今天啥也不用干！
你觉得喵会计的想法对吗？

◆ 考点10·会计科目及其分类

会计科目，简称科目，是对会计要素具体内容进行分类核算的项目，是进行会计核算和提供会计信息的基本单元。（更为详细地表示六大要素）

1. **按照反映的经济内容不同进行分类**

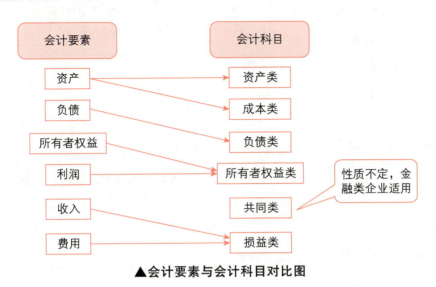

▲会计要素与会计科目对比图

(1) 资产类科目

流动资产	非流动资产
库存现金：存在企业里的钱	长期股权投资：长期持有的股权投资
银行存款：存在银行里的钱	长期应收款：分期付款销售应收总额
其他货币资金：有特定用途的钱	固定资产：机器设备、厂房（为了生产经营管理）
应收账款：应该向客户收的钱	在建工程：尚未完工的固定资产
原材料：准备加工的材料	无形资产：专利权、土地使用权（为了生产经营管理）
库存商品：可以直接出售的产成品	—
交易性金融资产：二级市场上倒买倒卖的股票	—

(2) 负债类科目

流动负债	非流动负债
短期借款：短期欠银行	长期借款：长期欠银行
应付账款：短期欠供应商	长期应付款：长期欠供应商
应付职工薪酬：欠员工	应付债券：欠债权人

续表

流动负债	非流动负债
应交税费：欠税务机关	—
应付利息：欠债权人	—
应付股利：欠投资者	—

(3)所有者权益类科目

实收资本：股东投入的资本	盈余公积：净利润中提取的公积金，防止股东全分了
资本公积：股东投入资本增值部分	本年利润：今年赚的钱
其他综合收益：财政部不让计入利润的收益	利润分配：可以分但没分的留存利润

(4)损益类科目

收入类(广义)	费用类(广义)
主营业务收入：日常主业收入	主营业务成本：日常主业成本
其他业务收入：日常副业收入	其他业务成本：日常副业成本
营业外收入：非日常收入	营业外支出：非日常支出
公允价值变动损益：资产持有期间因公允价值变动而产生的损益	财务费用：筹集资金发生的费用
投资收益：投资获得的收入	管理费用：企业行政管理部门为组织和管理生产经营活动而发生的各种费用
资产处置损益：处置固定资产、无形资产产生的利得或损失	销售费用：销售商品过程中发生的费用
—	资产减值损失：资产跌价而造成的损失
—	税金及附加：企业经营活动发生的各种税费

(5)成本类科目

指可归属于产品生产成本、劳务成本等的具体内容进行分类核算的项目。

生产成本：为生产产品而发生的成本

制造费用：为生产产品和提供劳务而发生的各项间接费用

研发支出：研究与开发过程中发生的支出

2. 按其核算信息详略程度分类

总分类科目 ——— 财政部统一制定

二级明细科目、三级明细科目 ——— 除会计准则规定设置的以外，可以根据本单位具体情况自行设置

◆ 考点 11 · 会计账户和借贷记账法

1. 会计账户

会计账户是根据会计科目设置的，具有一定格式和结构，用于分类反映会计要素增减变动情况及其结果的载体。

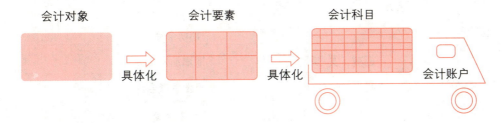

2. 复式记账法（double entry bookkeeping）

复式记账是相对于单式记账而言的，是指对企业发生的每项经济业务，都必须用相等的金额在两个或两个以上相互联系的账户中进行登记，全面系统地反映经济业务增减变化的一种记账方法。

复式记账法因使用的记账符号不同有借贷记账法、增减记账法和收付记账法等。

我国自 1993 年 7 月 1 日起，所有企业统一采用了借贷记账法。

3. 借贷记账法

借贷记账法是以"借"和"贷"作为记账符号的一种复式记账方法。"借"和"贷"没有实质含义，只用于会计账户前的增、减指代。会计科目性质不同，"借"和"贷"表示的增、减含义也不同。

(1) 借贷记账法的账户结构

企业各项经济业务对会计要素引起的变化虽然错综复杂，但其背后的资金变化只有两种，要么资金增加，要么资金减少。为此，将账户划分为两个部分，分别记录资金的增加数和减少数。这种账户形式称为T字账户(T—account)。

▲账户示意图

资产类账户

借方	贷方
期初余额	
本期增加发生额	本期减少发生额
本月发生额合计	本月发生额合计
期末余额	

▲资产类账户示意图

负债类账户

借方	贷方
	期初余额
本期减少发生额	本期增加发生额
本月发生额合计	本月发生额合计
	期末余额

▲负债类账户示意图

通常情况下，资产类、成本类和费用类账户的增加用"借"表示，减少用"贷"表示；负债类、所有者权益类和收入类账户的增加用"贷"表示，减少用"借"表示。具体情况如下表所示。

记账方向：借＋贷－	记账方向：借－贷＋
资产类	负债类
费用类	所有者权益类
成本类	收入类
期末借方余额＝期初借方余额＋本期借方发生额－本期贷方发生额	期末贷方余额＝期初贷方余额＋本期贷方发生额－本期借方发生额
【注意】损益类科目期末无余额	

(2)借贷记账法的记账规则

借贷记账法的记账规则是"有借必有贷,借贷必相等"。具体指在经济业务发生后进行会计处理时一定会涉及两个及以上的会计科目金额增加和减少(或同增同减),在记录时有会计科目记入借方,一定有会计科目记入贷方,且借方金额合计数一定等于贷方金额合计数。这一规则是由借贷记账法的原理"资产=负债+所有者权益"所决定的。

(3)借贷记账法下的会计分录

会计分录,简称分录,是对每项经济业务列示出应借、应贷的账户(科目)名称及其金额的一种记录。会计分录由应借应贷方向、相互对应的科目及其金额三个要素构成。在我国,会计分录记载于记账凭证中。

会计分录分为简单会计分录和复合会计分录。

①从银行提取现金50元。

借:库存现金　　　　　　50
　　贷:银行存款　　　　　　50

> 简单会计分录:只涉及一个账户的借方和另一个账户的贷方。(一借一贷)

②购入一批原材料,以银行存款支付500万元,剩下50万元尚未支付。

借:原材料　　　　　5 500 000
　　贷:银行存款　　　　5 000 000
　　　　应付账款　　　　　500 000

> 复合会计分录:是指由两个以上(不含两个)对应账户组成的会计分录。

佳姐翻译

分录应该怎么写?

第一步,分析经济业务中涉及的科目名称及增减金额。比如经济业务"从银行提取现金50元",这里面就涉及银行存款减少50元和库存现金增加50元。

第二步,判断该科目的类别及借贷方向。银行存款和库存现金都属于资产类账户,都是借方表示增加,贷方表示减少。因此,银行存款减少50元,应用"贷"表示;库存现金增加50元,应用"借"表示。

第三步,根据"有借必有贷,借贷必相等"写出分录。这一步要注意分录的格式,同一方向需要对齐,借贷两方首尾需错开两格。

【例23·单选·长沙理工2018】账户的贷方反映的是( )。

A. 费用的增加　　B. 所有者权益的减少　　C. 收入的增加　　D. 负债的减少

【解析】资产类、成本类以及损益类中的费用类账户,贷方反映的是"减少"。负债类、所有者权益类及损益类中的收入类账户,贷方反映的是"增加"。

【答案】C

【例24·单选·长沙理工2018】账户余额一般与（　　）在同一方向。

A. 增加额　　　　　B. 减少额　　　　　C. 借方发生额　　　　　D. 贷方发生额

【解析】账户余额一般与增加额在同一方向。

【答案】A

【例25·多选·太原理工2016】账户与会计科目的不同点在于（　　）。

A. 两者分类的口径不同

B. 两者的作用不同

C. 账户是会计核算方法，会计科目则不是

D. 会计科目和账户反映的经济内容不同

【解析】会计账户是根据会计科目设置的，具有一定格式和结构，用于分类反映会计要素增减变动情况及其结果的载体。所以，会计账户和会计科目的分类口径一致、反映经济内容一致，但作用不同。

【答案】BC

【例26·判断·长沙理工2016】账户的借方反映资产和负债及所有者权益的增加，贷方反映资产和负债及所有者权益的减少。（　　）

【解析】资产类账户与负债、所有者权益类账户的借贷方向相反。

【答案】×

真题精练

一、单项选择题

1. （四川轻化工大学2020）下列关于货币计量的假设不正确的是（　　）。

   A. 财务报表和报表附注中货币是唯一的计量单位

   B. 用作计量单位的货币通常是会计主体所在国或区域的法定流通货币

   C. 日常核算中企业还会采用实务量度或劳动量度进行辅助核算

   D. 以货币的购买力稳定和币值不变为前提

2. （西安外国语大学2016）下列各项中，体现谨慎性原则的是（　　）。

   A. 存货采用历史成本计价　　　　　B. 无形资产摊销

   C. 销售收入与成本费用配比　　　　D. 应收账款计提坏账准备

3. （西安外国语大学2017）企业对资产计提减值准备，体现了会计信息质量的（　　）要求。

   A. 相关性　　　　　B. 谨慎性　　　　　C. 及时性　　　　　D. 重要性

4. （广东工业2016、西安外国语2017）企业的资产按取得时的实际成本计价，满足了（　　）会计信息质量要求。

   A. 可靠性　　　　　B. 明晰性　　　　　C. 历史成本　　　　　D. 相关性

5. (西安外国语大学2017)下列业务中，体现重要性质量要求的是( )。
   A. 长期租入固定资产视同自有固定资产入账
   B. 对未决仲裁确认预计负债
   C. 对售后回购不确认收入
   D. 对低值易耗品采取一次摊销法
6. (西安外国语大学2016)我国企业会计准则规定，企业的会计核算应当以( )为基础。
   A. 收付实现制   B. 实地盘存制   C. 永续盘存制   D. 权责发生制
7. (西安外国语大学2017)下列项目中，属于利得的是( )。
   A. 销售商品流入经济利益   B. 投资者投入资本
   C. 出租建筑物流入经济利益   D. 出售固定资产流入经济利益
8. (西安外国语大学2017)资产和负债按照在公平交易中，熟悉情况的交易双方自愿进行资产交换或者债务清偿的金额计量，所指的计量属性是( )。
   A. 历史成本   B. 可变现净值   C. 现值   D. 公允价值
9. (长沙理工2018)下列引起资产和负债同时增加的经济业务是( )。
   A. 以银行存款偿还银行借款   B. 收回应收账款存入银行
   C. 购进材料一批货款未付   D. 以银行借款偿还应付账款
10. (西安外国语大学2017)以下不属于会计中期的是( )。
    A. 半年度   B. 月度   C. 季度   D. 年度
11. (太原理工2016)( )不是设置会计科目的原则。
    A. 必须结合会计对象的特点   B. 统一性与灵活性相结合
    C. 应保持相对的稳定   D. 经审计人员审计批准
12. (齐齐哈尔2018、云南师范2018)下列关于会计要素的表述中，正确的是( )。
    A. 负债的特征之一是企业承担潜在义务
    B. 资产的特征之一是预期能给企业带来经济利益
    C. 利润是企业一定期间内营业收入减去营业成本费用后的净额
    D. 收入是所有导致所有者权益增加的经济利益的总流入
13. (云南师范2018)资产按照预计从其持续使用和最终处置中所产生的未来净现金流入量的折现金额计量，其会计计量属性是( )。
    A. 历史成本   B. 可变现净值   C. 现值   D. 公允价值
14. (黑龙江八一农垦)下列各项会计信息质量要求中，对相关性和可靠性起着制约作用的是( )。
    A. 及时性   B. 谨慎性   C. 重要性   D. 实质重于形式

二、多项选择题
1. (长沙理工2017)下列各项中，体现会计信息质量的谨慎性要求的有( )。
   A. 对固定资产计提减值准备
   B. 符合条件的或有应付金额确认为预计负债
   C. 对采用成本模式进行后续计量的投资性房地产计提减值准备

D. 将长期借款利息予以资本化
2. (江汉大学 2020)上市公司的下列行为中，体现会计信息质量谨慎性要求的有(　　)。
   A. 期末对固定资产计提减值准备
   B. 对存货的期末计价采用成本与可变现净值孰低法
   C. 对无形资产的入账采用历史成本计价
   D. 由于减少投资，长期股权投资的核算方法由成本法改为权益法
3. (东北石油)下列各项中，符合资产定义的有(　　)。
   A. 在产品　　　　　　　　　　B. 约定未来购入的商品
   C. 受托代销商品　　　　　　　D. 长期租入固定资产
4. (北国会 2018)下列项目中，属于企业资产的有(　　)。
   A. 约定未来购入的固定资产　　B. 长期租入的大型机器设备
   C. 盘亏的原材料　　　　　　　D. 生产成本
5. (中央财经 2018)以下业务类型中(　　)是资产。
   A. 企业收取服务费的代销商品
   B. 企业长期租入的资产
   C. 企业购入的运输在途货款已结清的商品
   D. 企业经营租出的资产
   E. 企业出售的资产，但合同约定了固定价格回购

三、判断题

1. (东北石油)权益就是指所有者权益。(　　)
2. (天津大学)所有者权益是指所有者对企业资产的所有权。(　　)
3. (东北石油)不论发生什么样的经济业务，会计等式两边会计要素总额的平衡关系都不会被破坏。(　　)
4. (天津大学、中央财经大学)不同性质的会计主体，其会计对象与会计核算要求是相同的。(　　)

四、名词解释

1. (新疆农业 2021、昆明理工 2022)会计
2. (华北电力 2017、东北师范 2016、兰州交通 2021)会计主体
3. (江西理工 2018)会计分期
4. (财科所 2018、中央财经 2018、武汉大学 2016)持续经营
5. (武汉科技 2020)会计基础
6. (广东外语外贸 2018、广西大学 2018)会计信息质量特征
7. (暨南大学 2018、吉林财经 2016、山西财经 2017、山东财经 2017、长沙理工 2019)谨慎性
8. (北国会 2017、东北大学 2018、内蒙古大学 2017)实质重于形式
9. (哈尔滨商业 2016)重要性
10. (石河子大学 2014、北国会 2017、华北电力 2018、华南理工、广西大学 2017、浙江工商 2017、东北大学 2018、华东理工 2018、山西财经 2018、江西财经、内蒙古大学 2017、华北

电力(北京)2021、南京信息工程2021、陕西理工2021)权责发生制
11. (内蒙古农业2020、北国会2015、江汉大学2020、山西财经2021)相关性
12. (武汉大学2016、江西财经、南京航空航天2022)现金收付制/收付实现制
13. (北国会2018、上国会2018、长沙理工2017、江西理工2014、浙江财经2020、西南财经2021)公允价值
14. (广东外语外贸2019)可变现净值
15. (广东财经2018、南京信息工程2021)会计要素
16. (暨南大学2018、东北石油2016、沈阳农业2017、沈阳建筑2019、太原理工2020、北京物资2022)资产
17. (华北电力2017、广西大学2017、东北石油2016、山西财经2018、江西大学2018、天津工业2020、山东农业2020)收入
18. (西安理工2014、吉林财经2016、南京财经2020、内蒙古农业2020)负债
19. (吉林财经2016、武汉轻工、湖南理工2020、南开大学2022)所有者权益
20. (沈阳建筑2019、上国会2018、山西财经2018)利得
21. (上国会2017、东北林业2020)利润
22. (湖南科技2017)借贷记账法
23. (南京信息工程2021)会计等式

五、简答题

1. (湖南大学2022)财务会计两个观点是什么?
2. (东北师范2016)会计的本质是什么?
3. (厦门大学2020)请解释经济是什么?会计在经济中的作用是什么?
4. (北国会2016、东北石油、北国会2016、新疆大学2022)简述会计的作用。
5. (太原理工2016)简述会计核算与会计监督的关系。
6. (上海对外经贸2020、桂林电子科技2020、甘肃政法2022)会计的两个职能分别是什么?它们之间的联系是什么?
7. (武汉科技2020、河北工程2021、河南科技2022)会计基本职能是什么?是怎样体现的?
8. (山东农业2022)如何理解会计核算?
9. (长沙理工2018)财务报表的使用者主要有哪些?财务报表对他们的决策有何作用?
10. (广东财经2017、广州大学2018)写出5种会计信息的使用者,并说明他们是如何运用会计信息的。
11. (广东外语外贸2022)政府期望从企业财务报表得到哪些信息?
12. (广州大学2018)请阐述会计信息对投资者保护作用的看法。
13. (延安大学2021)简述会计的内涵及基本目标。
14. (中南财经政法2020、辽宁大学2020、江苏师范2020、天津财经2021、北华大学2021、石河子大学2022、昆明理工2022、沈阳工业2022)我国财务报告的目标是什么?
15. (上海大学2022)谈谈受托责任观和决策有用观的内容。
16. (天津财经2018)决策有用观和受托责任观是什么?它们之间的区别和联系是什么?

17. (武汉科技 2020、辽宁工程技术 2021)会计核算的基本程序是什么？
18. (东北石油、广东工业 2020、东北师范 2020、中南财经政法 2020、四川轻化工 2021、吉林财经 2021、北京航空航天 2021、南京信息工程 2021、安徽财经 2021、西安外国语 2016、昆明理工 2020、四川大学 2020、暨南大学 2020、黑龙江八一农垦 2022、上海大学 2022、陕西理工 2022、新疆大学 2022)简述会计的基本假设。
19. (南京信息工程 2021)会计假设是什么？哪一项会计假设导致了收付实现制的产生？
20. (沈阳建筑 2020)会计分期都是人为划分的吗？会计假设都有哪些？选一个你熟悉的谈一谈。
21. (安徽财经 2021、西安外国语 2016、昆明理工 2020、四川大学 2020、暨南大学 2020)为什么要有这些会计假设？
22. (杭州电子科技 2021)会计四大假设间的内部逻辑关系是什么？
23. (广东外语外贸 2018、吉林财经 2021、福州大学 2022)持续经营假设的含义是什么？没有该假设企业会怎么样？
24. (云南师范 2020、湖南大学 2022)简述会计主体与法律主体的关系。
25. (首都经贸 2016)举例说明收付实现制和权责发生制，并说明按照我国现行准则规定，企业应该以哪一个作为核算基础。
26. (沈阳工业 2021、中南民族 2021、吉林财经 2021、桂林电子科技 2020、新疆大学 2022、内蒙古科技 2022、新疆大学 2022)会计的记账基础有哪些，有什么区别？
27. (吉林财经 2021)权责发生制是什么？请举例说明。
28. (华东理工 2020)以权责发生制和收付实现制为编制基础的报表分别是什么？
29. (浙江财经 2020)怎么理解会计核算基础？
30. (河北地质 2020、南京财经 2020、暨南大学 2020、新疆大学 2022)阐述对权责发生制的理解。
31. (新疆农业 2022)企业摊销以前月份预付但应由本月负担的租金，体现的是收付实现制原则还是权责发生制原则？
32. (华北电力 2020)简述收入与费用配比原则。
33. (安徽财经 2021&2022)如果会计核算违背了配比原则，会对利润有什么影响？
34. (湖北工业 2020&2021、北京物资 2020、黑龙江大学 2020、新疆大学 2020、北京工商 2020、华北电力(北京)2020、中国地质(武汉)2020、辽宁工程技术 2021、山东大学 2021、四川师范 2021、延安大学 2021、陕西理工 2021、沈阳建筑 2021、吉林财经 2021、长春理工 2021、石河子大学 2021、桂林电子科技 2020、云南大学 2022、南京信息工程 2022、北华大学 2022、新疆大学 2022、北京工业 2022、北京信息科技 2022)会计信息质量要求有哪几个？请分别说明它们的含义是什么，并举例。
35. (西安理工 2020)会计信息质量要求有哪些？谨慎性如何体现？
36. (上海大学 2023)稳健性原则是什么？
37. (北京物资 2021、成都理工 2021、吉林财经 2021、长春理工 2021、新疆农业 2018、桂林电子科技 2020、河北农业 2020、江苏大学 2020、辽宁大学 2020、青岛理工 2020、东华理工 2020、河北农业 2020、江苏大学 2020、西安外国语 2021、河南工业 2022、广东外语外贸

2022)谨慎性是什么？其应用有哪些？
38. (北京石油化工学院2023)会计信息质量要求中提及的谨慎性的含义是什么？请举例说明谨慎性的表现，并从股东、管理层、社会公众层面说明会计谨慎性的意义。
39. (河科大2016、西安外国语2016&2017、华北电力2020、海南大学2021、吉林财经2021、江苏大学2022、西安外国语2022)什么是实质重于形式？请简述其概念并举个例子。
40. (北京物资2020、河北工程2021、吉林财经2021、内蒙古农业2022)会计信息质量要求中的"重要性"是什么？请举例说明。
41. (华北电力(保定)2020)简述会计信息质量要求中的可靠性。
42. (安徽财经2020、东北石油2022)选择几个会计信息质量要求进行详细说明。
43. (兰州财经、浙江工商2020、河北工程2021、吉林财经2021、西北政法2022、南京信息工程2022)会计信息质量要求中的"可比性"是什么？请举例说明。
44. (中南财经政法2019)什么是会计的一致性原则？会计环境发生改变时改变会计程序是否违反会计的一致性？
45. (东北财经2020、武汉科技2020、南京航空航天2022)简述会计信息质量要求中的及时性。
46. (兰州财经2022)怎样理解会计信息质量要求中的相关性？请举例说明。
47. (暨南大学2020、长春工业2022)会计信息的质量要求有客观性、相关性、明晰性、可比性、实质重于形式、重要性、谨慎性和及时性。这些质量要求如何在具体的会计确认、计量、记录和报告中体现？
48. (北方民族2022)会计质量属性中的相关性和会计目标之间有什么关系？
49. (兰州财经2020)"不高估资产，不低估负债"体现了什么会计原则？为什么？
50. (哈尔滨工业2019)谈谈谨慎性和实质重于形式对会计计量结果的影响，并分析两者内在联系。
51. (中国矿业2017)简述重要性原则含义及其衡量标准。
52. (西南财经2017)请举例说明会计信息质量要求中重要性的含义。在实务中怎么判断重要性？
53. (江苏科技2020)及时性、相关性、可靠性之间有什么关系？
54. (华北电力2017&2018)什么叫可靠性？什么叫相关性？请分别举例说明，并从例子中分析二者可能产生的矛盾。
55. (新疆农业2022)会计信息质量要求中的可靠性和相关性分别是什么？你认为哪个信息质量特征更重要？为什么？
56. (杭州电子科技2022)会计信息质量中真实性和准确性哪个更重要？
57. (新疆农业2022)什么是会计信息的真实性和可比性？你认为哪个信息质量特征更重要？
58. (三峡大学2018)请结合中国实际谈如何提高中国企业的会计信息质量。
59. (南京邮电2022)会计核算的依据是什么？
60. (广东工业2020、对外经济贸易2020、武汉工程2020)会计六要素是什么？它们的确认条件是什么？
61. (广东工业2018、北国会2016、湖北工业2021、上海海事2021、南京审计2021、吉林财经

2021、四川轻化工2021、长春工业2022、沈阳化工2022)会计要素包括哪些？并分别说明其含义。

62.(武汉科技2020、哈尔滨商业2021)请简述资产的确认条件。

63.(沈阳建筑2020、哈尔滨商业2021)资产是什么？请结合例子说明。

64.(北京信息科技2022)简述资产的定义和资产的确认条件。

65.(北国会2014、新疆大学2022)简述费用的定义、特征及确认条件。

66.(天津商业2014)简述收入的定义及确认条件。

67.(东北财经2022)反映动态和静态的会计要素分别有哪些？

68.(南京信息工程2021)哪一项是核心会计要素？

69.(河科大2016)如果某一项目预期不能给企业带来经济利益，还能不能将其确认为企业的资产？为什么？

70.(西安财经2017)资产就是企业具有所有权的资源，这句话对吗？为什么？简述企业资产的确认条件。

71.(南京师范2022、陕西理工2022)简述资产的含义、内容及特征。

72.(广东外语外贸2020)预付账款是资产还是负债？

73.(广东工业2018、西安工程2021、浙江工商2021、吉林财经2021、沈阳化工2022、南京信息工程2021)简述会计恒等式及其内涵。

74.(中南林业科技2021)谈谈对会计恒等式经济意义的理解。

75.(天津商业2020)会计静态等式是什么？

76.(沈阳大学2023)会计增量等式是什么？

77.(吉林财经2015、黑龙江大学2021、广东工业2016、河南大学2022、黑龙江八一农垦2022)会计要素有哪些？阐述各会计要素之间的关系。

78.(昆明理工2020、北京航空航天2021)什么是资产？什么是负债？什么是所有者权益？三者之间有什么关系？

79.(新疆农业2022)为什么是"资产＝负债＋所有者权益"，而不是"资产＝所有者权益－负债"？

80.(昆明理工2021、北京航空航天2021)收入是什么？费用是什么？利润是什么？三者之间有什么关系？

81.(西北政法2020)经济业务是什么，都有哪些类型？对于会计方程式的影响是什么？

82.(浙江工商2021)结合资金运动，谈谈对会计恒等式的理解。

83.(河科大2016)利润的构成有哪些？

84.(沈阳化工2020)谈谈企业日常活动中形成的收入与投资者投入资本的区别和联系。

85.(哈尔滨商业2016、江西财经2021)简述收入的含义和确认条件，收入与利得的关系。

86.(西安理工2020、天津财经2020、北工商2021、兰州财经2022、上海对外经贸2020)什么是收入，收入与利得的区别是什么？

87.(吉林财经2021)收入与利得的区别是什么？相应的核算科目是什么？

88.(广东工业2020、吉林财经2021)请阐述收入和利得、费用和损失的区别。

89.(西安科技、中南财经政法2017)请举例说明什么是收入和利得？并说出在企业经营中需要更关注收入还是利得?
90. (天津财经2020)简述利得的具体分类及举例。
91. (西安理工2020)损失和利得有什么区别,对利润有什么影响?
92. (天津财经2021)利得和损失是什么?如何计量?
93. (安徽财经2021)会计核算中,为什么要严格区别"收入和费用,利得和损失"?
94. (吉林财经2015、北京物资2020、江苏师范2020、辽宁工程技术2020&2021、黑龙江大学2020、中国地质(武汉)2020)什么是会计计量?会计计量有哪些属性?阐述各种计量属性之间的关系。
95. (南京师范2022)简述会计计量基础。
96. (中国海洋2019、上海大学悉尼工商2020、杭州电子科技2020、北京化工2021、桂林电子科技2020、华北电力(北京)2021、云南师范2022)简述会计计量属性,并举例说明各计量属性的运用。
97. (北华大学2021)计量属性有哪些,哪个适用最广?
98. (山西财经2020、湖南工业2020、上海海事2021、长春工业2021、南京信息工程2021、山西财经2021)企业会计计量属性包括哪些,分别有什么含义?
99. (江西财经)什么是历史成本原则?说一说采用历史成本原则对资产进行计量的优点。
100. (南京大学2018)请说明"资产=负债+所有者权益"这一会计学公式的基本含义,并说明资产、负债和所有者权益分别包括哪些科目。
101. (华北电力2020)成本类科目是什么?成本类科目的期末余额应如何核算?
102. (上海海事2021)简述复式记账法和单式记账法的区别。
103. (吉林财经2021、济南大学2020)简述复试记账法原理并举例说明。
104. (江苏大学2022)谈谈对于会计分录中"借"和"贷"的理解。
105. (沈阳化工2020)什么是会计分录,包括什么内容?
106. (吉林财经2021)什么是账户?请简述复式记账法的账户结构。
107. (沈阳工业2021)简述财务会计的内容。
108. (河科大2016)请从会计的基本假设、计量属性、对象、职能、目的和性质等方面谈谈你对会计的理解。

第二篇

日常做账
之资产篇

第二章 存货

考情点拨

大白话解释本章内容

所谓存货,就是企业存起来的货。"货",即化为贝,这不正是说存货是一类通过出售来赚钱的物资吗?再看看企业会计准则下的定义:存货是指企业在日常活动中持有以备出售的产成品或商品,处在生产过程中的在产品,在生产过程或提供劳务过程中耗用的材料、物料等。这不就是同义替换吗?不得不感叹,中国汉字果然博大精深!存货有两大计量方式——实际成本法和计划成本法。本章1—3节讲的是实际成本法下,存货从来到去整个流转过程的业务处理。本章第4节讲的是计划成本法下存货的会计处理。

本章难度 ★★
本章重要程度 ★★★

本章复习策略

本章作为资产篇基础知识,内容相对简单,考试时分值又相对较高,选择题、名词解释、简答题、计算分录题都会涉及,属于性价比非常高的章节。另外,本章作为资产篇学习之旅的开端,掌握好整套会计处理的底层逻辑,也有助于快速把握其他章节脉络。所以,各位同学在学习本章内容时,需要认真对待、全面掌握。

考点精讲

第一节 存货的确认和初始计量

◆ 考点 12·存货的定义及确认条件

1. 存货的定义

存货(inventory)是指企业在日常活动中<u>持有以备出售</u>的产成品或商品,处在生产过程中的在产品，在生产过程或提供劳务过程中耗用的材料、物料等。

企业应以<mark>所有权的归属</mark>而不以物品的存放地点为依据来确定企业存货的范围。即在盘存日，法定所有权归属企业的一切存货，无论其存放于何处，都应作为企业的存货。

2. 存货的确认条件

存货在<mark>符合定义</mark>情况下，<mark>同时</mark>满足下列条件的，才能予以确认：
①与该存货有关的经济利益很可能流入企业；
②该存货的成本能够可靠地计量。

【例1·多选】企业的存货包括（   ）。
A. 发出存货   B. 库存存货
C. 在途存货   D. 加工中存货
E. 委托代销存货
【解析】存货是指企业在日常活动中持有以备出售的产成品或商品，处在生产过程中的在产品，在生产过程或提供劳务过程中耗用的材料、物料等。企业应以所有权的归属和持有目的为依据来确定企业存货的范围。
【答案】ABCDE

【例2·判断·西安理工大学2014】企业为生产经营和建造固定资产而储备的材料都应确认为存货。（   ）
【解析】企业为生产经营和建造固定资产而储备的材料应确认为工程物资。
【答案】×

◆ 考点 13 · 外购存货成本的确定

企业取得存货应当按照<mark>成本</mark>进行初始计量。存货成本包括<mark>购货价格、相关税费和其他使存货达到目前场所和状态所发生的成本</mark>。
①购货价格是因购货而支付的对价，但不包括按规定可以抵扣的增值税税额。
②相关税费一般是指企业外购货物应支付的税金及相关费用。
③其他使存货达到目前场所和状态所发生的成本，一般包括外购存货到达仓库以前发生的仓储费、包装费、运输费、保险费、运输途中<mark>合理损耗</mark>以及<mark>入库前</mark>挑选整理费用等。

计入存货成本的相关费用辨析

项目		是否计入存货成本
增值税进项税额	允许抵扣	×（计入应交税费借方）
	不能抵扣	√
挑选整理费	入库前	√
	入库后	×（计入管理费用）
运输途中的损耗	合理损耗	√
	非合理损耗	×（计入营业外支出）
产品设计费用	一般设计	×（计入管理费用）
	为特定客户设计的可直接确定的设计费	√
仓储费用	入库前	√
	入库后 一般存储	×（计入管理费用）
	入库后 在生产过程中为达到下一个阶段所必需的仓储费用	√

> **佳姐翻译**
>
> 判断是否计入存货成本，主要看两点：(1)看主体：是否为存货所花费；(2)看时点：存货是否入库。

【例3·多选】下列项目中，应计入材料成本的是（　　）。

A. 运输途中的合理损耗

B. 购入存货运输途中的保险费用

C. 采购人员的工资费用

D. 入库前的挑选整理费用

【解析】采购人员的工资费用应计入管理费用，不计入存货采购成本。

【答案】ABD

【例4·单选·西安外国语2018】下列项目中，一般纳税企业不应计入存货成本的项目有（　　）。

A. 购入存货支付的关税

B. 商品流通企业采购过程中发生的保险费

C. 委托加工材料发生的增值税

D. 自制存货生产过程中发生的直接费用

【解析】一般纳税企业委托加工材料发生的增值税,属于可以抵扣的进项税额,不计入存货成本。

【答案】C

【例5·单选·北工商2017】某企业为增值税一般纳税人,2019年9月购入一批原材料,增值税专用发票上注明的价款为50万元。增值税税额为6.5万元。款项已经支付。另以银行存款支付装卸费0.3万元(不考虑增值税)。入库时发生挑选整理费0.2万元。运输途中发生合理损耗0.1万元。不考虑其他因素。该批原材料的入账成本为( )万元。

  A. 50.5   B. 59

  C. 50.6   D. 50.4

【解析】存货的采购成本包括购买价款、运输费、装卸费、保险费以及其他可归属于存货采购成本的费用。所以本题中原材料的入账成本=50+0.3+0.2=50.5(万元)。

【陷阱提示】运输途中合理损耗的0.1万元已经包括在了购买价款50万元中,不要重复计入存货成本。

【答案】A

【例6·单选】甲公司为增值税小规模纳税人,本月采购原材料2 060千克,每千克50元(含增值税),运输途中合理损耗为60千克,入库前的挑选整理费用为500元,企业该批原材料的入账价值为( )元。

  A. 100 500   B. 103 000

  C. 103 500   D. 106 500

【解析】甲公司为增值税小规模纳税人,进项税额不可抵扣,应该计入成本。该批原材料入账价值=2 060×50+500=103 500(元)。

【答案】C

【例7·单选】甲公司为增值税一般纳税人,本月采购原材料1 200千克,每千克50元(含增值税),增值税税率为17%,运输途中合理损耗为20千克,入库前的挑选整理费用为800元,企业该批原材料的入账价值为( )元。

  A. 52 082.05   B. 60 800

  C. 59 000   D. 51 227.357 7

【解析】甲公司为增值税一般纳税人,进项税额可以抵扣,不计入成本。该批原材料入账价值=1 200×50÷(1+17%)+800=52 082.05(元)

【答案】A

【例8·单选·西安石油大学2017】A公司为增值税一般纳税企业,适用增值税税率为17%。本月购进甲原材料100吨,货款为100万元,增值税为17万元;运输费用8万元,发生的保险费为1.5万元，入库前的挑选整理费用为3万元。该批甲原材料成本为（ ）万元。

A. 129.5　　　　　　　　　　　　B. 126
C. 112.5　　　　　　　　　　　　D. 128

【解析】A公司为增值税一般纳税人，增值税进项税额可以抵扣，不应计入存货成本。该批甲原材料成本＝100＋8＋1.5＋3＝112.5（万元）。

【答案】C

◆ 考点 14 · 存货的初始计量

1. 外购存货会计处理（按凭做账）

结算凭证到达的同时，材料验收入库	借：原材料 　　应交税费——应交增值税(进项税额) 　贷：应付票据/银行存款/应付账款 等
结算凭证先到，材料后验收入库	①先根据结算凭证入账，记入"在途物资"科目： 借：在途物资 　　应交税费——应交增值税(进项税额) 　贷：应付票据/银行存款/应付账款 等 ②收到材料，验收入库： 借：原材料 　贷：在途物资
材料先验收入库，结算凭证后到	结算凭证尚未到达时，为简化会计核算程序，一般先不做账，待结算凭证到达后，再进行入账处理； 但如果会计期末仍未到，则按估价入账（增值税进项税额无需估计入账），下月再红字冲回

【例9·分录·吉林财经2015】华联公司购入一批原材料：增值税专用发票上注明的材料价款50 000元，增值税进项税额8 500元，货款已通过银行转账支付，材料也已验收入库。假设华联公司为增值税一般纳税人，请做出华联公司购入原材料的账务处理。

【答案】
借：原材料　　　　　　　　　　　　　　　　　　　　　　　　　　50 000
　　应交税费——应交增值税(进项税额)　　　　　　　　　　　　　　8 500
　贷：银行存款　　　　　　　　　　　　　　　　　　　　　　　　58 500

【例10·分录·吉林财经2021、黑龙江八一农垦2022】2021年4月10日华联公司从昊达工厂购入甲材料400千克、乙材料300千克。收到的增值税专用发票上注明的甲材料单价为20元，乙材料单价为40元，货款及税金尚未支付。假设华联公司为增值税一般纳税人，适用的增值税税率为13%，材料尚未入库。请做出华联公司购入原材料的账务处理。

【答案】

借：在途物资　　　　　　　　　　　　　　　　　　　　　20 000
　　应交税费——应交增值税(进项税额)　　　　　　　　　 2 600
　　贷：应付账款　　　　　　　　　　　　　　　　　　　　22 600

【例 11·分录·长沙理工 2016、新疆农业 2019】A 公司购入甲材料 200 千克，单价 40 元，增值税税额 1 360 元，对方代垫运费 400 元，A 公司开出一张商业承兑汇票进行付款。假设 A 公司为增值税一般纳税人，请做出 A 公司购入原材料的账务处理。

【答案】

借：原材料　　　　　　　　　　　　　　　　　　　　　　 8 400
　　应交税费——应交增值税(进项税额)　　　　　　　　　 1 360
　　贷：应付票据　　　　　　　　　　　　　　　　　　　　 9 760

【例 12·单选·西安外国语 2018】企业在核算材料收入时，需在月末暂估入账并于下月作相反分录冲回的情况是(　　)。

A. 月末购货发票账单未到，但已入库的材料
B. 月末购货发票账单已到，货款未付但已入库的材料
C. 月末购货发票账单已到，货款已付且已入库的材料
D. 月末购货发票账单已到，货款已付但未入库的材料

【解析】外购材料结算凭证尚未到达时，为简化会计核算程序，一般先不做账，待结算凭证到达后，进行入账处理。但如果会计期末仍未到，则按估价入账(增值税进项税额无需估计入账)，下月再红字冲回。B、C、D 项发票账单已到，均应根据发票账单进行账务处理。

【答案】A

2. 自制存货会计处理

自制存货应以存货达到目前场所和状态所发生的全部支出入账。其成本包括消耗的材料成本，自制过程中发生的加工成本以及其他能直接认定为该存货价值的成本。

直接材料	所使用或消耗的原材料采购成本
直接人工	生产产品过程中，直接从事产品生产的工人职工薪酬
制造费用	为生产产品和提供劳务而发生的各项间接费用。包括企业生产部门(如生产车间)管理人员的职工薪酬、折旧费、办公费、水电费、机物料消耗、劳动保护费、车间固定资产的修理费用、季节性和修理期间的停工损失等

借：生产成本(在产品)
　　贷：原材料
　　　　应付职工薪酬
　　　　制造费用

借：库存商品（完工产品）
　　贷：生产成本

3. 委托加工存货会计处理

情形	会计处理	
发出物资	借：委托加工物资 　　贷：原材料	
支付加工费、运费等	借：委托加工物资 　　应交税费——应交增值税(进项税额) 　　贷：银行存款等	
支付受托方代扣代缴的消费税	收回后直接对外出售	借：委托加工物资 　　贷：银行存款
	收回后连续生产应税消费品	借：应交税费——应交消费税 　　贷：银行存款
加工完成验收入库	借：库存商品/周转材料等 　　贷：委托加工物资	

（指一般纳税人可以抵扣的增值税。否则记入"委托加工物资"科目）

【例13·分录·辽宁石油化工2022、湖北经济学院2023、重庆科技学院2023】 甲公司为增值税一般纳税人，销售商品适用的增值税税率为13%，消费税为10%，2022年1月甲公司委托外单位加工一批应税消费品，发生如下经济业务：

(1)10日，发出原材料30万元；

(2)25日，材料加工完成，支付加工费6万元，增值税0.78万元，由受托方代收代缴的消费税4万元，收回后直接用于出售。款项全部以银行存款付讫。

要求：

(1)编制1月10日发出原材料的分录。

(2)编制1月25日收回委托加工物资时的分录。

(3)假设该商品收回后继续用于生产应税消费品，请编制收回该委托加工物资时的分录。（答案用万元表示）

【答案】

(1)1月10日发出原材料时：

借：委托加工物资　　　　　　　　　　　　　　　　　　　30
　　贷：原材料　　　　　　　　　　　　　　　　　　　　　　30

(2)1月25日收回委托加工物资(直接用于出售)时：

借：委托加工物资　　　　　　　　　　　　　　　　　　　10.00
　　应交税费——应交增值税(进项税额)　　　　　　　　　0.78

```
    贷：银行存款                              10.78
  借：库存商品                                40
    贷：委托加工物资                            40
(3)1月25日收回委托加工物资(加工应税消费品)时：
  借：委托加工物资                             6.00
    应交税费——应交增值税(进项税额)              0.78
            ——应交消费税                     4.00
    贷：银行存款                              10.78
  借：库存商品                                36
    贷：委托加工物资                            36
```

第二节 存货的后续计量

◆考点 15·发出存货的计量

1. 发出存货的计量方式

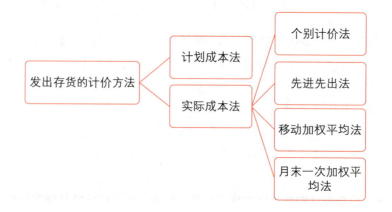

(1)个别计价法

指逐一确认成本的方法。

优缺点：成本计算准确，符合实际情况，但在存货收发频繁的情况下，其发出成本分辨的工作量较大。

适用于一般不能替代使用的存货、为特定项目专门购入或制造的存货以及提供的劳务，如珠宝、名画等贵重物品。

(2)先进先出法

指以先购入的存货应先发出(销售或耗用)这样一种存货实物流转假设为前提，对发出存货进行计价的一种方法。

优缺点：先进先出法可以随时结转成本，但较繁琐；如果存货收发业务较多且存货单价不稳定时，其工作量较大。但在物价持续上升时，期末存货成本接近于市价，而发出成本偏低，会高估企业当年利润和库存存货价值；物价持续下降时，则会低估企业当年利润和库存存货价值。

为什么物价持续上升，会高估企业当年利润和库存存货价值？

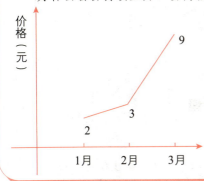

如左图，假设甲企业在1月购入的原材料为2元/千克，2月购入的原材料为3元/千克，3月购入的原材料为9元/千克。

按照先进先出法，甲企业3月发出材料成本为1月购入的原材料成本（2元/千克），相比市场价9元/千克，发出成本偏低。在销售收入和总成本一定的情况下，发出成本偏低，利润和库存存货价值偏高。

(3) 移动加权平均法

指以每次进货的成本加上原有库存存货的成本，除以每次进货数量与原有库存存货的数量之和，据以计算加权平均单位成本，作为在下次进货前计算各次发出存货成本依据。

计算公式如下：

存货单位成本＝(原有库存存货的实际成本＋本次进货的实际成本)/(原有库存存货数量＋本次进货数量)

本次发出存货的成本＝本次发出存货的数量×存货单位成本

本月月末库存存货成本＝月末库存存货的数量×存货单位成本

优缺点：采用移动加权平均法能够使企业管理层及时了解存货成本的结存情况，计算出的平均单位成本及发出和结存的存货成本比较客观。但是，由于每次收货都要计算一次平均单位成本，计算工作量较大，对收发货频繁的企业不适用。

(4) 月末一次加权平均法

指以当月全部进货数量加上月初存货数量作为权数，去除当月全部进货成本加上月初存货成本，计算出存货的加权平均单位成本。

存货单位成本＝[月初库存存货的实际成本＋∑(本月某批进货的实际单位成本×本月某批进货的数量)]/(月初库存存货数量＋本月各批进货数量之和)

优缺点：采用月末一次加权平均法只在月末一次计算加权平均单价，有利于简化成本计算。但由于平时无法从账上提供发出和结存存货的单价及金额，不利于存货的日常管理与控制。

【例14·单选·央财2016、西安外国语2016】在物价持续上涨的情况下,存货发出采用先进先出法对企业的影响是( )。

A. 期末存货成本减少,当期利润减少
B. 期末存货成本减少,当期利润增加
C. 期末存货成本增加,当期利润增加
D. 期末存货成本增加,当期利润减少

【解析】在物价持续上升时,采用先进先出法时,发出成本偏低,会高估企业当年利润和库存存货价值。

【答案】C

2. 发出原材料的会计处理

情形	分录
直接用于产品生产的	借:生产成本 　贷:原材料
用于车间一般耗用的	借:制造费用 　贷:原材料
用于企业管理方面的	借:管理费用 　贷:原材料
为销售产品而消耗的	借:销售费用 　贷:原材料

【例15·分录·太原理工2016】甲企业为一般纳税人,本月发生以下经济活动,请据此完成会计分录。

(1)购入材料一批,不含增值税货款为18 000元,增值税率17%,另有外地运费700元(不考虑增值税),均已通过银行付清,材料未验收入库。

(2)用转账支票购买办公用品一批,获得的普通发票上注明的价款为600元。

(3)生产车间为制造A产品领用甲材料6 000元,为制造B产品领用乙材料8 000元,管理部门一般耗用乙材料2 000元。

【答案】
(1)借:在途物资　　　　　　　　　　　　　　　　　　　18 700
　　　应交税费——应交增值税(进项税额)　　　　　　　3 060(18 000×17%)
　　　贷:银行存款　　　　　　　　　　　　　　　　　　21 760
(2)借:管理费用　　　　　　　　　　　　　　　　　　　600
　　　贷:银行存款　　　　　　　　　　　　　　　　　　600
(3)借:生产成本——基本生产成本(A产品)　　　　　　6 000
　　　　　　　——基本生产成本(B产品)　　　　　　　8 000

管理费用		2 000
贷：原材料——甲材料		6 000
——乙材料		10 000

【例 16·分录·长沙理工 2016】 仓库发出甲材料 12 000 元，其中生产 A 产品耗用 8 000 元，车间一般消耗 3 000 元，厂部行政管理部门消耗 1 000 元。

【答案】

借：生产成本——基本生产成本（A 产品）	8 000
制造费用	3 000
管理费用	1 000
贷：原材料——甲材料	12 000

◆考点 16·存货的期末计量

1. 原则

存货期末应按照成本与可变现净值孰低计量。

2. 存货可变现净值的确定

直接用于出售的产成品、商品、材料等	有合同约定	可变现净值＝合同价格－估计销售费用－估计相关税费
	无合同约定	可变现净值＝估计售价－估计销售费用－估计相关税费
需要经过加工的材料存货		可变现净值＝(产成品)估计售价－估计继续加工成本－估计销售费用－估计相关税费

3. 存货减值准备的计提与转回

第一步：计算当期应计提（或转销）的存货跌价准备金额

当期应计提（或转销）的存货跌价准备金额＝（成本－可变现净值）－存货跌价准备已有的贷方余额

第二步：判断结果，做出会计处理

结果＞0	借：资产减值损失 　　贷：存货跌价准备
结果＜0	减值的金额应当予以恢复，应在已计提的存货跌价准备范围内转回 借：存货跌价准备 　　贷：资产减值损失

【例17·判断·天津商业2015】 如果期末存货计价过低，就会高估当期收益。( )

【解析】在本期可供销售存货(期初存货＋本期购入)一定的情况下，根据"本期可供销售存货－期末存货＝本期销售成本"这一公式，期末存货价值被低估，则本期销售成本被高估，随之本期收益被低估。

【答案】×

【例18·多选·西安石油2017、黑龙江八一农垦】 下列表明存货的可变现净值为零的有( )。

A. 已霉烂变质的存货
B. 已过期且无转让价值的存货
C. 生产中已不再需要，并且已无使用价值和转让价值的存货
D. 其他足以证明已无使用价值和转让价值的存货

【解析】略
【答案】ABCD

【例19·单选·厦国会2018】 甲公司2016年年末持有乙原材料100件专门用于生产丙产品，成本为每件5.3万元，每件乙原材料可加工为一件丙产品，加工过程中需发生的加工成本为0.8万元，销售过程中估计需发生运输费用为每件0.2万元。2016年12月31日，乙原材料的市场价格为每件5.1万元，丙产品的市场价格为每件6万元。2016年以前未对乙原材料计提存货跌价准备。不考虑其他因素，甲公司2016年年末对乙原材料应计提的存货跌价准备为( )万元。

A. 0   B. 30   C. 10   D. 20

【解析】由于乙原材料专门用于生产丙产品，所以乙原材料可变现净值由丙产品售价决定。

单件乙原材料可变现净值＝6－0.8－0.2＝5(万元)。

对乙原材料应计提的存货跌价准备＝(5.3－5)×100＝30(万元)。

【答案】B

【例20·分录·河南财经政法2011&2022】 某公司采用"成本与可变现净值孰低法"对期末存货进行计量。

(1)2008年12月31日，该公司甲产品的账面成本为300 000元，由于甲产品市场价格下跌，库存甲产品的预计可变现净值为250 000元。

(2)2009年6月30日，由于甲产品市场价格有所上升，使得该批甲产品的预计可变现净值变为280 000元。

(3)2009年12月31日，由于甲产品市场价格进一步上升，甲产品的可变现净值又有所恢复，预计甲产品的可变现净值为308 000元。

要求：根据以上资料，编制相应的会计分录。

【答案】
(1)应计提的存货跌价准备＝300 000－250 000＝50 000(元)
借：资产减值损失　　　　　　　　　　　　　　　　　50 000
　　贷：存货跌价准备　　　　　　　　　　　　　　　　　50 000
(2)应计提的存货跌价准备＝300 000－280 000－50 000＝－30 000＜0，应在已计提的存货跌价准备范围内转回
借：存货跌价准备　　　　　　　　　　　　　　　　　30 000
　　贷：资产减值损失　　　　　　　　　　　　　　　　　30 000
(3)应计提的存货跌价准备＝300 000－308 000－20 000＝－28 000＜0，应在已计提的存货跌价准备范围内转回
借：存货跌价准备　　　　　　　　　　　　　　　　　20 000
　　贷：资产减值损失　　　　　　　　　　　　　　　　　20 000

【例21·计算题·哈尔滨工业2019】 A公司库存商品100件，每件商品的成本为10万元，其中已经签订合同的商品为60件，合同价为每件12万元，预计每件商品的销售税费为1.5万元；该商品的市场价格为每件10.5万元，预计每件商品的销售税费为1万元，假定该批库存商品期初存货跌价准备科目的贷方余额为13万元，不考虑其他影响因素。

要求：计算A公司期末应计提的存货跌价准备金额，并编制期末计提存货跌价准备的会计分录(答案中金额单位以万元表示)。

【解析】 在计算存货跌价准备时不能将有合同部分与无合同部分合并在一起确定存货的价值。否则无合同(或有合同)部分该存货出现减值的金额就会被有合同(或无合同)部分存货的增值金额所抵消。

【答案】 有合同部分应分摊的存货跌价准备贷方余额＝13/100×60＝7.8(万元)
无合同部分应分摊的存货跌价准备贷方余额＝13/100×40＝5.2(万元)
有合同部分存货可变现净值＝(12－1.5)×60＝630(万元)
有合同部分减值测试：60×10－630－7.8＝－37.8(万元)，结果＜0，应在已计提的7.8万元内进行转回。
无合同部分存货可变现净值＝(10.5－1)×40＝380(万元)
无合同部分减值测试：40×10－380－5.2＝14.8，结果＞0，应计提存货跌价准备14.8万元。
综上，100件存货应计提存货跌价准备14.8－7.8＝7(万元)
借：资产减值损失　　　　　　　　　　　　　　　　　7
　　贷：存货跌价准备　　　　　　　　　　　　　　　　　7

◆ 考点 17 · 管理存货的方法

方法	内容	优缺点
实地盘存制（以实定销）	企业平时只对购进存货做处理，发出存货的数量及金额则通过对期末存货的实地盘点，采用倒挤的方法确定 期初存货成本＋本期购入存货成本－期末存货成本＝本期发出存货成本	适合规模较小企业使用。该方法简单易行但倒挤出来的存货成本可能包括并不完全是生产使用或销售的存货成本，不利用对存货的实物管理
永续盘存制（以销定实）	又称账册盘存制、账面盘存制，是平时对购进存货、发出存货进行记录，通过账面记录确定期末存货的方法 期初存货成本＋本期购入存货成本－本期发出存货成本＝期末存货成本	大多数企业采用。该方法加强了对库存品的管理，可以随时取得库存积压或不足的资料，及时组织库存品的购销或处理，加速资金周转。但会计核算工作量较大

第三节 存货的处置

◆ 考点 18 · 存货的出售

情形	分录
①确认收入	借：银行存款/应收账款 　　贷：主营业务收入 　　　　应交税费——应交增值税（销项税额）
②结转成本	借：主营业务成本 　　　存货跌价准备（若未发生跌价，则无此科目） 　　贷：库存商品

【例22·分录·南京财经2015】甲企业为增值税一般纳税人，适用的增值税税率为17%。甲公司于2014年12月10日出售给乙公司一批商品，该商品原账面成本为100万元，已计提15万元减值准备。该批商品售价为150万元，增值税销项税额为25.5万元。根据上述事项，编制相应会计分录(分录金额单位以万元表示)。

【答案】

借：银行存款　　　　　　　　　　　　　　　　　　　　　175.50
　　贷：主营业务收入　　　　　　　　　　　　　　　　　　150.00
　　　　应交税费——应交增值税（销项税额）　　　　　　　 25.50

借：主营业务成本	85
存货跌价准备	15
贷：库存商品	100

◆ 考点 19 · 存货的清查

企业在进行存货的日常收发及保管过程中，因种种原因可能造成存货实际结存数量与账面结存数量不符，有时还会因非常事项造成存货毁损。为了确保存货账实相符，企业应定期或不定期进行存货清查。

1. 盘盈

盘盈是实际结存数量大于账面结存数量的情形。发生存货盘盈时应按下列情况进行会计处理。

情形	会计处理
①发现盘盈时	借：原材料/库存商品等 　贷：待处理财产损溢
②查明原因，报经批准后	借：待处理财产损溢 　贷：管理费用（无法确定原因）

2. 盘亏、毁损

存货盘亏是指实际结存数量小于账面结存数量。存货毁损指非常事项造成的存货损失。发生存货盘亏、毁损时应按下列情况进行会计处理。

情形	会计处理
①发现盘亏、毁损时	借：待处理财产损溢 　贷：原材料/库存商品等 　　　应交税费——应交增值税（进项税额转出） 【注意】非正常原因导致的存货盘亏或毁损，按规定不能抵扣增值税进项税额，应当予以转出。但自然灾害导致的存货盘亏或毁损，增值税进项税额无需转出
②查明原因，报经批准后	按不同原因及处理决定入账： 借：管理费用（定额合理盘亏、经营性损失、非正常损失） 　　营业外支出（自然灾害） 　　其他应收款（保险赔偿或过失人赔偿） 　贷：待处理财产损溢 【注意】人大戴德明版教材将火灾、被盗记入"营业外支出"科目；其他教材均认为火灾、被盗是一种人为管理不善导致的结果，应记入"管理费用"科目

【例23·分录·吉林财经2015】 秋实公司在存货清查中发现盘盈一批A材料，重置成本为5 000元。根据上述事项，编制相应会计分录。

【答案】 发现盘盈时：

借：原材料 5 000
　　贷：待处理财产损溢 5 000

查明后，无法确定具体原因时：

借：待处理财产损溢 5 000
　　贷：管理费用 5 000

第四节 计划成本法

计划成本法是指企业存货的 日常收入、发出和结余均按预先制定的计划成本计价 。这种方法下另设"材料成本差异"科目，将其作为计划成本和实际成本联系的纽带，存货入库时用来登记实际成本和计划成本的差额，月末再通过对存货成本差异的分摊，将发出存货的计划成本和结存存货的计划成本调整为实际成本进行反映。

◆ 考点20·计划成本法

1. 原材料收发核算的一般程序和方法

情形	会计处理
（1）采购材料时	借：材料采购（实际成本） 　　应交税费——应交增值税（进项税额） 　贷：银行存款等
（2）材料入库时	借：原材料（计划成本） 　贷：材料采购（实际成本） 　　　材料成本差异（差额，可能在借）
（3）发出材料，先按计划成本计入	借：管理费用 　　生产成本 　　销售费用 （生产经营领用） 　　制造费用 　　委托加工物资（发出委托外单位加工的材料） 　　其他业务成本（销售材料结转成本） 　贷：原材料

续表

情形	会计处理
(4)月份终了，将材料成本差异总额在发出材料和期末库存材料之间分摊	超支时： 借：管理费用 　　生产成本 　　销售费用 　　制造费用 　　委托加工物资 　　其他业务成本 　贷：材料成本差异 节支时做相反分录，或用红字登记相同方向分录

佳姐翻译

(1)计划成本法下"原材料"科目采用计划成本核算，但账上记录的还是实际成本，只是将实际成本分为两个科目表示，即"原材料"科目＋"材料成本差异"科目＝原材料实际成本。

(2)"材料成本差异"属于资产类账户，资产类账户记账方向为"借＋贷－"。所以入库时"材料成本差异"借方表示资产增加，即"超支"；贷方表示资产减少，即"节约"。

【例24·分录·北京工商2017、南京师范2016、吉林财经2022】某企业为增值税一般纳税人，采用计划成本法进行材料核算，2016年8月1日，购入材料一批，取得经税务机关认证的增值税专用发票注明的价款为300 000元，增值税税额为39 000元，计划成本为320 000元。8月3日，材料运达并验收入库。不考虑其他因素，做出2016年8月与购入材料相关的会计处理。

【答案】2016年8月1日购入材料时：
借：材料采购　　　　　　　　　　　　　　　　　　　300 000
　　应交税费——应交增值税(进项税额)　　　　　　　39 000
　贷：银行存款　　　　　　　　　　　　　　　　　　339 000
2016年8月3日材料入库时：
借：原材料　　　　　　　　　　　　　　　　　　　　320 000
　贷：材料采购　　　　　　　　　　　　　　　　　　300 000
　　　材料成本差异　　　　　　　　　　　　　　　　20 000

2. 计算发出材料成本差异的方法

计算材料发出成本差异的方式有两种：一是按当月的成本差异率计算，二是按上月的成本差异率计算。为保持会计方法的一贯性，计算方法一经确定，不得随意变更。

计算步骤如下：

第一步：求出差异率

> 节约差异为负号，超支差异为正号

$$本期材料成本差异率 = \frac{总差异}{总计划成本} \times 100\%$$

$$= \frac{期初材料成本差异 + 本期验收入库材料成本差异}{期初结存材料计划成本 + 本期验收入库材料计划成本} \times 100\%$$

第二步：计算发出材料应负担的差异

发出材料应负担的成本差异 = 发出材料的计划成本 × 本期材料成本差异率

发出材料实际成本 = 发出材料的计划成本 + 发出材料应负担的成本差异

= 发出材料的计划成本 × (1 + 本期材料成本差异率)

【注意】已购买但尚未验收入库的材料反映在"材料采购"账户，尚未反映在"原材料"和"材料成本差异"账户，所以计算材料成本差异时，只看期初和本期验收入库的材料。

【例25·单选·南京信息工程2018】某工业企业月初库存原材料计划成本为185 000元，"材料成本差异"科目贷方余额为10 000元，本月12日购入原材料的实际成本为420 000元，计划成本为415 000元。本月发出材料计划成本为300 000元。本月月末库存材料的实际成本为(　　)元。

A. 300 000　　　　B. 297 500　　　　C. 302 500　　　　D. 295 000

【解析】本月材料成本差异率 = (-10 000 + 420 000 - 415 000)/(185 000 + 415 000) × 100% = -0.833 3%

本月月末库存材料的实际成本 = (185 000 + 415 000 - 300 000) × (1 - 0.833 3%) = 297 500(元)

【答案】B

【例26·业务处理·陕西理工2022、绍兴文理2022、济南大学2022】某工业企业为增值税一般纳税企业，材料按计划成本计价核算，甲材料计划单位成本为每公斤10元，该企业2007年4月份有关资料如下：

(1)"原材料"账户月初余额80 000元，"材料成本差异"账户月初借方余额1 000元，"材料采购"账户月初借方余额21 000元。

(2)4月5日，企业上月已付款的甲材料2 000公斤如数收到，已验收入库。

(3)4月10日，从外地A公司购入甲材料6 000公斤，增值税专用发票上注明的材料价款为58 900元，增值税额10 013元，企业已用银行存款支付上述款项，材料尚未到达企业。

(4)4月20日，从A公司购入的甲材料到达，验收入库时发现短缺100公斤，经查明为途中定额内自然损耗，按实收数量验收入库。

(5)4月30日，汇总本月发料凭证，本月共发出甲材料6 000公斤，全部用于产品生产。

要求：

(1)编制上述业务(2)—(5)相关会计分录。

(2)计算本月材料成本差异率、本月发出材料应负担的成本差异及月末库存材料的实际成本。

(3)编制发出材料结转成本差异分录。

【解析】(1)业务(2)收到的甲材料,由于上月已付款,因此上月已将其实际成本在"材料采购"中进行记录,本月收到时应结转月初"材料采购"账户。

(2)计算材料成本差异率时一定要对应好各批次入库的成本差异与计划成本(未入库材料不用管),并注意把握好正负号(超支为正,节约为负),必要时可画图进行对应。

期初材料	4月5日入库材料	4月20日入库材料
材料成本差异:1 000	材料成本差异:1 000	材料成本差异:—100
计划成本:80 000	计划成本:20 000	计划成本:59 000

(3)由于本题计算出的材料成本差异率为四舍五入后的结果,为保证结果准确,月末库存材料的实际成本应采用"倒挤法",由材料的中实际成本减去发出材料的实际成本得到。

【答案】

(1)4月5日材料入库时:

借:原材料　　　　　　　　　　　　　　　　　　　　　　　　　　20 000
　　材料成本差异　　　　　　　　　　　　　　　　　　　　　　　　1 000
　　贷:材料采购　　　　　　　　　　　　　　　　　　　　　　　　21 000

4月10日购入材料时:

借:材料采购　　　　　　　　　　　　　　　　　　　　　　　　　　58 900
　　应交税费——应交增值税(进项税额)　　　　　　　　　　　　　　10 013
　　贷:银行存款　　　　　　　　　　　　　　　　　　　　　　　　68 913

4月20日材料入库时:

借:原材料　　　　　　　　　　　　　　　　　　　　　　　　　　　59 000
　　贷:材料采购　　　　　　　　　　　　　　　　　　　　　　　　58 900
　　　　材料成本差异　　　　　　　　　　　　　　　　　　　　　　　 100

4月30日汇总本月发料凭证时:

借:生产成本　　　　　　　　　　　　　　　　　　　　　　　　　　60 000
　　贷:原材料　　　　　　　　　　　　　　　　　　　　　　　　　60 000

(2)本月材料成本差异率 $= \dfrac{1\,000+1\,000-100}{80\,000+20\,000+59\,000} \times 100\% = 1.19\%$

本月发出材料应负担的成本差异 $= 60\,000 \times 1.19\% = 714$(元)

月末库存材料的实际成本 $= 80\,000 + 1\,000 + 21\,000 + 58\,900 - 60\,000 - 714 = 100\,186$(元)

(3)借:生产成本　　　　　　　　　　　　　　　　　　　　　　　　　714
　　　贷:材料成本差异　　　　　　　　　　　　　　　　　　　　　　714

真题精练

一、单项选择题

1.（云南师范2023）A公司为增值税一般纳税人，1月10日从B公司购入甲材料一批，增值税专用发票注明不含税价款2万元，增值税税额为3 400元。另外支付运费1 500元，装卸费为300元，则该批材料的采购成本为（　　）元。
   A. 25 200　　　　　B. 21 800　　　　　C. 21 500　　　　　D. 20 000

2.（黑龙江八一农垦）A公司为增值税一般纳税人企业，适用增值税税率为17%。本月购进甲原材料100吨，货款为100万元，增值税为17万元；运输费用8万元，发生的保险费为1.5万元，入库前的挑选整理费用为3万元。该批甲原材料成本为（　　）万元。
   A. 129.51　　　　　B. 126　　　　　　C. 112.5　　　　　D. 128

3.（中央财经2020）甲公司为增值税一般纳税人，4月份购入一批材料，增值税专用发票上注明的原材料价款为10 000元，增值税税额为1 600元，运杂费为1 000元，运输途中发生合理损耗100元，入库后整理费1 500元，甲企业该批原材料的入账价值为（　　）元。
   A. 12 500　　　　　B. 11 600　　　　　C. 10 900　　　　　D. 11 000

4. 某工业企业为增值税小规模纳税人，原材料采用计划成本核算，A材料计划成本每吨为20元。本期购进A材料6 000吨，收到的增值税专用发票上注明的价款总额为102 000元，增值税税额为13 260元。另发生运杂费用4 400元，运输途中保险费用419元，原材料运抵企业后验收入库原材料5 995吨，运输途中合理损耗5吨。购进A材料发生的成本差异（超支）为（　　）元。
   A. 99　　　　　　　B. 179　　　　　　C. 16 141　　　　　D. 16 241

5. 企业采用计划成本法核算存货的成本，2015年3月初，结存材料的计划成本为100万元，材料成本差异为超支差异2万元，本月购入材料的实际成本为310万元，计划成本为320万元，本月发出材料的计划成本为280万元，则该企业本月的材料成本差异率为（　　）。
   A. −2%　　　　　　B. −1.9%　　　　　C. 1.9%　　　　　D. 2%

6.（厦国会2014）在存货价格不断下降的情况下，采用（　　）计价方法利润最高。
   A. 个别计价法
   B. 先进先出法
   C. 移动加权平均法
   D. 月末一次加权平均法

7.（江汉大学2020）下列关于存货可变现净值的说法不正确的是（　　）。
   A. 企业确定存货可变现净值时不需要考虑存货的持有目的
   B. 企业确定存货可变现净值时需要考虑取得的可靠证据，比如存货的市场销售价格
   C. 企业确定存货可变现净值时需要考虑资产负债表日后事项的影响
   D. 企业确定存货可变现净值时应该基于企业处于正常经营活动这一前提

8.（齐齐哈尔2015）2012年12月31日，甲公司库存丙材料的实际成本为100万元。不含增值税的销售价格为80万元，拟全部用于生产1万件丁产品。将该批材料加工为丁产品尚需投入

的成本总额为40万元。由于丙材料市场价格持续下降，丁产品每件不含增值税的市场价格由原160元下降为110元。估计销售该批丁产品将发生销售费用及相关税费合计为2万元。不考虑其他因素，2012年12月31日，甲公司该批丙材料的账面价值应为（　　）万元。

A. 68　　　　　　B. 70　　　　　　C. 80　　　　　　D. 100

二、多项选择题

1. （川大 2017）下列会计科目中，其期末余额应列入资产负债表"存货"项目的有（　　）。
   A. 库存商品　　　　B. 材料成本差异　　　　C. 生产成本　　　　D. 委托加工物资

2. （西安石油 2017、黑龙江八一农垦）下列税金中，应计入存货成本的有（　　）。
   A. 由受托方代收代缴的委托加工直接用于对外销售的商品负担的消费税
   B. 由受托方代收代缴的委托加工继续用于生产应纳消费税的商品负担的消费税
   C. 进口原材料交纳的进口关税
   D. 小规模纳税企业购买材料交纳的增值税

3. （北国会 2012）下列各项业务中，会引起期末存货账面价值发生增减变动的是（　　）。
   A. 计提存货跌价准备
   B. 已确认销售收入但尚未发出的商品
   C. 已发出商品但尚未确认销售收入
   D. 已收到发票账单并支付货款但尚未收到材料

4. （广东工业 2016）当物价持续上升时，存货计价采用先进先出法，会出现下列（　　）的情况。
   A. 高估企业当期的利润　　　　B. 低估企业当期的利润
   C. 低估期末结存存货的价值　　　　D. 高估期末结存存货的价值

5. （兰州理工 2023）下列应计入产品成本的有（　　）。
   A. 购买价款　　　　B. 入库前的整理费用
   C. 入库后的存储费用　　　　D. 途中运输费用

6. （云南师范 2017）下列各项中，属于企业可以采用的发出存货成本计价的方法有（　　）。
   A. 先进先出法　　　　B. 移动加权平均法
   C. 成本与可变现净值孰低法　　　　D. 个别计价法

三、判断题

1. 无论企业对存货采用实际成本核算还是采用计划成本核算，在编制资产负债表时，存货项目反映的都是存货的实际成本。（　　）
2. 存货的成本与可变现净值孰低法，从存货的整个周转过程来看，只起着偶尔调节不同会计期间利润的作用，并不会使利润总额减少。（　　）
3. （长江大学 2022）存货期末计价以成本计量。（　　）
4. （天津大学）一般纳税人企业购进货物所认定的进项税额，不一定可用来抵扣。（　　）

四、业务处理题

1. （江西理工 2014）A 公司为增值税一般纳税人，开设有外汇账户，会计核算以人民币为记账本位币，外币交易采用交易日的即期汇率折算。本月5日，A 公司从国外 B 公司进口原材料一批，货款 200 000 欧元，当日即期汇率 1 欧元＝8.5 元人民币。按规定应交进口关税人民币

170 000元,应交进口增值税人民币317 900元。货款尚未支付,进口关税及增值税当日以人民币支付,并已取得海关完税凭证。

要求:做出A公司的账务处理。

2.(四川轻化工2019)甲公司为增值税一般纳税人。2013年1月20日,甲公司购入A材料一批,材料已验收入库,结算凭证已到,显示材料采购价款为4 000元、增值税为850元,途中发生运杂费100元,由于企业资金不足货款暂未支付。

要求:做出甲公司的账务处理。

3.(吉林财经2021)甲企业为增值税一般纳税人,本月购进A、B两种原材料,价格分别为10 000元和22 000元,增值税为4 160元;运输费为500元,运费增值税为45元,入库前的挑选整理费为200元。间接费用按照A、B原材料的价格进行分配。请分别计算A、B原材料的入账价值。

4.(江西财经2021)A企业为增值税一般纳税人,2020年发生了以下经济业务:

(1)从本地以支票购进甲材料400件,货款计3 248元(其中,价款2 800元,增值税448元)。材料全部验收入库,结算凭证已收到,货款已以银行存款支付。

(2)从外埠购进甲材料700件,货款计5 800元(其中,材料价款5 000元,增值税800元),购进材料支付运费440元(其中,价款400元,准予抵扣的增值税40元)、装卸费212元(其中,价款200元,准予抵扣的增值税12元)。9月3日结算凭证到达,材料尚未验收入库,已以银行存款支付全部货款及运费、装卸费。9月10日材料到达验收入库。

(3)从外埠采用委托收款结算方式购进的290件甲材料已于10月4日收到验收入库。直至10月31日仍未收到结算凭证,暂估材料价款为2 700元。11月8日结算凭证到达,货款计2 900元(其中,材料价款2 500元,增值税400元)。购进材料支付运费220元(其中,价款200元,准予抵扣的增值税20元)、装卸费212元(其中,价款200元,准予抵扣的增值税12元)。当日以银行存款支付全部货款及运费、装卸费。

(4)A企业发出存货采用月末一次加权平均法,12月1日,生产车间领用20件用于乙产品生产。

要求:请根据A企业发生的上述购进原材料的经济业务,编制相关会计分录。

5.(中南财经政法2018、江苏科技2023)甲材料年初结存数量为3 000件,结存金额为8 700元,本年1月进货情况如下。

日期	单价(元/件)	数量(件)	金额(元)
9日	3.1	4 100	12 710
12日	3.2	6 000	19 200
20日	3.3	4 500	14 850
26日	3.4	1 800	6 120

1月10日、13日、25日分别销售甲材料2 500件、5 500件、7 000件。

要求：分别采用月末一次加权平均法、移动加权平均法、先进先出法、后进先出法计算甲材料本年1月的销售成本、期末结存金额。

6.(齐齐哈尔大学2022)某企业为增值税一般纳税人，采用实际成本核算存货。1月20日，企业行政管理部门领用周转材料(低值易耗品)一批，实际成本为9 000元，采用分次摊销法进行摊销。该批周转材料估计使用3次。此次为第1次摊销。

要求：编制领用周转材料并进行摊销的会计分录。

7.(天津商业2015、齐齐哈尔大学2015、广东财经2016、吉林财经2021、江西财经2021、中南财经政法2021、湖北民族2021)甲企业采用计划成本计价法进行核算，本月月初库存原材料计划成本为550元，"材料成本差异"科目借方余额为160元。本月份发生经济业务如下：
(1)9月5日，支付材料价款900元，计划成本为1 000元，9月9日材料到达企业。
(2)9月10日，支付材料款1 500元，材料尚未到达企业。
(3)9月13日，收到上述(2)中在途材料的一部分，其实际成本为700元，计划成本为650元。
(4)9月20日，发出材料1 100元，其中生产耗用600元，车间一般消耗300元，厂部耗用200元。

假设本题不考虑增值税进项税额，要求：
(1)编制上述业务会计分录；
(2)计算材料成本差异分配率和发出材料实际成本，并编制结转差异分录。

8.(齐齐哈尔大学2017)某企业材料按计划成本核算，月初"原材料"账户余额为40 000元，"材料成本差异"贷方余额为200元，本月收入材料实际成本101 000元，计划成本100 000元。本月发出材料60 000元，其中用于产品生产27 000元，车间一般耗用3 000元，机修车间领用10 000元，厂部管理部门领用5 000元，销售部门领用15 000元。

要求：
(1)计算材料成本差异率；
(2)编制领用材料分录，并调整材料成本差异。

9.(西安外国语2019、新疆农业2018、桂林电子科技2019)甲公司2017年5月购入一批存货，成本为100 000元。2017—2019年发生如下经济事项。
(1)2017年12月31日，甲公司预计该批存货的可变现净值为90 000元。
(2)2018年12月31日，甲公司预计该批存货的可变现净值为85 000元。
(3)2019年8月，出售该批存货的80%。2019年12月31日，甲公司预计剩余存货的可变现净值为18 000元。

要求：编制上述和存货跌价准备有关业务的会计分录。

10.(吉林财经2021、新疆农业2018&2019&2020)甲企业为增值税一般纳税人，发生有关委托加工原材料的经济业务如下：
(1)按合同约定，5月1日将库存积压的A材料拨付某加工厂进行加工，以制成B材料。拨付加工A材料的实际成本为3 000元。
(2)6月10日，收回加工完成的B材料，以银行存款支付全部加工费用2 260元(其中准予抵扣的增值税为260元),另以银行存款支付运费218元(其中准予抵扣的增值税为18元)。

(3)6月30日,甲企业将B材料全部出售,开出的增值税专用发票上注明的价款为8 000元,增值税税额为1 040元。款项已全部收到。

要求:根据上述经济业务,编制相关会计分录。

11.(吉林财经2021)甲企业为增值税一般纳税人,进行清查盘点时,发生如下经济业务:

(1)3月27日盘点A材料,发现A材料溢余,按重置成本计算其成本为1 000元,盘盈原因待查。

(2)3月28日查明原因,盘盈的A材料系收发时的计量误差导致,经批准冲销企业的管理费用。

(3)因管理不善,B产品被盗。4月10日,对财产进行清查盘点。其中,被盗产成品的实际成本为5 000元,生产被盗产成品耗用的原材料及应税劳务的进项税额为480元,企业已通知保险公司并按保险条款相关内容开始申请理赔。

(4)4月15日,被盗造成的产品损失处理结果如下:保险公司已确认应赔偿的损失为3 000元(赔偿款正在办理中),残料估价1 350元作为原材料入库,相关责任人赔偿800元(现金已由财务收讫)。

请根据上述经济业务,编制相关会计分录。

12.(安徽财经2017)某工厂进行财产清查时,发现甲材料账面余额455公斤,价值19 110元,盘存实际数量445公斤。经查明属于正常损耗,经批准后计入管理费用。请根据上述经济业务,编制相关会计分录。

13.(华北电力(北京)2021)大丰公司(以下简称公司)为股份有限公司,为增值税一般纳税人,销售货物适用的增值税税率为13%。原材料采用实际成本法核算,产品的销售成本按照经济业务逐项结转,存货采用成本与可变现净值孰低计价。

(1)2020年12月3日,从甲公司购买材料一批,增值税专用发票上注明的材料价款为100 000元,准予抵扣的增值税13 000元。材料已到库,签发一张一个月到期的商业承兑汇票,发票已经收到。

(2)2020年12月5日,向乙公司销售A产品500件,单价4 000元(不含增值税额),加权平均单位生产成本1 500元,产品已经发出并开具了增值税专用发票,货款尚未收到。

(3)公司曾于2019年12月31日因为B产品的账面成本600万元,预计可变现净值500万元,而计提了存货跌价准备100万元。2020年6月30日,B产品账面成本仍为600万元,但是该产品市场价格上升,导致预计可变现净值为585万元,并进行了相应的存货跌价准备处理。至2020年12月31日,B产品账面成本仍然为600万元,但由于市场价格进一步上升,预计可变现净值为650万元。

要求:请编制2020年12月公司相关经济业务的会计分录,并写出必要的计算过程。会计分录中的金额以万元为单位。

五、名词解释

1.(华北电力2017、北国会2015、石河子大学2021、长春工业2022)存货可变现净值

2.(浙江工商2017)原材料

3.(沈阳农业 2017、山东农业 2020、江西理工 2018、华中科技 2022)存货

4.(江西理工 2018、天津财经 2021、新疆大学 2022)成本与可变现净值孰低法

5.(新疆农业 2018)委托加工

六、简答题

1.(山东农业 2020、江西理工 2018、上海大学 2020)简述存货的定义和特征。

2.(天津财经 2021、长春工业 2022)简述存货的定义及分类。

3.(西安理工 2020、西安外国语 2016、华中科技 2022、湖南大学 2022)简述存货的确认条件。

4.(西安外国语 2016)存货与固定资产有哪些区别?

5.(长春理工 2021)存货成本包括哪些?

6.(上海对外经贸 2020、武汉纺织 2022、湖北工业 2022、天津商业 2022、东北师范)外购存货的入账成本包括什么?

7.(江苏科技 2020)仓储费用何时计入存货成本?

8.(东北师范)对于采购过程中发生的物资毁损、短缺等应当如何进行会计处理?

9.(武汉科技 2020、山西财经 2021)收回委托加工的商品时,受托方代扣代缴的消费税是否计入成本?如何进行处理?

10.(吉林财经 2021)哪些情况下存货运输发生的损耗可以计入成本?

11.(吉林财经 2022)简述应付账款购买材料的会计分录。

12.(中南财经政法 2020)简述委托加工物资的会计分录。

13.(武汉纺织 2020、暨南大学 2020、天津财经 2020、吉林外国语 2020、中国海洋 2018、华侨大学 2018、上海大学 2020、江西财经、哈尔滨商业 2016、天津大学 2021、昆明理工 2021、上海大学 2021、内蒙古大学 2021、东北林业 2021、山西财经 2021、沈阳大学 2021、天津财经 2021、华北电力 2021、新疆农业 2020、桂林电子科技 2020、长春工业 2022、江西理工 2022、西安外国语 2022)简述发出存货的几种方式。

14.(内蒙古农业 2022)简述实际成本法下发出存货方式。

15.(川大 2017、西安外国语 2018)发出存货的计价方法有哪几种?简述发出存货计价方法不同对会计信息产生的影响。

16.(青岛理工 2022)存货计价方法有哪些?对企业利润有什么影响?

17.(福州大学 2012)从物价变动角度,分析存货发出采用先进先出法计量对企业本期利润和期末存货价值的影响。

18.(江西理工 2022)通货膨胀情况下应该选择哪种存货发出方法?为什么?

19.(北京物资 2022)发出存货的计价方式有哪些?若使用先进先出法,在通货膨胀环境下,对期末存货的价值和当期利润的影响是高估还是低估?

20.(湖北经济 2022)在通货膨胀时期,先进先出法、月末一次加权平均法与移动加权平均法,哪个发出成本更高?

21.(暨南大学 2020)物价上涨时,先进先出法和加权平均法对净利润有何影响?

22.(新疆农业 2023)发出存货成本有几种计量方式,用哪种计量方式在物价升高的情况下会在期末高估资产?

23. (江西财经2020)分析物价下跌时先进先出法和月末一次加权平均法对企业利润的影响。
24. (河海大学2017)简述先进先出法和后进先出法对会计报表的影响。
25. (天津财经2020)自行选两个存货发出方式,说说物价上涨时对资产负债表的影响。
26. (中国农业2017)谈谈发出存货的计价方法对企业财务状况和经营成果的影响。
27. (东北林业2021)发出存货的计价方法以什么假设为前提?
28. (西安工程2021)谈谈对发出存货计价方式避税作用的理解。
29. (哈尔滨理工2020)简述领用原材料的分录。
30. (苏州大学2020、北京第二外国语2020、浙江工商2021)说明存货的定义及其成本计量模式。
31. (黑龙江八一农垦2020、天津财经2020)存货如何进行后续计量?
32. (成都理工2020、辽宁大学2020、上海大学2021、吉林财经2021、西安外国语2019、新疆农业2020、桂林电子科技2020、河南财经政法2022、青岛理工2022、北京信息科技2022)存货期末计量怎样进行处理/期末存货如何计量?
33. (广东技术师范2020、华中科技2022)简述期末存货计价方法及存货减值准备的会计分录。
34. (北京印刷2017)什么是存货减值?
35. (江西理工2014、江西财经2020、河南财经政法2022)存货跌价准备的迹象是什么,可以做转回处理吗?什么情况下可以转回?
36. (西藏民族2020、云南师范2020、北京印刷2020)简述存货可变现净值低于存货成本的迹象。
37. (黑龙江八一农垦2020、首都经贸2017、中南大学2014、上海大学2020、青岛大学2016、浙江工商2021)怎么确定存货可变现净值?
38. (新疆大学2022)确定存货的可变现净值应考虑的主要因素有哪些?
39. (北京工商2021)存货的可变现净值是什么?与公允价值有何区别?
40. (北京工商2021、广东外语外贸2020、上海对外经贸2020)为什么要在资产负债表日对存货进行减值测试?
41. (中国地质(武汉)2020)请判断"存货跌价准备转回后,资产的账面价值会增加"的表述是否正确?并说明原因。
42. (河南财经政法2022)存货计提、转回减值准备会对财务报表产生什么影响?
43. (安徽财经2021)獐子岛事件中,扇贝"跑路"为什么会使企业业绩亏损?存货的计价方式对财务状况有什么影响?
44. (浙江财经2021)獐子岛扇贝逃亡和游回怎么进行会计处理?
45. (湖南大学2022)存货在什么情况下需要计提减值准备?
46. (辽宁大学2020、武汉工程2023)存货的盘存方法/制度有哪些?
47. (山西财经2017)什么是永续盘存法?
48. (新疆农业2022)存货的永续盘存制下,由于平时记录了存货的增减变动情况并能随时结出余额,故无需进行财产清查,此观点正确吗?为什么?
49. (河南财经政法2017、上海大学2022、湖南大学2023、兰州理工2023)简述实地盘存法和永续盘存法的区别。

50. (济南大学2022、广东财经2021、海南大学2022、暨南大学2023)请分别说明账面盘存制和实地盘存制的定义及优缺点。

51. (湖南工商2021)存货盘存制度包括哪两种，分别说明在什么情况下适用？

52. (兰州理工2023)谈谈对永续盘存制、实地盘存制的理解。

53. (辽宁工程技术2020、吉林财经2021、西安外国语2022、南京师范2022)存货盘盈盘亏如何进行会计处理？

54. (西南民族2020)在途物资和材料采购分别在什么时候使用？

55. (华侨大学2018、西安外国语2022)请简述实际成本法下生产企业购入原料，生产及销售的会计处理。

56. (湖南大学2022、长春工业2022)谈谈存货的初始计量和后续计量。

57. (华东理工2018)简述存货的计价方法。

58. (西藏民族2021、吉林财经2021、北京物资2022)简述计划成本法和实际成本法的区别。

59. (湖南工商2023)大中型企业是不是更愿意采用计划成本进行核算？

60. (天津财经2021)材料成本差异是什么？

第三章 固定资产

考情点拨

大白话解释本章内容
所谓固定资产，就是固定地存放在企业里使用的资产，比如厂房、电脑、生产线，它们的共同特点是长期地为企业的生产经营与管理提供服务，而不是像存货一样，来也匆匆，去也匆匆。本章依旧是按照"初始计量、后续计量、处置"的逻辑架构展开。但需要注意的是，相比存货，固定资产作为一种价值高、使用期限长的资产，其价值不是一次转移计入产品成本或费用，而是在长期使用过程中，随着损耗程度，以折旧费项目分期计入产品成本或费用。
本章难度 ★★ **本章重要程度** ★★★
本章复习策略
本章作为资产篇基础章节，与存货的地位不分伯仲，都是性价比非常高的内容。考查题型包括选择题、计算题、分录题、名词解释和简答题。固定资产折旧是本章的重中之重，四种折旧方式的计算、适用条件、优缺点均需要大家全面掌握。

考点精讲

第一节 固定资产的确认和初始计量

◆ **考点 21 · 固定资产的定义及确认条件**

1. 定义

固定资产（fixed assets）是指同时具有下列特征的有形资产：为生产商品、提供劳务、出租或经营管理而持有的；使用寿命超过一个会计年度。

从固定资产的定义来看,固定资产具有以下三个特征:
①为生产产品、提供劳务、出租或经营管理而持有;
②使用寿命超过一个会计年度;
③固定资产是有形资产。

2. 确认条件

固定资产在符合定义的前提下,应当同时满足以下两个条件,才能予以确认:
①与该固定资产有关的经济利益很可能流入企业;
②该固定资产的成本能够可靠地计量。

3. 固定资产的分类

固定资产的种类繁多,为了正确进行固定资产核算,应按不同标准对固定资产进行分类。

分类标准	具体内容
按经济用途	房屋及建筑物、机器设备、运输设备、动力传导设备、工具器具和管理用具
按使用情况	使用中固定资产、暂时闲置固定资产
按所有权分类	自有固定资产、租入固定资产

◆ 考点 22 · 外购固定资产的初始计量

1. 外购固定资产的初始成本确定

企业外购的固定资产,应按实际支付的购买价款、相关税费(不含可抵扣增值税)、使固定资产达到预定可使用状态前所发生的可归属于该项资产的运输费、装卸费、安装费和专业人员服务费等,作为固定资产的取得成本。

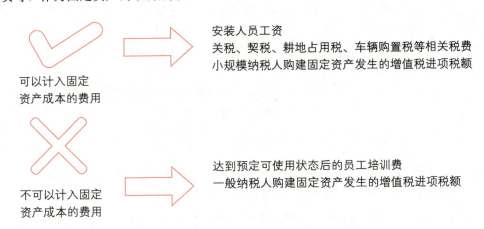

【例1·单选】下列各项中,不应计入固定资产入账价值的是( )。
A. 固定资产购入过程中发生的运杂费支出

B. 固定资产达到预定可使用状态前发生的借款利息

C. 固定资产达到预定可使用状态后至竣工决算前发生的借款利息

D. 固定资产改良过程中领用原材料负担的消费税

【解析】企业外购的固定资产，应按实际支付的购买价款、相关税费（不含可抵扣增值税）、使固定资产达到预定可使用状态前所发生的可归属于该项资产的运输费、装卸费、安装费和专业人员服务费等，作为固定资产的取得成本。达到预定可使用状态后发生的支出不再计入固定资产成本。

【答案】C

【例2·单选·西安外国语2016、沈阳建筑2021】甲企业为增值税一般纳税人，购入不需要安装的设备一台，取得的增值税专用发票上注明的设备买价为200 000元，增值税税额为34 000元，另支付的运杂费为10 000元，包装费2 000元，款项以银行存款支付。假定不考虑其他相关税费，该设备入账价值为（　　）元。

A. 212 000　　　　B. 246 000　　　　C. 236 000　　　　D. 244 000

【解析】甲企业为增值税一般纳税人，增值税进项税额可以抵扣，不计入成本。该设备的入账价值＝200 000＋10 000＋2 000＝212 000（元）。

【答案】A

2. 需要安装的 VS 不需要安装的固定资产

情形	不需要安装	需要安装
会计处理	借：固定资产 　　应交税费——应交增值税（进项税额） 　贷：银行存款/应付账款	①购买时： 借：在建工程 　　应交税费——应交增值税（进项税额） 　贷：银行存款/应付账款 ②安装时： 借：在建工程 　贷：原材料 　　　应付职工薪酬 　　　银行存款 ③安装完毕达到预定可使用状态： 借：固定资产 　贷：在建工程

【例3·业务处理】20×9年2月1日，甲公司购入一台需要安装的生产用机器设备，取得的增值税专用发票上注明的设备价款为50万元，增值税进项税额为85 000元，支付的运输费为2 500元，款项已通过银行支付；安装设备时，领用本公司原材料一批，价值3万元，购进该批原材料时支付的增值税进项税额为5 100元；支付安装工人的工资为4 900元。该设备于20×9年5月1日达到预定可使用状态。假定不考虑运输费的增值税抵扣问题以及其他相关税

费(本例中的公司为增值税一般纳税人)。

要求：根据上述资料，编制相关的会计分录。

【答案】

①购买设备时：

借：在建工程	502 500
应交税费——应交增值税(进项税额)	85 000
贷：银行存款	587 500

②安装设备时：

借：在建工程	34 900
贷：原材料	30 000
银行存款	4 900

③达到预定可使用状态时：

借：固定资产	537 400
贷：在建工程	537 400

3. 采用分期付款方式购买固定资产

企业采用分期付款方式购买固定资产时，实际上是一种超过正常信用条件的付款方式，购货合同实质上具有融资性质。所以，购入固定资产的成本不能以各期付款额之和确定，而应以<u>各期付款额的现值之和</u>确定。

各期实际支付的价款之和与其现值之间的差额，在达到预定可使用状态之前符合资本化条件的，应当通过"在建工程"计入固定资产成本，其余部分应当在信用期间内确认为财务费用，计入当期损益。

情形	需要安装	不需要安装
①购买时	借：在建工程(各期付款额现值) 　　未确认融资费用 　贷：长期应付款(应付款总额)	借：固定资产(各期付款额现值) 　　未确认融资费用 　贷：长期应付款(应付款总额)
②发生安装费用	借：在建工程 　贷：原材料 　　　应付职工薪酬 　　　银行存款	—
③安装期内分期付款	借：在建工程 　贷：未确认融资费用 借：长期应付款 　贷：银行存款	—

续表

情形	需要安装	不需要安装
④安装完成	借：固定资产 　　贷：在建工程	—
⑤安装完成后分期付款	借：财务费用 　　贷：未确认融资费用 借：长期应付款 　　贷：银行存款	借：财务费用 　　贷：未确认融资费用 借：长期应付款 　　贷：银行存款

看了上述知识点和分录，大家可能还是不太明白分期付款购买方式下到底应该如何进行会计处理，下面我们通过一道经典例题进行详细分析。

例：2007年1月1日，甲公司与乙公司签订一项购货合同，甲公司从乙公司购入一台需要安装的特大型设备。合同约定，甲公司采用分期付款方式支付价款。该设备价款共计540万元（不考虑增值税），在2007年至2009年的3年内，每半年支付90万元，每年的付款期分别为当年的6月30日和12月31日。

2007年1月1日，设备如期抵运甲公司并开始安装。2007年12月31日，设备达到预定可使用状态，发生安装费5 955元，已用银行存款付讫。

假定甲公司适用的6个月折现率为10%。$(P/A，10\%，6)=4.355$。

(1) 关于2007年1月1日购买固定资产时的账务处理

首先，我们先来分析一下2007年1月1日应确定的固定资产入账价值是多少，是540万元吗？还是压根就不用确认？

答案是"是540万元，又不是540万元"。为什么这样说呢？因为540万元是我们分期6次付款的总和，实际上是一个终值的概念，和固定资产的当期售价——现值，是不一样的。回想一下，当你去买电脑、买手机的时候，如果商家不做促销活动，是不是分期付款要贵得多？贵的这部分其实不是电脑、手机本身的价格，而是分期付款带来的利息。所以，我们需要用同样的利息率把固定资产的终值折回到现在的价值，差不多就是一次性付全款的价值。

已知终值求现值，我们使用到的就是现值系数，这个题目都会给定，不需要深究，财务管理中还会学到。

购买价款的现值＝年金×年金现值系数
　　　　　　　＝900 000×$(P/A，10\%，6)$
　　　　　　　＝900 000×4.355
　　　　　　　＝3 919 500（元）

分期付款带来的利息＝5 400 000－3 919 500＝1 480 500（元）

由于才刚购买固定资产，还没有随着时间的流逝产生利息，1 480 500元属于还没有确认的利息，应计入"未确认融资费用"。

故2007年1月1日账务处理如下：

借：在建工程	3 919 500
未确认融资费用	1 480 500
贷：长期应付款	5 400 000

(2)关于固定资产安装期内的账务处理

根据准则，2007年1月1日至2007年12月31日为设备的安装期间，设备未达到预定可使用状态，未确认融资费用的分摊符合资本化条件，计入固定资产成本。

根据摊余成本法，2007年6月30日应该确认的融资费用＝期初摊余成本×实际利率。

摊余成本大家可以简单理解为：我真正欠人多少钱。期初摊余成本就是指2007年1月1日甲公司欠乙公司的货款——3 919 500元。2007年1月1日至2007年6月30日期间，由于甲公司没有归还货款，这部分欠款就产生了利息，利息(应确认的融资费用)为3 919 500×10%＝391 950(元)。

故2007年6月30日账务处理如下：

借：在建工程	391 950
贷：未确认融资费用	391 950
借：长期应付款	900 000
贷：银行存款	900 000

刚刚我们已经明确了，站在2007年6月30日的起点，期初摊余成本是3 919 500元，那期末摊余成本是多少呢？那就是看2007年6月30日还完90万元后，我真正欠人多少钱。

期末摊余成本＝期初摊余成本×(1＋实际利率)－已还欠款＝3 919 500×(1＋10%)－900 000＝3 411 450(元)。

2007年6月30日的期末摊余成本即为2007年12月31日的期初摊余成本。故2007年12月31日应该确认的融资费用＝3 411 450×10%＝341 145(元)。

故2007年12月31日账务处理如下：

借：在建工程	347 100	
贷：银行存款	5 955	(安装费)
未确认融资费用	341 145	
借：长期应付款	900 000	
贷：银行存款	900 000	
借：固定资产	4 658 550	
贷：在建工程	4 658 550	

(3)关于固定资产达到预定可使用状态后的账务处理

2008年1月1日至2009年12月31日期间，该设备已达到预定可使用状态，未确认融资费用的分摊额不再符合资本化条件，应计入当期损益(财务费用)。

我们可以将信用期间未确认融资费用的分摊额用下表进行列示。

未确认融资费用分摊表

2007年1月1日　　　　　　　　　　　　　　　　　　　　　　　单位：元

日期	分期付款额	确认的融资费用 （本期利息）	应付本金减少额 （本期实付本金）	应付本金余额
①	②	③＝期初⑤×10％	④＝②－③	期末⑤＝期初⑤－④
2007.1.1				3 919 500
2007.6.30	900 000	391 950	508 050	3 411 450
2007.12.31	900 000	341 145	558 855	2 852 595
2008.6.30	900 000	285 259.5	614 740.5	2 237 854.5
2008.12.31	900 000	223 785.45	676 214.55	1 561 639.95
2009.6.30	900 000	156 164	743 836	817 803.95
2009.12.31	900 000	82 196.05	817 803.95	0
合计	5 400 000	1 480 500	3 919 500	——

注：由于前几期的未确认融资费用的计算结果是四舍五入的估计数，所以最后一期的未确认融资费用一般采用"倒挤法"，即"最后一期未确认融资费用总额＝未确认融资费用总额－前期已确认费用"。

2008年6月30日甲公司账务处理如下：

借：财务费用　　　　　　　　　　　　　　　　　　　285 259.5
　　贷：未确认融资费用　　　　　　　　　　　　　　　285 259.5
借：长期应付款　　　　　　　　　　　　　　　　　　900 000
　　贷：银行存款　　　　　　　　　　　　　　　　　　900 000

2008年12月31日甲公司账务处理如下：

借：财务费用　　　　　　　　　　　　　　　　　　　223 785.45
　　贷：未确认融资费用　　　　　　　　　　　　　　　223 785.45
借：长期应付款　　　　　　　　　　　　　　　　　　900 000
　　贷：银行存款　　　　　　　　　　　　　　　　　　900 000

2009年6月30日甲公司账务处理如下：

借：财务费用　　　　　　　　　　　　　　　　　　　156 164
　　贷：未确认融资费用　　　　　　　　　　　　　　　156 164
借：长期应付款　　　　　　　　　　　　　　　　　　900 000
　　贷：银行存款　　　　　　　　　　　　　　　　　　900 000

2009年12月31日甲公司账务处理如下：

借：财务费用　　　　　　　　　　　　　　　　　　　82 196.05
　　贷：未确认融资费用　　　　　　　　　　　　　　　82 196.05

借：长期应付款	900 000	
贷：银行存款		900 000

【例 4·单选·四川大学 2017】 2014 年 10 月 1 日，甲公司采用分期付款方式购入大型设备一套，当日投入使用。合同约定的价款为 3 300 万元，分 3 年等额支付；该分期支付购买价款的现值为 2 930 万元。假定不考虑其他因素，固定资产的入账价值为（　　）万元。

 A. 2 930   B. 3 300   C. 1 100   D. 0

【解析】 企业购买固定资产超过正常信用条件付款的，也就是分期付款方式购买固定资产时，该项购货合同实质上具有融资性质，购入固定资产的成本不能以各期付款额之和确定，而应以各期付款额的现值之和确定。

【答案】 A

【例 5·业务处理·浙江工商 2018、东北大学 2018、西安理工 2017】 甲企业 2014 年初购入一台需要安装的固定资产，总价款 1 000 万元，采用分期付款方式，2014 年支付 400 万元，2015 年支付 300 万元，2016 年支付 300 万元。每年的付款期为当年的 12 月 31 日。

2014 年 1 月 1 日，设备如期抵运甲公司并开始安装。2014 年 12 月 31 日，设备达到预定可使用状态，发生安装费 2 000 元，已用银行存款付讫。

假定甲公司适用的年折现率为 10%。$(P/F,10\%,1)=0.909$，$(P/F,10\%,2)=0.826$，$(P/F,10\%,3)=0.751$。

(1) 求 2014 年 1 月 1 日购入设备的入账价值，并做出相应分录；
(2) 求 2015 年 12 月 31 日甲企业应确认的融资费用，并做出支付分期款的分录；
(3) 求 2016 年 12 月 31 日甲企业应确认的融资费用，并做出支付分期款的分录。

注：分录单位为万元。

【解析】 注意本题每期的付款额并不相同，因此不能直接用年金和年金现值系数得出现值，而应分别计算出每一期的现值再相加。

【答案】

(1) 2014 年 1 月 1 日购入设备的入账价值 $=400\times(P/F,10\%,1)+300\times(P/F,10\%,2)+300\times(P/F,10\%,3)=400\times0.909+300\times0.826+300\times0.751=836.7$（万元）

借：在建工程	836.7	
未确认融资费用	163.3	
贷：长期应付款		1 000.0

(2) 2015 年 12 月 31 日甲企业应确认的融资费用 $=[836.7\times(1+10\%)-400]\times10\%=52.04$（万元）

借：财务费用	52.04	
贷：未确认融资费用		52.04
借：长期应付款	300	
贷：银行存款		300

(3) 2016年12月31日甲企业应确认的融资费用＝163.3－836.7×10％－52.04＝27.59(万元)

借：财务费用　　　　　　　　　　　　　　　　　　　　　　27.59
　　贷：未确认融资费用　　　　　　　　　　　　　　　　　　　27.59
借：长期应付款　　　　　　　　　　　　　　　　　　　　　　300
　　贷：银行存款　　　　　　　　　　　　　　　　　　　　　　300

◆ 考点 23 · 自营建造固定资产的初始计量

自营建造固定资产的成本，与外购固定资产成本的确定一致，由建造该项资产**达到预定可使用状态前**所发生的必要支出构成。包括工程物资成本、人工成本、缴纳的相关税费、应予资本化的借款费用以及应分摊的间接费用等。

企业自行建造固定资产，发生的工程成本应先通过"在建工程"科目进行归集，待工程完工达到预定可使用状态时，再从"在建工程"科目转入"固定资产"科目。

情形	会计处理
①企业购入自营工程所需材料物资时	借：工程物资 　　应交税费——应交增值税(进项税额) 贷：银行存款等
②领用购入的工程物资时	借：在建工程 贷：工程物资
③领用本企业原材料及库存商品(实际成本，不考虑增值税，但需考虑消费税)	借：在建工程 贷：原材料/库存商品 　　应交税费——应交消费税
④自营工程应负担的职工薪酬	借：在建工程 贷：应付职工薪酬
⑤建设工程期间发生的报废、盘亏损失，计入工程成本；发生的残料收入、盘盈，应冲减工程成本	借：在建工程 　　其他应收款(保险、责任人赔偿) 　　营业外支出(自然灾害) 贷：工程物资 借：原材料/银行存款/工程物资 贷：在建工程
⑥固定资产达到预定可使用状态	借：固定资产 贷：在建工程

◆ 考点 24 · 取得附有弃置义务的固定资产的初始计量

对于特殊行业的特殊固定资产，在确定其入账成本时，还应考虑弃置费用。弃置费用是指根据国家有关规定,企业承担的环境保护、生态恢复等义务而在未来弃置固定资产时预计发生的支出。例如,核电站的核设施在未来弃置时,对其产生的核辐射等进行治理时预计发生的大额支出。

由于弃置费用的数额一般较大,且支出的时间也较久远,确定固定资产入账成本时,应将弃置费用进行折现,将其现值计入固定资产的原始价值,借记"固定资产""在建工程"等科目,贷记"预计负债"科目。预计未来将发生的弃置费用与其现值之间的差额,应在固定资产使用期间内,分期确认为财务费用。

①确认固定资产时	借:固定资产 　　应交税费——应交增值税(进项税额) 贷:银行存款 　　预计负债(预计弃置费用现值)
②每年确认弃置费用利息费用	借:财务费用 贷:预计负债(预计弃置费用每期利息)

【例6·业务处理·华北电力(保定)2020】甲公司为核电企业,于2015年12月建造完成一座核电站并投入运营。该电站全部成本为60 000万元。据国家法律和行政法规、国际公约等规定,核电企业应承担相关的环境保护和生态恢复义务,预计40年后该核电站设施报废时,将因为废料转移和生态恢复发生费用6 000万元。公司王会计认为该核电站应增加公司固定资产60 000万元,而另一位李会计认为该固定资产入账价值应考虑弃置费用,以66 000万元入账。

在考虑货币时间价值和相关期间通货膨胀等因素的基础上确定的折现率为6%。[$(P/F, 6\%, 40)=0.097$;$(P/A, 6\%, 40=15.048)$]

要求:根据上述资料及相关会计准则,分析谁的处理正确。如均不正确,做出正确处理(分录以万元为单位)。

【答案】均不正确,对于特殊行业的特殊固定资产,在确定其原始价值时,还应考虑弃置费用。由于弃置费用的数额一般较大,且支出的时间也较久远,因此,弃置费用应按照取得固定资产时的实际利率折现,将其现值计入固定资产的原始价值。本题中固定资产入账价值=$60\,000+6\,000×(P/F, 6\%, 40)=60\,582$(万元)

借:固定资产　　　　　　　　　　　　　　　　　　　　　60 582
　　贷:银行存款　　　　　　　　　　　　　　　　　　　　60 000
　　　　预计负债　　　　　　　　　　　　　　　　　　　　　 582

第二节　固定资产的后续计量

◆ 考点25·固定资产的折旧

固定资产折旧(depreciation)是指固定资产由于损耗而减少的价值。固定资产与存货不同,它的价值不是一次转移计入产品成本或费用,而是在长期使用过程中,随着损耗程度,以折旧费项目分期计入产品成本或费用,并通过取得相应的收入而得到补偿。

1. 影响固定资产折旧的因素

①固定资产原价,即固定资产成本。

②固定资产使用寿命,指企业使用固定资产的预计期间,或者该固定资产所能生产产品或提供劳务的数量,即固定资产预计使用年限或预计工作总量。

③预计净残值,指假定固定资产预计使用寿命已满并处于使用寿命终了时的预期状态,企业目前从该项资产处置中获得的扣除预计处置费用后的金额。

④固定资产减值准备,指固定资产已计提的固定资产减值准备累计金额。固定资产计提减值准备后,应当在剩余使用寿命内根据调整后的固定资产账面价值(固定资产账面余额扣减累计折旧和累计减值准备后的金额)和预计净残值重新计算确定折旧率和折旧额。

【例7·单选·广东工业2016】下列事项,不影响固定资产折旧额计算的因素是(   )。

A. 固定资产的原始价值　　　　　　B. 固定资产预计净残值
C. 固定资产的性能　　　　　　　　D. 固定资产预计使用年限

【解析】略
【答案】C

【例8·单选】下列各项中,属于计提固定资产折旧时不需要考虑的因素是(   )。

A. 实际支付的买价　　　　　　　　B. 实际净残值
C. 预计使用年限　　　　　　　　　D. 预计工作总量

【解析】计提固定资产折旧时需要考虑的是预计净残值。而实际净残值只有未来固定资产报废时才能获得。

【答案】B

2. 固定资产折旧范围

(1)空间范围

企业应当对所有固定资产计提折旧,但是,已提足折旧仍继续使用的固定资产和单独计价入账的土地除外。

(2)时间范围

固定资产应当按月计提折旧:当月增加的固定资产,当月不计提折旧,从下月起计提折旧;当月减少的固定资产,当月仍计提折旧,从下月起不再计提折旧。

(3)特殊情况

①固定资产提足折旧后,不论能否继续使用,均不再计提折旧,提前报废的固定资产也不再补提折旧。

②已达到预定可使用状态但尚未办理竣工决算的固定资产,应当按照估计价值确定其成本,并计提折旧;待办理竣工决算后再按实际成本调整原来的暂估价值,但不需要调整原已计提的折旧额。

【例9·多选·天津大学】下列固定资产当期应提取折旧的有( )。

A. 经营性租出设备

B. 本月新增的在用设备

C. 大修理停用设备

D. 未使用的房屋

E. 上月末租入的设备(非短期租入)

【解析】本月新增的在用设备应该下月计提折旧。

【答案】ACDE

【例10·判断·东北石油】提前报废的固定资产要继续计提折旧。( )

【解析】提前报废的固定资产在账上价值已经减记为零,无需计提折旧。

【答案】×

【例11·多选】下列固定资产中,应计提折旧的有( )。

A. 季节性停用的机器设备

B. 大修理停用的机器设备

C. 暂时闲置的机器设备

D. 按规定单独估价作为固定资产入账的土地

E. 长期租入的机器设备

【解析】除已提足折旧仍继续使用的固定资产和单独计入入账的土地外,所有固定资产均应计提折旧,A、B、C项均应计提折旧。D项,根据土地法的规定,土地属国家所有。因此,对企业而言,企业不拥有土地的所有权,不符合固定资产的定义,不得计入固定资产。而企业取得的土地的使用权,应当以土地使用权按照无形资产入账。但是,按规定单独估价作为固定资产入账的土地属于历史遗留问题,原因在于20世纪50年代,我国曾经对部分公有制企业做出过规定,根据土地的评估价值将其作为企业固定资产入账。根据这一规定,该些企业曾经在固定资产账面上确认了一批土地的价值,直至今日。虽然该规定早已失效,但是由于土地在入账后,如果按照现行的会计制度进行调整的话,将涉及国有资本金处理等方面的一系列问题。因此,在未得到最终解决之前,也只能维持原状,所以出现了企业会计制度的特别规定。E项,长期租入的机器设备根据实质重于形式原则,应确认为本企业资产,应计提折旧。

【答案】ABCE

【例12·单选】不应计提折旧的固定资产有( )。

A. 闲置的房屋　　　　　　　B. 长期租入的设备

C. 临时出租的设备　　　　　D. 使用期满的设备

【解析】使用期满的设备已提足折旧,故无需继续提折旧。

【答案】D

3. 固定资产折旧方法

方法	应计折旧额	年折旧率
年限平均法(straight-line method)	原价－净残值	1/预计使用寿命(年)
工作量法(units-of-output method)	原价－净残值	当期工作量/预期总工作量
双倍余额递减法(double-declining-balance method) 非最后两年	固定资产净值(原价－累计折旧)	2/预计使用寿命(年)
双倍余额递减法 最后两年	原价－累计折旧－净残值	1/2
年数总和法(sum-of-the-year's-digits method)	原价－净残值	尚可使用寿命/预计使用寿命的年数总和

下面我们就来借助一个例子，理解固定资产折旧的四种方式。

例：乐学喵有一台大型打印机设备，原值为10 000元，预计净残值为100元，预计使用年限为5年，预计能打印100 000张A4纸。

(1) 若采用年限平均法

年折旧额＝(10 000－100)÷5＝1 980(元)

月折旧额＝1 980÷12＝165(元)

(2) 若使用工作量法，且已知本月共打印200张A4纸

单位工作量折旧额＝(10 000－100)÷100 000＝0.099(元)

本月折旧额＝200×0.099＝19.8(元)

(3) 若采用双倍余额递减法

第一年折旧额＝10 000×2/5＝4 000(元)

第二年折旧额＝(10 000－4 000)×2/5＝2 400(元)

第三年折旧额＝(10 000－4 000－2 400)×2/5＝1 440(元)

第四、五年折旧额＝(10 000－4 000－2 400－1 440－100)÷2＝1 030(元)

(4) 若采用年数总和法

年份	尚可使用寿命	原价－预计净残值	年折旧率	年折旧额	累计折旧
1	5	9 900	5/15	3 300	3 300
2	4	9 900	4/15	2 640	5 940
3	3	9 900	3/15	1 980	7 920

续表

年份	尚可使用寿命	原价－预计净残值	年折旧率	年折旧额	累计折旧
4	2	9 900	2/15	1 320	9 240
5	1	9 900	1/15	660	9 900

【提示】直线法与加速折旧法的比较

方法	优点	缺点
直线法	平均分摊，使用方便，易于理解	没有考虑固定资产使用过程中费用分摊的均衡性
加速折旧法	①前期计提的折旧费较多而维修费较少，后期计提的折旧费较少而维修费较多，从而保持了各个会计期间负担的固定资产使用成本的均衡性；②在税法允许将各种方法计提的折旧费作为税前费用扣除的前提下，能够减少前期的所得税额，符合谨慎性原则	在固定资产各期工作量不均衡的情况下，这种方法可能导致单位工作量负担的固定资产使用成本不够均衡

【例13·业务处理·浙江财经2016、中央财经2017、西安科技2020】甲公司为增值税一般纳税人，2014年2月购入需安装的生产设备A一台，价款100 000元，增值税进项税额为17 000元，安装过程中领用原材料1 000元，其对应的进项税额为170元，安装时应支付工资4 000元，以银行存款支付安装费5 000元。当月设备安装完毕，交付企业生产车间使用。对该项固定资产采用双倍余额递减法计提折旧，预计使用年限为5年，预计净残值为10 000元。

要求：
(1)编制取得A生产设备的会计分录；
(2)计算2015年A生产设备应计提的年折旧额。

【答案】
(1)借：在建工程　　　　　　　　　　　　　　　　　　　　　　　　　100 000
　　　应交税费—应交增值税(进项税额)　　　　　　　　　　　　　　17 000
　　　　贷：银行存款　　　　　　　　　　　　　　　　　　　　　　117 000
　　借：在建工程　　　　　　　　　　　　　　　　　　　　　　　　　10 000
　　　　贷：原材料　　　　　　　　　　　　　　　　　　　　　　　　1 000
　　　　　　应付职工薪酬　　　　　　　　　　　　　　　　　　　　　4 000
　　　　　　银行存款　　　　　　　　　　　　　　　　　　　　　　　5 000
　　借：固定资产　　　　　　　　　　　　　　　　　　　　　　　　　110 000
　　　　贷：在建工程　　　　　　　　　　　　　　　　　　　　　　　110 000

(2)2014.3.1—2015.2.28 应计提的折旧额为：

110 000×2/5＝44 000(元)

2015.3.1—2016.2.29 应计提的折旧额为：

(110 000－44 000)×2/5＝26 400(元)

2015 年应提折旧额＝44 000×2/12＋26 400×10/12＝29 333.33(元)

【例 14·单选·中央财经 2016】某项固定资产原值为 40 000 元，预计净残值为 2 000 元，折旧年限为 5 年。采用年数总和法计算折旧，则第三年的年折旧金额为( )。

A.7 600 元 B.8 000 元 C.8 600 元 D.8 640 元

【解析】采用年数总和法，第三年折旧额＝(40 000－2 000)×3/15＝7 600(元)。

【答案】A

【例 15·业务处理·西安外国语 2016、中国地质 2021】乙企业为增值税一般纳税人，2015 年 12 月购入一项固定资产，入账价值为 600 000 元，预计使用年限为 5 年，预计净残值率为 4%。

要求：

(1)分别用年限平均法和双倍余额递减法计算每年折旧额。

(2)如果该公司计划上市应该选择哪种折旧方法？

【答案】

(1)①年限平均法下年折旧额＝600 000×(1－4%)×1/5＝115 200(元)

②双倍余额递减法：

第一年折旧额＝600 000×2/5＝240 000(元)

第二年折旧额＝(600 000－240 000)×2/5＝144 000(元)

第三年折旧额＝(600 000－240 000－144 000)×2/5＝86 400(元)

最后两年折旧额＝(600 000－240 000－144 000－86 400－600 000×4%)÷2＝52 800(元)

(2)应考虑选择年限平均法。首先，双倍余额递减法会导致前期折旧多，后期折旧少，对于拟 IPO 的企业，可能会引起监管机构对于操纵利润的质疑；其次，采用双倍余额递减法会使利润波动较大，固定资产动辄几个亿，每期折旧差异较大容易造成利润的大幅波动；再次，虽然采用双倍余额递减法前期计入费用多，可以避税，但对于拟 IPO 的企业，需要体现的是良好的经营业绩与利润，更好的业绩带来的财报影响，远比通过调整折旧省的税可观；最后，年限平均法计算简单，且不存在税会差异，不用进行纳税调整，既便于财务报表使用者理解，也有助于减轻公司工作量。因此拟上市公司可以考虑采用年限平均法。

【例 16·单选·东北石油、桂林电子科技 2018】某企业购进设备一台，该设备入账价值为 100 万元，预计净残值为 5 万元，预计使用寿命为 5 年，若采用年数总和法计提折旧，则该设备第三年应计提折旧额为( )万元。

A.25.33 B.19 C.20 D.14.4

【解析】第三年应计提折旧额＝(100－5)×3/15＝19(万元)

【答案】B

【例17·单选·东北石油】 在固定资产计提折旧时,没有始终考虑固定资产残值的折旧方法是( )。

A. 年限平均法
B. 工作量法
C. 双倍余额递减法
D. 年数总和法

【解析】双倍余额递减法是指在不考虑固定资产预计净残值的情况下,根据每期期初固定资产原价减去累计折旧后的金额(即固定资产净值)和双倍的直线法折旧率计算固定资产折旧的一种方法。

【答案】C

【例18·单选·西安石油大学2017】 甲公司为增值税一般纳税人。20×9年2月28日,甲公司购入一台需安装的设备,以银行存款支付设备价款120万元,增值税进项税额20.4万元。3月6日,甲公司以银行存款支付装卸费0.6万元。4月10日设备开始安装,在安装过程中甲公司发生安装人员工资0.8万元;领用原材料一批,该批原材料的成本为6万元,相应的增值税进项税额为1.02万元,市场价格(不含增值税)为6.3万元。设备于20×9年6月20日完成安装,达到预定可使用状态。该设备预计使用10年,预计净残值为零,甲公司采用年限平均法计提折旧。甲公司该设备20×9年应计提的折旧是( )。

A. 6.37万元　　　B. 6.39万元　　　C. 6.42万元　　　D. 7.44万元

【解析】该设备入账价值=120+0.6+0.8+6=127.4(万元),该设备于20×9年6月20日完成安装,达到预定可使用状态,应从20×9年7月开始计提折旧。甲公司该设备20×9年应计提的折旧=127.4/10/2=6.37(万元)。

【答案】A

4. 固定资产折旧会计处理

固定资产应当按月计提折旧,计提的折旧通过"累计折旧"科目核算,并根据用途计入相关资产的成本或者当期损益。

基本生产车间使用	借:制造费用	贷:累计折旧
管理部门使用、未使用的固定资产	借:管理费用	贷:累计折旧
销售部门使用	借:销售费用	贷:累计折旧
自行建造固定资产过程中使用	借:在建工程	贷:累计折旧
经营租出	借:其他业务成本	贷:累计折旧
研发无形资产时使用	借:研发支出	贷:累计折旧

【例19·单选·西安外国语2016】 企业计提固定资产折旧时,下列会计分录中,不正确的是( )。

A. 计提总部行政管理部门固定资产折旧,借记"管理费用"科目,贷记"累计折旧"科目

B. 计提专设销售机构固定资产折旧，借记"销售费用"科目，贷记"累计折旧"科目
C. 计提自建工程使用的固定资产折旧，借记"在建工程"科目，贷记"累计折旧"科目
D. 计提生产车间固定资产折旧，借记"生产成本"科目，贷记"累计折旧"科目

【解析】计提生产车间固定资产折旧，应借记"制造费用"科目。

【答案】D

【例20·单选】企业对暂时闲置的固定资产也应计提折旧，计提的折旧计入(　　)。
A. 管理费用
B. 销售费用
C. 制造费用
D. 营业外支出

【解析】按照规定要求，企业闲置的固定资产计提的折旧应该计入管理费用。管理费用是指企业为组织和管理企业生产经营所发生的管理费用，包括企业在筹建期间内发生的开办费、董事会和行政管理部门在企业的经营管理中发生的或者应由企业统一负担的公司经费(包括行政管理部门职工工资及福利费、物料消耗、低值易耗品摊销、办公费和差旅费等)、工会经费、董事会费(包括董事会成员津贴、会议费和差旅费等)、聘请中介机构费、咨询费(含顾问费)、诉讼费、业务招待费、技术转让费、矿产资源补偿费、研究费用、排污费以及行政管理部门发生的固定资产修理费用等。

【答案】A

【例21·业务处理·太原理工2016】请根据以下事项编制会计分录：某企业按规定计提固定资产折旧，其中生产车间设备折旧费3 300元，管理部门办公设备折旧费1 200元。

要求：根据上述资料，编制相关的会计分录。

【答案】借：制造费用　　　　　　　　　　　　　　　　　　　　　　　　3 300
　　　　　　管理费用　　　　　　　　　　　　　　　　　　　　　　　　1 200
　　　　贷：累计折旧　　　　　　　　　　　　　　　　　　　　　　　　4 500

【例22·业务处理·吉林财经2015】请对以下经济业务进行账务处理：

秋实公司一台A设备采用年数总和法计算折旧。该设备原始价值为100 000元，预计使用5年，预计净残值为3 100元。

(1)请计算该设备各年应计提折旧的金额；
(2)计提本月车间使用的固定资产折旧，共计40 000元，编制相应会计分录。

【答案】
(1)第一年应提折旧额＝(100 000－3 100)×5/15＝32 300(元)
第二年应提折旧额＝(100 000－3 100)×4/15＝25 840(元)
第三年应提折旧额＝(100 000－3 100)×3/15＝19 380(元)
第四年应提折旧额＝(100 000－3 100)×2/15＝12 920(元)
第五年应提折旧额＝(100 000－3 100)×1/15＝6 460(元)
(2)借：制造费用　　　　　　　　　　　　　　　　　　　　　　　　　40 000
　　　贷：累计折旧　　　　　　　　　　　　　　　　　　　　　　　　40 000

【例23·业务处理·吉林财经2017】C公司于2015年12月购入一台设备用于生产产品，设备成本共计6 300元，设备已运达企业并投入使用。该设备预计寿命为5年，净残值预计300元，采用双倍余额递减法计提折旧。要求：

(1)计算该设备各年的折旧额；

(2)做出2016年计提折旧的会计分录。

【答案】

(1)第一年应提折旧额＝6 300×2/5＝2 520(元)

第二年应提折旧额＝(6 300－2 520)×2/5＝1 512(元)

第三年应提折旧额＝(6 300－2 520－1 512)×2/5＝907.2(元)

剩余两年每年应提折旧额＝(6 300－2 520－1 512－907.2－300)÷2＝530.4(元)

(2)借：制造费用　　　　　　　　　　　　　　　　　　　　　2 520
　　　贷：累计折旧　　　　　　　　　　　　　　　　　　　　2 520

5. 固定资产使用寿命、预计净残值和折旧方法的复核

企业至少应当于每年年度终了，对固定资产的使用寿命、预计净残值和折旧方法进行复核。使用寿命预计数与原先估计数有差异，应当调整固定资产使用寿命；预计净残值预计数与原先估计数有差异，应当调整预计净残值。

按照可比性原则，折旧方法一经选定，不应随意改变，以保证会计核算方法的前后期一致，便于进行比较分析。如果与固定资产有关的经济利益预期实现方式有重大改变的，应当改变固定资产折旧方法。一般应于年初进行变更，以保持年度内折旧方法的一致，并将变更理由及折旧方法改变后对损益的影响在会计报表附注中予以揭示。

◆考点26·固定资产的减值

1. 固定资产的减值迹象

每年年末，企业应对固定资产的账面价值进行检查。如果出现下列情况之一，表明该固定资产已出现减值迹象，应对固定资产的可收回金额进行估计。

①固定资产的市价当期大幅度下跌，其跌幅明显高于因时间的推移或者正常使用而预计的下跌。

②企业经营所处的经济、技术或者法律等环境以及固定资产所处的市场在当期或者将在近期发生重大变化，从而对企业产生不利影响。

③市场利率或者其他市场投资报酬率在当期已经提高，从而影响企业计算固定资产预计未来现金流量现值的折现率，导致固定资产可收回金额大幅度降低。

④有证据表明固定资产已经陈旧过时。

2. 固定资产可收回金额的计量

固定资产可收回金额应当根据固定资产的公允价值减去处置费用后的净额与固定资产预计

未来现金流量的现值两者之间较高者确定。企业无法可靠估计固定资产的公允价值减去处置费用后的净额的，应当以该固定资产预计未来现金流量的现值作为其可收回金额。

3. 固定资产减值损失的确定

资产减值是指资产的可收回金额低于其账面价值。

资产的账面价值是指资产的账面余额减去资产折旧或摊销及减值准备后的金额。

固定资产可收回金额的计量结果表明，固定资产可收回金额低于其账面价值的，应当将固定资产的账面价值减至可收回金额，借记"资产减值损失"科目，贷记"固定资产减值准备"科目。固定资产减值损失一经确认，在以后会计期间不得转回。

【注意】固定资产减值损失确认后，减值固定资产的折旧费用应当在未来期间作相应调整，以使该固定资产在剩余使用寿命内，系统地分摊调整后的固定资产账面价值。

> **佳姐翻译**
>
> 为什么固定资产的可收回金额取较高值，而存货期末是按可变现净值与成本孰低计量？
>
> 这两者的"高"与"低"并不是同一个维度的事情，所以不存在所谓的矛盾。大家可以把可收回金额等同于可变现净值。对于存货来说，本来就是为了出售，所以获取经济利益的方式主要就是"变现"，既然只存在一种方式，就不需要比较，根据变现到手金额确定可变现净值即可。而对于固定资产，获取经济利益的方式有出售和使用两种，作为一个理性的经济人，当然是选择利益高的方式，于是就有了"取较高值"。确定了可变现净值和可收回金额后，存货和固定资产都需要将可变现净值和可收回金额与账面值进行比较，取低值。所以，存货和固定资产的减值原理是一样的，并不存在矛盾！大家在学习过程中一定要透过现象看原理，切忌只看表面就死记硬背哦。

【例24·多选题·云南师范2018】下列各项中，属于固定资产减值迹象的有( )。

A. 固定资产将闲置

B. 有证据表明固定资产已经陈旧过时

C. 计划提前处置固定资产

D. 企业经营所处的经济环境在当期发生重大变化且对企业产生不利影响

【解析】选项C不表明固定资产发生减值，而是应考虑计入持有待售资产。

【答案】ABD

【例25·分录·浙江财经2016、桂林电子科技2017】2015年12月31日，甲公司的某生产线存在可能发生减值的迹象。经计算，该生产线的可收回金额为200万元，账面原价为400万元，已提折旧120万元，以前年度未对该生产线计提减值准备。

要求：

(1)计算该固定资产 2015 年 12 月 31 日应计提的减值准备金额;
(2)编制 2015 年 12 月 31 日甲公司计提减值准备的分录(分录以万元为单位)。

【答案】
(1)该固定资产 2015 年 12 月 31 日应计提的减值准备金额=(400-120)-200=80(万元)
(2)借:资产减值损失　　　　　　　　　　　　　　　　　　　80
　　　贷:固定资产减值准备　　　　　　　　　　　　　　　　　80

◆ 考点 27 · 固定资产的后续支出

固定资产的后续支出是指固定资产在使用过程中发生的更新改造支出、修理费用等。与固定资产有关的更新改造、修理等后续支出,符合资本化条件的应当予以资本化。

修理费用	借:管理费用　　(企业行政管理部门) 　　制造费用　　(企业生产车间) 　　销售费用　　(专设销售机构) 　　应交税费——应交增值税(进项税额) 　贷:原材料 　　　应付职工薪酬 　　　银行存款等	
更新改造	①固定资产 转入改扩建时	借:在建工程 　　累计折旧 　　固定资产减值准备(如有) 　贷:固定资产
	②发生改扩建 工程支出时	借:在建工程 　　应交税费——应交增值税(进项税额) 　贷:银行存款等
更新改造	③将被替换部分的 账面价值扣除	借:营业外支出(差额) 　　银行存款(变价收入) 　　原材料(残料价值) 　贷:在建工程
	④达到预定可使用 状态时	借:固定资产 　贷:在建工程

【例 26·单选】某企业对其行政管理部门使用的设备进行更新改造,该设备原值为 1 000 万元,已计提折旧 500 万元。更新改造过程中发生支出 600 万元,被替换部分账面原值为 100 万元,出售价款为 2 万元。不考虑相关税费,则新设备的入账价值为(　　)万元。
A.1 100　　　　　　B.1 048　　　　　　C.1 050　　　　　　D.1 052

【解析】改建后该设备入账价值＝1 000－500＋600－100×500/1 000＝1 050(万元)。

如果题目中没有直接给出被替换部分的账面价值，可通过下面两组公式进行计算：

公式一：被替换部分的账面价值＝被替换部分的账面原值－被替换部分的累计折旧－被替换部分减值准备；

公式二：被替换部分的账面价值＝被替换部分的账面原值×该固定资产账面价值/该固定资产原值。

被替换部分的变价收入和残料价值冲减营业外支出，不影响设备的入账价值。

【答案】C

【例27·单选】固定资产改良过程中取得的变价收入应贷记的科目是(　　)。

A. 其他业务收入　　　　　　　　B. 在建工程
C. 营业外收入　　　　　　　　　D. 固定资产清理

【解析】固定资产改扩建工程支出的核算与自建工程支出的核算方法相同，应通过"在建工程"科目核算。固定资产改扩建过程中取得的变价收入，应借记"其他应收款""银行存款"等科目，贷记"在建工程"科目。

【答案】B

【例28·业务处理·西安外国语2018】甲公司2018年3月对一座厂房进行改扩建，该厂房账面原值200 000元，改扩建前已累计计提折旧80 000元。改扩建过程中共发生支出50 000元，全部以银行存款支付。2018年6月工程完工，达到预定可使用状态，并交付使用。

要求：编制上述经济业务的会计分录。

【答案】

借：在建工程	120 000
累计折旧	80 000
贷：固定资产	200 000
借：在建工程	50 000
贷：银行存款	50 000
借：固定资产	170 000
贷：在建工程	170 000

第三节　固定资产的处置

◆考点28·固定资产处置

固定资产处置，即固定资产的终止确认，具体包括固定资产的出售、报废、毁损、对外投资、非货币性资产交换、债务重组等。

1. 固定资产终止确认条件

固定资产满足下列条件之一的,应当予以终止确认。

(1)该固定资产处于处置状态

固定资产处置包括固定资产的出售、转让、报废或毁损、对外投资、非货币性资产交换、债务重组等。处于处置状态的固定资产不再用于生产商品、提供劳务、出租或经营管理,因此不再符合固定资产的定义,应予终止确认。

(2)该固定资产预期通过使用或处置不能产生经济利益

固定资产的确认条件之一是"与该固定资产有关的经济利益很可能流入企业",如果一项固定资产预期通过使用或处置不能产生经济利益,那么它就不再符合固定资产的定义和确认条件,应予终止确认。

2. 固定资产处置账务处理

企业处置固定资产应通过"固定资产清理"科目进行核算。相关账务处理如下。

情形	会计处理
(1)转入清理	借:固定资产清理 　　累计折旧 　　固定资产减值准备(如有) 　贷:固定资产
(2)发生清理费用	借:固定资产清理 　　应交税费——应交增值税(进项税额) 　贷:银行存款等
(3)收回出售价款、残料价值和变价收入、保险赔款	借:银行存款/其他应收款等 　　原材料 　贷:固定资产清理 　　应交税费——应交增值税(销项税额)
(4)清理净损益	①出售转让时: 借:资产处置损益 　贷:固定资产清理　(收益则相反) ②报废、毁损时: 借:营业外支出 　贷:固定资产清理 如为净收益则计入"营业外收入"

出钱出物写借方
收钱收物写贷方

【例29·业务处理·北京航空航天2021】某企业固定资产原值为75 000元,预计净残值为2 500元,预计使用年限为6年,现已使用8年,由于不能继续使用而报废。报废时残料计价2 700元入库,用银行存款支付清理费用350元。根据上述资料,编制相应会计分录。

【解析】本题中，固定资产预计使用6年，现已使用8年，属于已提足折旧仍继续使用的固定资产。累计折旧账户余额应为应计提折旧总额，可由原价减去预计净残值得出。

【答案】
(1)注销固定资产原值和累计折旧
累计折旧＝75 000－2 500＝72 500(元)
借：固定资产清理　　　　　　　　　　　　　　　　　　　　　　　2 500
　　累计折旧　　　　　　　　　　　　　　　　　　　　　　　　　72 500
　　贷：固定资产　　　　　　　　　　　　　　　　　　　　　　　75 000
(2)支付清理费用
借：固定资产清理　　　　　　　　　　　　　　　　　　　　　　　　350
　　贷：银行存款　　　　　　　　　　　　　　　　　　　　　　　　350
(3)残料计价入库
借：原材料　　　　　　　　　　　　　　　　　　　　　　　　　　2 700
　　贷：固定资产清理　　　　　　　　　　　　　　　　　　　　　2 700
(4)结转固定资产清理净损益
固定资产清理净损失＝2 500＋350－2 700＝150(元)
借：营业外支出　　　　　　　　　　　　　　　　　　　　　　　　　150
　　贷：固定资产清理　　　　　　　　　　　　　　　　　　　　　　150

【例30·判断】企业因经营业务调整出售固定资产而发生的处置净损失，应记入"营业外支出"科目。(　　)

【解析】出售固定资产的损失或利得，记入"资产处置损益"科目。

【答案】×

【例31·多选·天津商业2015】下列关于固定资产会计处理的表述中，正确的有(　　)。
A. 未投入使用的固定资产不应计提折旧
B. 特定固定资产弃置费用的现值应计入该资产的成本
C. 长期租入固定资产发生的费用化后续支出应计入当期损益
D. 预期通过使用或处置不能产生经济利益的固定资产应终止确认

【解析】未投入使用的固定资产也应计提折旧，计入"管理费用"，A项不正确。

【答案】BCD

【例32·单选】某企业出售一台旧设备，原价为23万元，已计提折旧5万元。出售该设备开具的增值税专用发票上注明的价款为20万元，增值税税额为2.6万元，发生的清理费用为1.5万元，不考虑其他因素，该企业出售设备应确认的净收益为(　　)万元。
A. 2　　　　　　B. 0.5　　　　　　C. －2.9　　　　　　D. 20

【解析】该企业出售设备应确认的净收益为20－(23－5)－1.5＝0.5(万元)。
以下分录以万元为单位。
借：固定资产清理　　　　　　　　　　　　　　　　　　　　　　　　　18

累计折旧		5
贷：固定资产		23
借：银行存款等		22.6
贷：固定资产清理		20.0
应交税费——应交增值税（销项税额）		2.6
借：固定资产清理		1.5
贷：银行存款		1.5
借：固定资产清理		0.5
贷：资产处置损益		0.5

【答案】B

【例33·多选】下列各项中，应通过"固定资产清理"科目核算的有（　　）。
A. 固定资产盘亏的账面价值　　　　B. 固定资产更新改造支出
C. 固定资产毁损净损失　　　　　　D. 固定资产出售的账面价值

【解析】选项A，固定资产盘亏的账面价值，通过"待处理财产损溢"科目核算；选项B，固定资产更新改造支出，通过"在建工程"科目核算。

【答案】CD

【例34·单选】企业取得固定资产出售收入时，应贷记的科目是（　　）。
A. 固定资产　　　　　　　　　　　B. 累计折旧
C. 固定资产清理　　　　　　　　　D. 营业外收入

【解析】未划归为持有待售类别而出售、转让的固定资产，均应通过"固定资产清理"科目归集所发生的损益。

【答案】C

【例35·多选·西安外国语2019】"固定资产清理"科目的贷方发生额有（　　）。
A. 支付清理费　　　　　　　　　　B. 固定资产清理收入
C. 结转固定资产的净值　　　　　　D. 结转固定资产清理的净损失

【解析】"固定资产清理"是资产类账户，用来核算企业因出售、报废和毁损等原因转入清理的固定资产价值以及在清理过程中所发生的清理费用和清理收入。借方登记固定资产转入清理的净值和清理过程中发生的费用；贷方登记出售固定资产的取得的价款、残料价值和变价收入。其借方余额表示清理后的净损失，结转净损失时贷记"固定资产清理"；贷方余额表示清理后的净收益，结转净收益时借记"固定资产清理"。

【答案】BD

◆考点29·固定资产清查

企业应当定期或者至少于每年年末对固定资产进行清查盘点，以保证固定资产核算的真实性。在固定资产清查过程中，如果发现盘盈、盘亏的固定资产，应当填制固定资产盘盈盘亏报告表。清查固定资产的损益，应当及时查明原因，并按照规定程序报批处理。

【注意】固定资产是一种价值较高、使用期限较长的有形资产，因此，对于管理规范而言，盘盈、盘亏的固定资产较为少见。

盘盈	①发现盘盈： 借：固定资产（重置成本） 　贷：以前年度损益调整
	②按管理权限报经批准后： 借：以前年度损益调整 　贷：利润分配——未分配利润 借：利润分配——未分配利润 　贷：盈余公积
盘亏	①发现盘亏： 借：待处理财产损溢 　　累计折旧 　　固定资产减值准备 　贷：固定资产
	②按管理权限报经批准后： 借：其他应收款（保险赔款或责任人赔款） 　　营业外支出 　贷：待处理财产损溢

【例36·多选·中央财大2016】下列有关固定资产会计处理的表述中，正确的有（　　）。
A. 外购固定资产的进项税额均可以抵扣
B. 更新改造过程中的固定资产不计提折旧
C. 固定资产减值损失一经确定之后期间不得转回
D. 固定资产盘盈经批准处理后贷记营业外收入科目
E. 清理过程中的残料变价收入贷记固定资产清理科目
【解析】A项，小规模纳税人外购固定资产的进项税额不可以抵扣；D项，固定资产盘盈经批准处理后计入利润分配和盈余公积。
【答案】BCE

真题精练

一、单项选择题

1. (天津商业 2015) 2010 年 1 月 1 日,甲公司采用分期付款方式购入大型设备一套,合同约定的价款为 2 700 万元,分 3 年等额支付;该分期支付购买价款的现值为 2 430 万元。假定不考虑其他因素,甲公司该设备的入账价值为(   )万元。
   A. 810
   B. 2 430
   C. 900
   D. 2 700

2. (江汉大学 2020、黑龙江八一农垦 2020)大华公司一台机器设备的账面原价是 60 万元,预计使用年限是 4 年,预计净残值为 3 万元,采用双倍余额递减法计提折旧,下列说法正确的是(   )。
   A. 第三年应计提折旧 7.125 万元
   B. 第三年应计提折旧 7.5 万元
   C. 第三年应计提折旧 6 万元
   D. 第三年应计提折旧 9 万元

3. (西安外国语 2017)企业专设销售机构固定资产的折旧费应计入(   )。
   A. 其他业务成本
   B. 制造费用
   C. 销售费用
   D. 管理费用

4. (西安外国语 2018)企业对固定资产的净残值应(   )。
   A. 根据企业实际情况合理预计
   B. 不预计
   C. 按原值 5% 预计
   D. 按原值 10% 预计

5. 下列项目中,不应计入固定资产入账价值的是(   )。
   A. 在建设期间为建造工程发生的管理费、可行性研究费、临时设施费、公证费、监理费、应负担的税金
   B. 在建设期间为建造工程发生的符合资本化条件的借款费用、建设期间发生的工程物资盘亏、报废及毁损净损失,以及负荷联合试车费
   C. 固定资产达到预定可使用状态后至办理竣工决算手续前发生的借款利息
   D. 固定资产改良过程中领用自产产品负担的消费税

6. 下列各项中,不影响在建工程成本的有(   )。
   A. 在建工程试运行收入
   B. 建造期间领用自产产品负担的消费税
   C. 建造期间工程物资盘亏净损失(非自然灾害造成)
   D. 在建工程人员职工薪酬

7. (云南师范 2018)甲公司为增值税一般纳税人,甲公司 2017 年 2 月 1 日购入需要安装的设备一台,取得的增值税专用发票上注明的设备价款为 100 万元,增值税进项税额为 17 万元。购买过程中,以银行存款支付运杂费等费用 3 万元。安装时,领用一批外购材料,成本 6 万元,购进时的进项税额为 1.02 万元;支付安装工人工资 4.98 万元。该设备于 2017 年 3 月

30 日达到预定可使用状态。甲公司对该设备采用年限平均法计提折旧,预计使用年限为 10 年,预计净残值为零。假定不考虑其他因素,2017 年该设备应计提的折旧额为( )万元。
A.13.2   B.11   C.9.9   D.8.55

8.(云南师范 2017)2016 年 12 月 31 日,A 公司某项固定资产计提减值准备前的账面价值为 1 000 万元,公允价值为 990 万元,预计处置费用为 50 万元。预计未来现金流量的现值为 1 050 万元,2016 年 12 月 31 日。A 公司应对该项固定资产计提的减值准备为( )万元。
A.20   B.50   C.100   D.0

二、判断题

1.(东北石油)固定资产减值损失一经确认,在以后会计期间不得转回。( )
2. 固定资产在年末不论是否发生减值迹象,均应进行减值测试。( )

三、计算分析题

1.(黑龙江八一农垦 2020)甲公司于 2013 年 12 月 5 日购入了一台不需要安装的生产用设备,入账价值 500 万元,预计使用年限为 5 年,预计净残值率为 4%。
要求:采用双倍余额递减法计算该设备 2014 年至 2018 年各年的折旧额。

2.(东北石油)甲公司为增值税一般纳税人,2012 年 12 月 18 日购入不需要安装的生产用机器设备一台,取得的增值税专用发票上注明的价款为 3 000 万元,增值税税额为 510 万元;支付运费取得运费增值税专用发票上注明的运费为 100 万元,增值税税额为 11 万元,支付保险 10 万元,款项通过银行转账方式支付。预计该机器设备的使用年限为 5 年,预计净残值为 50 万元,采用双倍余额递减法计提折旧。
要求:请计算该设备的成本及 2013 至 2016 年度每年的折旧额。

3.(湖北经济 2021)甲公司为增值税一般纳税人,2020 年 12 月 20 日购入一台不需要安装的固定资产,入账价值为 102 万元,预计净残值为 2 万元,预计使用年限 4 年。
要求:
(1)使用双倍余额递减法求各年折旧额;
(2)使用年数总和法求前两年折旧额。

4.(吉林财经 2021、山西财经 2021)甲公司为增值税一般纳税人企业,2019-2021 年发生如下业务:
(1)2019 年 3 月 20 日,购入某原材料,增值税专用发票上注明的价款为 10 000 元,增值税为 1 300 元。购进该原材料另支付保险费、包装费共 200 元。上述款项均以银行存款支付。
(2)2019 年 3 月 31 日,生产车间为制造 A 产品领用材料 3 000 元,管理部门领用材料 2 000 元。
(3)2019 年 12 月 25 日,购入一台不需要安装的机器设备,以银行存款支付买价 45 500 元,增值税 5 915 元。上述款项均以银行存款支付。该固定资产预计使用年限为 5 年,预计净残值为 500 元,采用年数总和法计提折旧。
(4)2020 年 12 月 31 日,该机器设备发生减值,公允价值减去处置费用后的金额为 24 500 元,未来现金流量现值为 20 000 元。计提减值准备后,该机器设备的剩余使用年限预计为 3 年,预计净残值为 500 元。仍采用年数总和法计提折旧。
(5)2021 年 5 月 15 日,甲企业将该机器设备出售,收取价款为 23 000 元,增值税为 2 990 元,以银行存款支付清理费用 3 000 元。

要求：
(1)编制 2019 年 3 月 20 日购入原材料的分录；
(2)编制 2019 年 3 月 31 日领用原材料的分录；
(3)编制 2019 年 12 月 25 日购入机器设备的分录；
(4)编制 2020 年 12 月 31 日机器设备发生减值的分录；
(5)编制 2021 年 5 月 15 日出售该机器设备的分录。

5.(哈尔滨商业 2017、中南财经政法 2014)甲公司为增值税一般纳税企业。2013 年 8 月 3 日，购入一台需要安装的生产用机器设备，取得的增值税专用发票上注明的设备价款为 3 900 万元，增值税进项税额为 663 万元，支付的运输费为 37.50 万元，款项已通过银行支付；安装设备时，领用本公司原材料一批，价值 363 万元，购进该批原材料时支付的增值税进项税额为 61.71 万元；领用本公司所生产的产品一批，成本为 480 万元，计税价格 500 万元，增值税率 17%，消费税率 10%，应付安装工人的职工薪酬为 72 万元；假定不考虑其他相关税费。2013 年 10 月 8 日达到预定可使用状态，预计使用年限为 10 年，净残值为 2 万元，采用双倍余额递减法计算年折旧额。

要求：编制 2013 年有关会计分录。

6.(长沙理工 2018)某企业于 2016 年 9 月 6 日对一生产线进行改扩建，改扩建前该生产线的原价为 1 000 万元，已提折旧 350 万元，已提减值准备 50 万元，在改扩建过程中，领用工程物资 100 万元，领用生产用原材料 50 万元，原材料的进项税额为 8.5 万元。发生改扩建人员工资 30 万元，用银行存款支付其他费用 11.5 万元。该生产线于 11 月 6 日达到预定可使用状态。该企业对改扩建后的固定资产采用双倍余额递减法计提折旧，预计尚可使用年限为 10 年，预计净残值为 28 万元。

要求：
(1)编制上述与固定资产改扩建有关业务的会计分录；
(2)计算改扩建后的固定资产 2017 年应计提的折旧额。

7.(陕西理工 2022)甲公司为增值税一般纳税人，因自然灾害，一仓库发生毁损，该仓库原价 4 000 000 元，已计提折旧 1 000 000 元，未计提减值准备。残料估计价值 50 000 元，已办理入库。发生清理费用并取得增值税专用发票，金额分别为 20 000 元和 1 800 元，全部款项以银行存款支付。收到保险公司理赔款 1 500 000 元并存入银行。假定不考虑其他相关税费。请根据上述资料为甲公司编制会计分录。

8.(云南师范 2022、西安邮电 2022)梦想成真公司系增值税一般纳税人，20×5 年至 20×8 年与固定资产业务相关的资料如下：
(1)20×5 年 12 月 8 日，梦想成真公司以银行存款购入一套不需安装的大型生产设备，取得的增值税专用发票上注明的价款为 10 000 万元，增值税税额为 1 300 万元。
(2)20×5 年 12 月 31 日，该设备投入使用，预计使用年限为 5 年，净残值为 100 万元，采用年数总和法按年计提折旧。
(3)20×7 年 12 月 31 日，该设备出现减值迹象，预计未来现金流量的现值为 3 000 万元，公允价值减去处置费用后的净额为 3 600 万元，梦想成真公司对该设备计提减值准备后，根据新获得的信息预计剩余使用年限仍为 3 年、净残值为 60 万元，仍采用年数总和法按年计提折旧。

(4)20×8 年 12 月 31 日，梦想成真公司售出该设备，开具的增值税专用发票上注明的价款为 1 800 万元，增值税税额为 234 万元，款项已收存银行，另以银行存款支付清理费用 4 万元（不考虑增值税）。假定不考虑其他因素。

要求：

(1)编制梦想成真公司 20×5 年 12 月 8 日购入该设备的会计分录；

(2)分别计算梦想成真公司 20×6 年度和 20×7 年度对该设备应计提的折旧金额；

(3)计算梦想成真公司 20×7 年 12 月 31 日对该设备应计提减值准备的金额，并编制相关会计分录；

(4)计算梦想成真公司 20×8 年度对该设备应计提的折旧金额，并编制相关会计分录；

(5)编制梦想成真公司 20×8 年 12 月 31 日处置该设备的会计分录。

四、名词解释

1.(广西大学 2017、上国会 2018、广东外语外贸 2022、吉林外国语 2022)固定资产

2.(暨南大学 2018、吉林财经 2017、新疆农业 2019)双倍余额递减法

3.(浙江工商 2017、湖北经济 2020、沈阳大学 2021)固定资产折旧

4.(南京财经 2020)可回收金额

5.(吉林财经 2017)资产减值

6.(辽宁石油化工 2020、新疆农业 2018)加速折旧法

五、简答题

1.(北京交通 2018、上海对外经贸 2021、河南科技 2020)简述固定资产定义、特征和范围。

2.(南京财经 2020)固定资产以什么资金形态存在？

3.(西安外国语 2020、东北石油 2021、吉林外国语 2022)简述固定资产的确认条件。

4.(江苏大学 2022)购入一项设备，属于无形资产还是固定资产？

5.(东华大学 2020)简述在建工程和固定资产的定义和区别。

6.(武汉纺织 2022)固定资产按用途可以分为什么？

7.(东华大学 2020、河南科技 2020)固定资产的取得方式有哪些？

8.(北京交通 2018)试述外购固定资产成本的确定。

9.(沈阳农业 2017)如何确定自行建造固定资产的成本？

10.(山西财经 2022)固定资产的初始成本包括哪些？

11.(新疆大学 2022)简述外购固定资产如何初始计量。

12.(吉林财经 2021)简述购入需要安装的固定资产的会计处理。

13.(山东工商 2022)附有弃置义务的固定资产如何确认以及处理？

14.(新疆财经 2021)竣工结算后的固定资产，会计处理是否为"借固定资产，贷在建工程"？

15.(新疆财经 2021)固定资产已达到预计可使用状态，但尚未竣工结算期间应如何进行会计处理？

16.(天津财经 2020、湖北经济 2020、江西理工 2020、北国会 2017、河北农业 2021、吉林财经 2020、江苏大学 2022)简述影响固定资产折旧的因素。

17.(江西理工 2020、东北财经 2020、湖北经济 2020)固定资产折旧的范围是什么？

18.(中央民族 2020)固定资产折旧是按月还是按年？

19. (西安石油 2022)固定资产什么时候开始折旧?
20. (湖北经济 2021)固定资产什么时候不用计提折旧?
21. (广东工业 2020)"累计折旧"是什么科目,它的余额在哪边?
22. (南京信息工程 2020、北京印刷 2020、辽宁工程技术 2020、西藏民族 2020、东北石油 2021、西安外国语 2015&2017&2021、新疆农业 2017、河南科技 2020、中国矿业(北京) 2020、天津大学 2020、长春理工 2021、新疆财经 2022、西北政法 2022、西安石油 2022、新疆大学 2022)简述固定资产的折旧方式。
23. (湖北经济 2020、西北政法 2020、沈阳工业 2021、南华大学 2020、哈尔滨商业 2016&2017&2019、东北大学 2018、天津大学 2021)简述固定资产的折旧方式及其区别。
24. (青岛理工 2020、江西理工 2022)简述固定资产折旧方法类型以及适用条件。
25. (南京财经 2015)简述固定资产折旧方法,并比较分析不同方法的优缺点。
26. (南华大学 2020)固定资产为什么要折旧?
27. (沈阳建筑 2022)年限平均法的年折旧率如何计算?
28. (上海立信 2020)固定资产双倍余额递减法的公式是什么?
29. (暨南大学 2020)固定资产的加速折旧方法有哪些,这几种方法不同之处是什么?
30. (辽宁石油化工 2020、中国农业 2017、东北财经 2018)简述加速折旧法的概念及特点。
31. (山东大学 2021、广东财经 2022、华北电力(北京)2020)加速折旧法相对于年限平均法的优点是什么?
32. (桂林电子科技 2020)简述固定资产折旧的直线法和加速折旧法的特点及优缺点。
33. (沈阳工业 2021)简述直线法和年数总和法的区别。
34. (中央民族 2020、吉林财经 2021、新疆农业 2020、沈阳工业 2022)简述固定资产折旧的会计处理。
35. (河南理工 2020)固定资产的累计折旧影响现金流量表、利润表吗?为什么?
36. (桂林电子科技 2020)固定资产计提折旧有哪几种方法?各种方法对利润有何影响?
37. (南京大学 2018)固定资产折旧有哪些方法?请说明这些方法对企业的资产负债表、利润表和缴纳所得税有什么影响。
38. (安徽财经 2021&2022)一个企业固定资产折旧年限从 15 年调整到 10 年,对企业经营成果和财务状况有何影响?
39. (北京信息科技 2022)固定资产折旧方法中哪些体现了谨慎性?
40. (沈阳建筑 2022)谈谈对固定资产折旧的了解。
41. (天津财经 2020、山东工商 2022)简述固定资产减值的流程。
42. (华北电力(北京))如何判断固定资产发生了减值迹象?
43. (首都经济贸易 2021、北京林业 2022)固定资产的可回收金额如何确定?
44. (天津财经 2020、华南师范 2020、新疆农业 2020、武汉纺织 2022)简述固定资产减值处理的会计分录。
45. (华南师范 2022)请你说说存货和固定资产减值有什么区别。
46. (天津财经 2020)固定资产净值如何计算?
47. (西南交通 2022)账面价值、账面余额分别是什么?

48. (佳木斯 2020)简述账面价值、账面净值及账面余额的关系。
49. (天津大学 2020、西安财经 2020)简述固定资产计价标准的分类。
50. (西安理工 2020、长春理工 2021、山西师范 2021、沈阳工业 2018、新疆财经 2022)简述固定资产的后续计量。
51. (西南财经 2020)简述固定资产的后续支出。
52. (天津财经 2020)简述固定资产更新设备的处理。
53. (四川师范 2022)固定资产改扩建的特点是什么？如何进行核算？
54. (长安大学 2014)简述改扩建和大修理的区别。
55. (广东技术师范 2020)简述资本化和费用化．
56. (西安外国语 2020)简述固定资产毁损报废的会计分录。
57. (吉林财经 2022)什么是固定资产清理？简述一下分录
58. (武汉科技 2020、山东财经 2020、南华大学 2020)简述固定资产清查的处理。
59. (沈阳化工 2022)简述固定资产盘亏的账务处理。
60. (西南财经 2022)简述固定资产处置的会计处理。
61. (沈阳建筑 2021&2022)详细介绍学习的固定资产中某个知识点。

第四章 无形资产

考情点拨

大白话解释本章内容

所谓无形资产，就是看不见、摸不着，但依然能为企业带来经济利益的资源。例如，专利权、商标权、土地使用权，它们和固定资产类似，都是长期地为企业的生产经营与管理服务的。

本章难度 ★
本章重要程度 ★★

本章复习策略

本章亦属于资产篇基础章节，难度不高，简答题和业务处理题部分极易出题。无形资产与固定资产一样，都是企业长期用于生产经营管理的资产，会计处理思路基本一致，但也要注意两者的不同。毕竟，有变化就有考点，现将无形资产与固定资产的计量上的不同点总结如下。

1. 对于企业自行建造的固定资产，达到预定可使用状态前发生的归属于固定资产的支出，均可以计入固定资产成本。对于自行研发的无形资产，资本化更为严格，其发生的费用需要满足一定条件才能计入无形资产成本。

2. 对于固定资产，企业应当对所有固定资产计提折旧，但是已提足折旧仍继续使用的固定资产和单独计价入账的土地除外。当月增加的固定资产，当月不计提折旧，从下月起计提折旧；当月减少的固定资产，当月仍计提折旧，从下月起不再计提折旧。对于无形资产，企业应当对所有无形资产计提摊销，但使用寿命不确定的无形资产不进行摊销。当月增加的无形资产，当月开始摊销；当月减少的无形资产，当月不再摊销。

3. 固定资产的处置包括出售、毁损、报废及清查。而无形资产由于是无形的，看不见摸不着，处置处理不涉及毁损和清查。

考点精讲

第一节 无形资产的确认和初始计量

◆ 考点 30·无形资产的定义、确认条件及分类

1. 定义

无形资产(intangible assets)指企业拥有或者控制的没有实物形态的可辨认非货币性资产。

无形资产具有下列特征：

①无实体性：区别于固定资产；
②长期性：区别于应收账款等没有实物形态的流动资产；
③不确定性：区别于债券投资、长期股权投资；
④可辨认性：区别于商誉。

2. 确认条件

①与该无形资产有关的经济利益很可能流入企业；
②该无形资产的成本能够可靠地计量。

3. 分类

分类标准	内容
按经济内容	专利权、非专利技术、商标权、著作权、土地使用权、特许权
按来源途径	外来无形资产、自创无形资产
按经济寿命期限	期限确定的无形资产、期限不确定的无形资产

【例1·单选·天津大学】下列项目只能在企业合并时才能列为资产的是(　　)。

A. 商誉　　　　B. 专利权　　　　C. 非专利技术　　　　D. 经营特许权

【解析】商誉是在企业合并中，企业初始投资成本大于被购买方可辨认净资产公允价值的份额的部分，不确认为无形资产，资产负债表上以"商誉"单独列示。

【答案】A

【例2·判断·东北石油、江西理工2014】按无形资产准则的规定，商誉属于无形资产。(　　)

【解析】根据无形资产准则，商誉不具有可辨认性，不属于无形资产。

【答案】×

【例3·多选·东北石油】下列各项中，可以认定为企业无形资产的有(　　)。

A. 自创的商标权　　　　　　　　B. 外购的专利权
C. 自创商誉　　　　　　　　　　D. 出租的土地使用权

【解析】C 项，根据无形资产准则，商誉不具有可辨认性，不属于无形资产。D 项，出租的土地使用权是为了赚取租金而持有的房地产，属于投资性房地产。

【答案】AB

◆考点 31·无形资产的初始计量

1. 外购的无形资产

企业购入的无形资产成本，包括购买价款、相关税费以及直接归属于<u>使该项资产达到预定用途</u>所发生的如律师费、咨询费、公证费、鉴定费、注册登记费等其他支出。

借：无形资产　　　　　　　　（实际成本）
　　　应交税费——应交增值税（进项税额）
　　贷：银行存款/应付账款

如果企业购买无形资产的价款超过正常信用条件延期支付，实质上具有融资性质，无形资产的成本应以购买价款的<u>现值</u>为基础确定。实际支付的价款与购买价款的现值之间的差额，除按照会计准则规定应予资本化的以外，应当在信用期间内计入<u>当期财务费用</u>。（与分期付款购买固定资产处理一致）

2. 自行研究开发的无形资产

企业自行研究开发项目的支出，应当区分研究阶段支出与开发阶段支出。

(1) 研究阶段

研究是指为获取并理解新的科学或技术知识而进行的具有独创性、有计划性的调查。由于研究阶段是为进一步的开发活动进行的一种准备工作，有一定探索性，其后续是否有助于形成无形资产也具有较大的不确定性。因此，<u>企业研究阶段发生的支出应当全部予以费用化</u>。

(2) 开发阶段

开发是指在进行商业性生产或使用前，将研究成果或其他知识应用于某项计划或设计，以生产出新的或具有实质性改进的材料、装置、产品等。

开发阶段是在研究阶段的基础上进行的，相较于研究阶段，已经在很大程度上具备了形成一项新产品或新技术的基本条件。因此，企业自行研究开发项目在开发阶段发生的支出，<u>同时</u>满足下列条件的，应当予以资本化。

①完成该无形资产以使其能够使用或出售在技术上具有可行性；
②具有完成该无形资产并使用或出售的意图；
③无形资产产生经济利益的方式，包括能够证明运用该无形资产生产的产品存在市场或无形资产自身存在市场，无形资产将在内部使用的，应当证明其有用性；
④有足够的技术、财务和其他资源支持，以完成该无形资产的开发，并有能力使用或出售

该无形资产；

⑤归属于该无形资产开发阶段的支出能够可靠地计量。

企业开发阶段发生的直接用于新产品、新技术、新工艺的原材料、职工薪酬等支出，应予以资本化；发生的用于管理、培训等方面的支出，不应资本化，而应予以费用化。

如果无法可靠区分研究阶段和开发阶段的支出的，应将其所发生的研发支出全部费用化。

开发阶段资本化与费用化辨析表

资本化支出	材料费、劳务成本、注册费、使用其他专利权和特许权的摊销、资本化借款费用
费用化支出	间接销售费用、间接管理费用、达到预定用途前发生的可辨认的无效和初始运作损失、为运行该无形资产发生的培训支出

(3)自行研究开发的无形资产会计处理

①支出发生时	借：研发支出——资本化支出 　　　　　——费用化支出 　　应交税费——应交增值税(进项税额) 　贷：银行存款/应付职工薪酬/原材料/累计折旧等
②确认无形资产时	借：无形资产 　贷：研发支出——资本化支出 借：管理费用 　贷：研发支出——费用化支出 (如果无形资产期末仍未开发完成，为了保证报表的可靠性，也应将费用化支出转入"管理费用")

【例4·单选】下列各项中，制造企业应确认为无形资产的是(　　)。

A. 自创的商誉　　　　　　　　　　B. 接受投资者投入的专利技术

C. 内部研究开发项目研究阶段发生的支出　　D. 企业合并产生的商誉

【解析】自创的商誉、企业合并产生的商誉，以及开发项目研究阶段发生的支出，均不符合无形资产的定义，不确认为无形资产。

【答案】B

【例5·判断·东北石油】企业无法可靠区分研究阶段和开发阶段支出的，应将其所发生的研发支出全部资本化，计入无形资产成本。(　　)

【解析】企业内部研究和开发无形资产，其在研究阶段的支出全部费用化；开发阶段的支出符合资本化条件的资本化，不符合资本化条件的计入当期损益。如果确实无法区分研究阶段的支出和开发阶段的支出，应将其所发生的研发支出全部费用化，计入当期损益。

【答案】×

【例6·单选·东北石油、新疆财经2022】2016年8月1日，某企业开始研究开发一项新技术，当月共发生研发支出1 800万元，其中，费用化的金额1 200万元，符合资本化条件的金额600万元。8月末，研发活动尚未完成。该企业2016年8月应计入当期利润总额的研发支出为( )万元。

A. 600　　　　　　　B. 200　　　　　　　C. 1 200　　　　　　　D. 1 800

【解析】期末编表时费用化金额转入"管理费用"，影响利润总额。

【答案】C

【例7·业务处理·首都经贸2017】甲公司自行研究开发一项新技术，截至2015年12月31日甲公司发生材料费用200 000元，人工费用300 000元，其他用银行存款支付的费用150 000元，总计650 000元。经测试，该项研发活动完成了研究阶段，从2016年1月1日开始进入开发阶段。2016年发生研发支出480 000元，假定全部为人工费用，其中符合开发支出资本化条件的支出为260 000元。2016年6月30日，该项研发活动结束，最终开发出一项非专利技术。

要求：编制2015年和2016年上述研发支出业务的会计分录。

【答案】

①2015年12月31日发生支出时：

借：研发支出——费用化支出	650 000
贷：原材料	200 000
应付职工薪酬	300 000
银行存款	150 000
借：管理费用	650 000
贷：研发支出——费用化支出	650 000

②2016年发生支出时：

借：研发支出——费用化支出	220 000
——资本化支出	260 000
贷：应付职工薪酬	480 000

③2016年6月30日达到预定可使用状态时：

借：无形资产	260 000
贷：研发支出——资本化支出	260 000
借：管理费用	220 000
贷：研发支出——费用化支出	220 000

【例8·多选】下列关于企业自行研究开发无形资产的表述中，正确的有( )。

A. 企业研究阶段发生的职工薪酬支出，应予以费用化

B. 企业研究阶段发生的实验材料支出，应予以资本化

C. 企业开发阶段发生的实验材料支出，应予以资本化

D. 企业开发阶段发生的培训支出，应予以费用化

E. 无法区分研究阶段支出和开发阶段支出的，应予以费用化

【解析】企业研究阶段发生的支出应该全部费用化；企业开发阶段发生的直接用于新产品、新技术、新工艺的原材料、职工薪酬等支出，应予以资本化；发生的用于管理、培训等方面的支出，不应资本化，而应予以费用化；无法区分研究阶段支出和开发阶段支出的，应全部予以费用化。

【答案】ACDE

第二节 无形资产的后续计量

◆ 考点 32 · 无形资产的摊销

1. 无形资产的摊销范围

当月增加的无形资产，当月开始摊销；当月减少的无形资产，当月不再摊销。持有待售的无形资产不进行摊销，按照账面价值与公允价值减去处置费用后的净额孰低进行计量。使用寿命不确定的无形资产不进行摊销。

2. 无形资产的摊销期限

无形资产应当于取得无形资产时分析判断其使用寿命。如果无形资产的使用寿命是有限的，则应估计该使用寿命的年限或者构成使用寿命的产量等类似计量单位数量；无法预计无形资产为企业带来经济利益期限的，应当视为使用寿命不确定的无形资产。

寿命期 { 源于合同或法定权利的：Min(合同或法定权利期限，企业预期)
无合同或法律规定：综合考虑，仍无法确定则作为使用寿命不确定的
年末复核，改变按估计变更处理

3. 无形资产的摊销方法

无形资产的摊销方法，应当反映与该项无形资产有关的经济利益的预期实现方式，可以采用年限平均法、工作量法、双倍余额递减法和年数总和法等。无法可靠确定预期实现方式的，应当采用年限平均法摊销。

4. 无形资产的应摊销金额

无形资产的应摊销金额为其成本扣除预计净残值后的金额。已计提减值准备的无形资产，还应扣除已计提的无形资产减值准备累计金额。使用寿命有限的无形资产，如果有第三方承诺在无形资产使用寿命结束时购买该无形资产，或可以根据活跃市场得到预计残值信息，并且该市场在无形资产使用寿命结束时很可能存在，则可以预计其净残值；否则，其残值应当视为零。

5. 无形资产摊销的会计处理

与固定资产计提折旧的会计处理思路一致，无形资产摊销时也应根据受益对象，将摊销金

额计入当期损益或相关资产成本中。

借：管理费用/制造费用/其他业务成本/在建工程 等
　　贷：累计摊销

【例9·多选·四川大学2017】下列关于企业无形资产摊销的会计处理中，正确的有（　）。

A. 对使用寿命有限的无形资产选择的摊销方法只能用直线法
B. 持有待售的无形资产不进行摊销
C. 使用寿命不确定的无形资产按照不低于10年的期限进行摊销
D. 使用寿命有限的无形资产自可供使用时开始摊销

【解析】A项，对使用寿命有限的无形资产一般采用直线法进行摊销，并非"只能采用"，还可以采用双倍余额递减法和年数总和法。B项，持有待售的无形资产不进行摊销，按照账面价值与公允价值减去处置费用后的净额孰低进行计量，正确。C项，使用寿命不确定的无形资产不应摊销。D项，使用寿命有限的无形资产应当自可供使用（即其达到预定用途）当月起开始摊销，正确。

【答案】BD

【例10·分录·广东财经2022】某企业购入一项专利权，用于生产产品，实际支付买价500 000元，增值税30 000元；支付登记费400元（未取得增值税专用发票），共计530 400元，转让协议中未规定使用年限，但法律规定有效期为20年。

要求：根据以上资料，编制购入无形资产以及按月进行摊销的会计分录。

【答案】
(1)购入无形资产时：

借：无形资产　　　　　　　　　　　　　　　　　　　　　500 400
　　应交税费——应交增值税(进项税额)　　　　　　　　　　30 000
　　贷：银行存款　　　　　　　　　　　　　　　　　　　　　530 400

(2)每月进行摊销时：

月摊销额＝500 400÷20÷12＝2 085(元)

借：制造费用　　　　　　　　　　　　　　　　　　　　　2 085
　　贷：累计摊销　　　　　　　　　　　　　　　　　　　　　2 085

◆ 考点33·无形资产的减值

每年年末，企业应当对无形资产的账面价值进行检查，如果出现减值迹象，应当进行减值测试。对于使用寿命不确定的无形资产，在持有期间内不需要摊销，但应当在每个会计期间进行减值测试。如果无形资产已经发生减值，应对其计提减值准备。衡量无形资产是否发生减值的标准是其可收回金额。

可收回金额的确定	无形资产的公允价值减去处置费用后的净额与无形资产预计未来现金流量的现值两者之间的较高者
减值损失的确定	无形资产的可收回金额低于无形资产账面价值的部分
会计处理	借：资产减值损失 　贷：无形资产减值准备

【注意】

①商誉不属于无形资产，无论是否存在减值迹象，至少应于每年年度终了对其进行减值测试；

②无形资产减值损失确认后，无形资产的摊销额也将按减值后的账面价值重新计量；

③无形资产减值一经确认，在以后会计期间不得转回。

【例11·单选·天津商业2015】下列各项资产中，无论是否存在减值迹象，至少应于每年年度终了对其进行减值测试的是(　　)。

A. 商誉　　　　　　　　　　B. 固定资产

C. 长期股权投资　　　　　　D. 投资性房地产

【解析】根据会计准则规定，因企业合并形成的商誉、使用寿命不确定的无形资产和未达到可使用状态的无形资产应至少每年年度终了对其进行减值测试。

【答案】A

【例12·业务处理·江西理工2018】长江股份有限公司(简称"长江公司")与无形资产相关的业务资料如下：

(1)2015年1月，长江公司以银行存款3 600万元购入一项土地使用权(不考虑相关税费)。该土地使用年限为50年。预计净残值为0，采用直线法进行摊销。

(2)2015年6月，长江公司研发部门准备研究开发一项专利技术。研究阶段，企业为了研究成果的应用研究、评价，以银行存款支付了相关费用500万元。

(3)2015年8月，上述专利技术研究获得技术可行认证，转入开发阶段。开发阶段，直接发生的研发人员工资、材料费，以及相关设备折旧费分别为800万元、1 500万元和500万元，同时以银行存款支付了其他相关费用200万元。以上开发支出均满足无形资产的确认条件。

(4)2015年10月，上述专利技术的研究开发项目达到预定用途，形成无形资产，当月投入新产品A产品的生产。长江公司预计该专利技术的预计使用年限为10年，预计净残值为0。长江公司无法可靠确定与该专利技术有关的经济利益的预期实现方式。

(5)2016年12月31日，由于新产品研发技术的出现，长江公司生产的产品市场占有率下降，故对其上述研发的专利技术进行减值测试，经测试，该项专利技术预计未来现金流量现值为2 050万元，公允价值减去处置费用后的净额为2 100万元。假定计提减值准备后该项专利技术的使用年限、净残值和摊销方法均不变。假定不考虑其他因素的影响。

要求：

(1)编制长江公司2015年1月购入该项土地使用权的会计分录；

(2)编制土地使用权2015年摊销的会计分录，计算长江公司2015年12月31日该项土地使用权的账面价值；

(3)编制长江公司2015年研究开发专利技术的有关会计分录；

(4)计算长江公司研究开发的专利技术2016年年末应计提的无形资产减值准备，并编制计提减值准备相关的会计分录。（答案中的金额单位用万元表示）

【答案】

(1)借：无形资产——土地使用权　　　　　　　　　　　　　　　　　3 600
　　　贷：银行存款　　　　　　　　　　　　　　　　　　　　　　　3 600

(2)该土地使用权2015年摊销金额＝3 600÷50＝72（万元）

借：管理费用　　　　　　　　　　　　　　　　　　　　　　　　　　72
　　贷：累计摊销　　　　　　　　　　　　　　　　　　　　　　　　72

该项土地资产账面价值＝3 600－72＝3 528（万元）

(3)借：研发支出——费用化支出　　　　　　　　　　　　　　　　　500
　　　贷：银行存款　　　　　　　　　　　　　　　　　　　　　　　500

借：研发支出——资本化支出　　　　　　　　　　　　　　　　　　3 000
　　贷：应付职工薪酬　　　　　　　　　　　　　　　　　　　　　　800
　　　　原材料　　　　　　　　　　　　　　　　　　　　　　　　1 500
　　　　累计折旧　　　　　　　　　　　　　　　　　　　　　　　　500
　　　　银行存款　　　　　　　　　　　　　　　　　　　　　　　　200

借：无形资产　　　　　　　　　　　　　　　　　　　　　　　　　3 000
　　贷：研发支出——资本化支出　　　　　　　　　　　　　　　　3 000

借：管理费用　　　　　　　　　　　　　　　　　　　　　　　　　　500
　　贷：研发支出——费用化支出　　　　　　　　　　　　　　　　　500

(4)2016年12月31日该专利权的账面价值＝3 000－3 000÷10×15/12＝2 625（万元）

应计提减值准备＝2 625－2 100＝525（万元）

借：资产减值损失　　　　　　　　　　　　　　　　　　　　　　　　525
　　贷：无形资产减值准备　　　　　　　　　　　　　　　　　　　　525

第三节　无形资产的处置

◆ 考点34 · 无形资产处置的会计处理

| 出售 | 借：银行存款
　　无形资产减值准备
　　累计摊销 |

出售	资产处置损益(借方差额：损失) 贷：无形资产 　　应交税费——应交增值税(销项税额) 　　资产处置损益(贷方差额：收益)
报废	借：累计摊销 　　无形资产减值准备 　　营业外支出(差额) 　贷：无形资产

【例13·业务处理·吉林财经2015】请对以下经济业务进行账务处理：秋实公司按规定将S专利权做报废处理，S专利权做报废处理时账面余额2 160 000元，已摊销金额1 850 000元。

【答案】
借：营业外支出　　　　　　　　　　　　　　　　　　　　310 000
　　累计摊销　　　　　　　　　　　　　　　　　　　　1 850 000
　贷：无形资产　　　　　　　　　　　　　　　　　　　2 160 000

【例14·单选·广东工业2016】下列各项中，不会引起无形资产账面价值发生增减变动的是（　　）。

A. 对无形资产计提减值准备　　　　　B. 转让无形资产所有权
C. 摊销无形资产　　　　　　　　　　D. 无形资产的后续支出

【解析】无形资产后续支出是指无形资产入账后，为确保该无形资产能够给企业带来预定的经济利益而发生的支出。如相关的宣传活动支出等，无形资产的后续支出应在发生当期确认为费用。

【答案】D

【例15·单选·西安外国语2017】甲公司将拥有的一项非专利技术出售，共收取价款84 800元。开出的增值税专用发票上注明的价款为80 000元，增值税为4 800元。该非专利技术的账面余额为900 000元，累计摊销额为850 000元，已计提减值准备20 000元。该项经济业务计入资产处置损益的金额为（　　）。

A. －820 000元　　　B. 2 000元　　　C. 54 800元　　　D. 50 000元

【解析】甲公司出售无形资产计入资产处置损益的金额＝80 000－(900 000－850 000－20 000)＝50 000(元)

甲公司出售无形资产的会计处理如下：
借：银行存款　　　　　　　　　　　　　　　　　　　　　84 800
　　累计摊销　　　　　　　　　　　　　　　　　　　　　850 000
　　无形资产减值准备　　　　　　　　　　　　　　　　　20 000
　贷：无形资产　　　　　　　　　　　　　　　　　　　　900 000

应交税费——应交增值税(销项税额) 4 800
资产处置损益 50 000

【答案】D

【例16·业务处理·首都经贸2018、中国石油(北京)2018、深圳大学、北京工商2021、南京理工2021】甲上市公司自行研究开发一项专利技术,假设不考虑相关税费,与该项专利技术有关的资料如下:

(1)2017年1月,该项研发活动进入开发阶段,以银行存款支付开发费用560万元,其中满足资本化条件的为300万元,2017年7月1日,该项专利技术已经达到预定用途。

(2)该项专利技术法律规定有效期为5年,采用直线法摊销。

(3)2017年12月1日,将该项专利技术出售给丙公司,实际取得价款为320万元,款项已存入银行。

要求:

(1)编制发生开发支出的会计分录;
(2)编制转销费用化开发支出的会计分录;
(3)编制形成专利技术的会计分录;
(4)计算确定2017年该项专利技术的摊销期限和摊销金额,并编制2017年应摊销月份的月摊销会计分录;
(5)编制出售该项专利技术的会计分录。

("研发支出"科目应列明细科目,答案中的金额单位用万元表示)

【答案】

(1)借:研发支出——费用化支出 260
　　　　　　——资本化支出 300
　　贷:银行存款 560

(2)借:管理费用 260
　　贷:研发支出——费用化支出 260

(3)借:无形资产 300
　　贷:研发支出——资本化支出 300

(4)该无形资产2017年7月1日达到预定可使用状态,2017年12月1日出售,2017年摊销期为5个月。

2017年应计提的摊销额=300÷5×5/12=25(万元)

借:管理费用 5
　贷:累计摊销 5

(5)借:银行存款 320
　　　累计摊销 25
　　贷:无形资产 300
　　　　资产处置损益 45

【例17·业务处理·江西理工2014】 长江股份有限公司(以下简称"长江公司")2009年至2014年与无形资产业务有关的资料如下:

(1)2009年11月12日,以银行存款450万元购入一项无形资产,于当日达到预定用途并交付企业管理部门使用。该无形资产的预计使用年限为10年,净残值为零,采用直线法摊销。

(2)2012年12月31日,预计该无形资产的可收回金额为205万元。该无形资产发生减值后,原摊销方法、预计使用年限不变。

(3)2013年12月31日,预计该无形资产的可收回金额为100万元,计提无形资产减值准备后,原摊销方法不变,预计尚可使用年限为5年。

(4)2014年7月1日,长江公司拟将该无形资产与A公司的固定资产进行交换(具有商业实质),当日无形资产公允价值为150万元。当天办理完毕相关资产转移手续,并为换入资产支付相关费用10万元。假定按年计提无形资产的摊销额。

要求:
(1)编制2009年11月12日购入该无形资产的会计分录;
(2)编制2009年12月31日计提无形资产摊销额的会计分录;
(3)计算并编制2012年12月31日计提的无形资产减值准备的会计分录;
(4)计算并编制2013年12月31日有关的会计分录;
(5)编制2014年7月1日通过非货币性资产交换而换入固定资产的会计分录。
(答案中的金额单位用万元表示)

【解析】 ①每年摊销额计算如下:
2009年:$450 \div 10 \times 2/12 = 7.5$(万元)
2010—2012年:$450 \div 10 \times 3 = 135$(万元)
2013年:$205 \div (12 \times 10 - 12 \times 3 - 2) \times 12 = 30$(万元)
2014年:$100 \div 5 \times 6/12 = 10$(万元)

②本题涉及非货币性资产交换有关知识点,如不理解,可学完选修部分该章节再做。

【答案】
(1)借:无形资产   450
      贷:银行存款   450

(2)2009年12月31日应计提无形资产摊销额 = $450 \div 10 \times 2/12 = 7.5$(万元)
借:管理费用   7.5
   贷:累计摊销   7.5

(3)2012年12月31日该无形资产账面价值 = $450 - 7.5 - 450 \div 10 \times 3 = 307.5$(万元)
应计提的减值准备 = $307.5 - 205 = 102.5$(万元)
借:资产减值损失   102.5
   贷:无形资产减值准备   102.5

(4)2013年12月31日该无形资产账面价值 = $205 - 205 \div (12 \times 10 - 12 \times 3 - 2) \times 12 = 175$(万元)
应计提的减值准备 = $175 - 100 = 75$(万元)

| 借：资产减值损失 | 75 |
| | |

借：资产减值损失　　　　　　　　　　　　　　　　　　　　　　　　　　　　75
　　贷：无形资产减值准备　　　　　　　　　　　　　　　　　　　　　　　　75
(5)2014年6月30日该无形资产计提的摊销额＝100÷5×6/12＝10(万元)
借：固定资产　　　　　　　　　　　　　　　　　　　　　　　　　　　　160.0
　　无形资产减值准备　　　　　　　　　　　　　　　　　　　　　　　　177.5
　　累计摊销　　　　　　　　　　　　　　　　　　　　　　　　　　　　182.5
　　贷：无形资产　　　　　　　　　　　　　　　　　　　　　　　　　　450.0
　　　　银行存款　　　　　　　　　　　　　　　　　　　　　　　　　　 10.0
　　　　资产处置损益　　　　　　　　　　　　　　　　　　　　　　　　 60.0

真题精练

一、单项选择题

1.(天津工业2023)下列不属于无形资产的是(　　)。
　A. 专利权　　　　　　B. 商标　　　　　　C. 商誉　　　　　　D. 土地使用权

2.(兰州理工2023)出售无形资产取得的收入应计入(　　)。
　A. 主营业务收入　　　B. 其他业务收入　　C. 营业外收入　　　D. 资产处置损益

3.(云南师范2018)企业在专利技术研究阶段发生的职工薪酬，应当计入(　　)。
　A. 当期损益　　　　　B. 在建工程成本　　C. 无形资产成本　　D. 固定资产成本

二、业务处理题

1.(北京语言2017)甲公司想购买乙公司的一项商标专利权，该专利1 000万元，由于资金短缺，于是甲向乙提出如下建议：分6期进行支付，每年年末向乙支付200万元。已知银行同期利率为8%。请编制甲公司的相关分录((P/A,8%,6)＝4.622 9，(P/F,8%,6)＝0.630 2)。

2.(华北电力(保定)2021)2018年1月1日，甲公司购入一项市场领先的畅销产品的商标，成本为5 000万元，该商标按照法律规定还有5年的使用寿命，但是在保护期届满时，甲公司可每10年以较低的手续费申请延期，同时甲公司有充分的证据表明其有能力申请延期。此外，有关调查表明，根据产品生命周期、市场竞争等方面情况综合判断，该商标将在不确定的期间内为企业带来现金流量。2018年年底，甲公司对该商标按照资产减值原则进行减值测试，经测试表明该商标已发生减值。2018年年底，该商标的公允价值为3 500万元。
甲公司的账务处理如下(会计分录中的金额单元为万元)。
(1)2018年购入商标时：
借：无形资产——商标权　　　　　　　　　　　　　　　　　　　　　5 000
　　贷：银行存款　　　　　　　　　　　　　　　　　　　　　　　　5 000
(2)2018年对该商标权采用平均年限法按5年使用期限进行了摊销：
借：管理费用　　　　　　　　　　　　　　　　　　　　　　　　　　1 000
　　贷：累计摊销　　　　　　　　　　　　　　　　　　　　　　　　1 000

(3)2018年年底计提减值准备

借：资产减值损失　　　　　　　　　　　　　　　　　　　　　　　500
　　贷：无形资产减值准备——商标权　　　　　　　　　　　　　　　　500

要求：根据上述资料及相关会计准则，分析甲公司处理是否正确？如不正确，说明理由并做出正确处理。

3.（云南师范 2021）2019 年 6 月 1 日，风调雨顺公司决定自行研制开发某项技术。公司认为，研发该项技术具有可靠的技术和财务等资源的支持，研发成功后用于产品生产，可降低产品成本，为企业带来巨大的收益。其有关资料如下：

(1)2019 年 6 月 10 日，研发小组领用原材料 4 万元。

(2)2019 年 10 月 31 日，以银行存款支付设备租用费用 8 万元。

(3)2019 年 12 月 31 日，分配研发薪酬 10 万元。

(4)2019 年 12 月 31 日，经鉴定，该项技术已经达到较高水平，转入实质性开发运用阶段，结转费用化支出。

(5)2020 年 3 月 31 日，汇总计算 2020 年 1—3 月发生的支出共计 7 万元（符合资本化条件），其中：专家论证报酬 3 万元，印刷费 1 万元，试产材料准备费 3 万元，均以银行存款支付。

(6)2020 年 4 月 30 日，该技术申请专利，共计支出 1.2 万元，其中：律师费 1.14 万元，注册费 0.06 万元。

(7)2020 年 5 月 2 日，该专利权申请成功，其法定保护期限为 10 年，预计该项专利权的使用寿命为 6 年，净残值为 0，按会计年度摊销无形资产价值。

(8)2020 年 12 月 31 日，经减值测试，预计未来可收回金额为 6.5 万元，预计使用寿命 4 年，摊销方法和净残值不变。

(9)2021 年 4 月 1 日，与 A 公司签订，将该专利权出售给 A 公司，收到价款 8.48 万元，开出的增值税专用发票上注明的价款 8 万元，增值税税额 0.48 万元。

根据上述材料，编制(1)至(9)的会计分录(答案以万元为单位)。

4.（西安外国语 2019）2006 年 1 月 1 日，甲股份有限公司（以下简称"甲公司"）购入一块土地的使用权，以银行存款转账支付 45 000 000 元，并在该土地上自行建造厂房等工程，2006 年 2 月 1 日发生材料支出 50 000 000 元，工资费用 25 000 000 元，其他相关费用 500 000 元等。2006 年 4 月 15 日该工程已经完工并达到预定可使用状态。假定土地使用权的使用年限为 50 年，该固定资产的使用年限为 25 年。假定固定资产和无形资产都没有净残值，且都采用直线法进行摊销和计提折旧。

要求：

(1)编制甲公司购入土地使用权的会计分录；

(2)编制甲公司发生建造支出的会计分录；

(3)编制该项固定资产达到预定可使用状态时的会计分录；

(4)编制 2006 年甲公司计提折旧与摊销的会计分录。

5.（财科所 2016(改编)）A 公司 2015 年发生"研究与开发"（R&D）支出共 1 亿元，其中研究支出 5 000 万元、处于开发阶段的开发支出 5 000 万元（其中 3 000 万元用于原材料和职工薪酬，2 000 万元用于培训）。请回答以下问题：

(1)什么是收益性支出？什么是资本性支出？可举例说明。

(2)什么是费用化处理？什么是资本化处理？可举例说明。

(3)A 公司的研究支出应如何进行会计处理？为什么？并请做出相应的会计分录。

(4)A 公司的开发支出应如何进行会计处理？为什么？并请做出相应的会计处理。

6.(财科所 2017)甲公司 2017 年至 2018 年与 F 专利技术有关的资料如下：

资料一：2017 年 1 月 1 日，甲公司与乙公司签订 F 专利技术转让协议，协议约定，该专利技术的转让价款为 2 000 万元。甲公司于协议签订日支付 400 万元，其余款项自当年年末起分 4 次每年年末支付 400 万元。当日，甲、乙公司办妥相关手续，甲公司以银行存款支付 400 万元，立即将该专利技术用于产品生产，预计使用 10 年，预计净残值为零，采用直线法摊销。甲公司计算确定的该长期应付款项的实际年利率为 6%，年金现值系数(P/A，6%，4)为 3.47。

资料二：2018 年 1 月 1 日，甲公司因经营方向转变，将 F 专利技术转让给丙公司，转让价款 1 500 万元已收讫存入银行。同日，甲、丙公司办妥相关手续。假定不考虑其他因素。

要求：

(1)计算甲公司取得 F 专利技术的入账价值，并编制甲公司 2017 年 1 月 1 日取得 F 专利技术的相关会计分录；

(2)计算 2017 年专利技术的摊销额并编制相关会计分录；

(3)分别计算甲公司 2017 年年末确认融资费用的摊销金额及 2017 年 12 月 31 日长期应付款的摊余成本；

(4)编制甲公司 2018 年 1 月 1 日转让 F 专利技术的相关会计分录。

7.(中南财经政法 2019)某公司准备开发一项新技术，2017 年处于研究阶段，已投入资金 300 万元。2018 年进入开发阶段，共计支出 500 万元，全部符合资本化条件。2018 年年底，公司将开发阶段的成果提交相关部门申请专利权，并支付申请相关费用 20 万元。2019 年 1 月 1 日，该项专利权达到预定可使用状态，并开始用于生产经营活动。

要求：

(1)请写出 2017 年关于开发新技术研究阶段支出的账务处理；

(2)请写出 2018 年关于开发新技术开发阶段支出的账务处理；

(3)请写出 2018 年关于申请专利支出的账务处理；

(4)请计算 2019 年无形资产的入账价值，并写出相应的账务处理。

8.(浙江财经 2023)2022 年 6 月 30 日，甲公司拟出售一项无形资产，并满足划分为持有待售类别资产的条件。当日，该无形资产的公允价值为 320 万元，预计出售费用为 10 万元。该无形资产购买于 2016 年 1 月，原值为 1 000 万元，预计净残值为 0，预计使用寿命为 10 年，采用年限平均法计提折旧，未计提减值准备。2022 年 12 月 31 日，该项持有待售资产的公允价值为 300 万元，预计出售费用为 5 万元。2023 年 2 月 1 日，该项持有待售资产以 280 万元的价格出售。

要求：

(1)编制 2022 年 6 月 30 日无形资产转入持有待售资产的分录；

(2)编制 2022 年 12 月 31 日该持有待售资产计提减值准备的分录；

(3)编制 2023 年 2 月 1 日出售该持有待售资产的分录。

三、名词解释

1. (东北大学2018,沈阳农业2017,山东工商2019,广东外语外贸2020)无形资产
2. (财科所2017、上国会2017、广东技术师范2020、天津财经2021)商誉

四、简答题

1. (华南师范2020、云南大学2020、浙江理工2021)简述无形资产的定义、特征和确认条件。
2. (北京工商)无形资产的定义是什么?无形资产与其他资产有什么区别?
3. (天津财经2020、华南师范2020、暨南大学2020、江汉大学2020、广东技术师范大学2020)企业自己的商誉和自创品牌能不能算入无形资产,能不能计入报表?
4. (天津财经2020)商誉能否计入财务报表?
5. (安徽财经2022)商誉是什么?商誉的本质是什么?
6. (广东工业2018)什么是商誉,它从何而来?
7. (西南财经2018、广东外语外贸2020)简述无形资产的分类。
8. (西南财经2018)简述无形资产的内容及其对企业的意义。
9. (西安石油2020、广东技术师范2020)请说明研发费用中哪些费用应该资本化?哪些应该费用化?为什么?
10. (上国会2020、武汉科技2020、暨南大学2020、黑龙江大学2020、对外经济贸易2020、西安石油2017、东北石油2021、天津财经2021、浙江工商2017)简述研发支出资本化的条件及其会计处理。
11. (吉林财经2021、黑龙江大学2021、长春理工大学2021、天津大学2020、东北财经2020、新疆农业2020、石河子大学2021、河南财经政法2022)企业内部研发活动分为哪些阶段?不同阶段支出如何进行会计处理?
12. (天津商业2022)企业内部研发形成的无形资产如何确认与计量?
13. (安徽财经2020)使用寿命确定的无形资产和使用寿命不确定的无形资产在后续计量时有什么区别?
14. (天津财经2020、新疆农业2019、山东工商2022)什么是无形资产的摊销?无形资产如何进行摊销?
15. (新疆农业2020)简述无形资产摊销的会计处理。
16. (北京物资2021)固定资产折旧和无形资产摊销的时间范围分别是什么?
17. (湖北经济2020)简述固定资产和无形资产的期末处置的异同点。
18. (新疆财经2022)简述无形资产的处置和清理处理。
19. (上海大学2022)简述固定资产和无形资产计量的区别。
20. (山西师范2022)无形资产的摊销方式有哪些?选择依据是什么?
21. (西南民族2020)简述无形资产电影版权的摊销方法。
22. (首都经济贸易2022)无形资产发生减值如何进行会计分录?
23. (天津财经2021)简述无形资产的出租和出售的会计处理。
24. (桂林电子科技2021、华北电力(保定)2021、吉林财经2022)简述土地使用权的会计处理。
25. (桂林电子科技2020、北京工商2021)简述无形资产的会计处理。
26. (天津工业2022)谈谈对无形资产的理解。

05 第五章 货币资金

考情点拨

大白话解释本章内容
所谓货币资金，就是那些想花就花、想刷就刷的"钱"，比如放在企业里的现金、存在银行里的存款。它们是流动性最强的资产，可以用来换取资源或偿还债务。
本章难度 ★ 本章重要程度 ★★
本章复习策略
本章知识点较简单，考查频率也较低，属于"白嫖"章节。本章需重点掌握库存现金的清查及银行存款的核对，尤其需注意库存现金清查与前面章节存货、固定资产的清查辨析。

考点精讲

货币资金是指企业生产经营过程中处于货币形态的资产，包括库存现金、银行存款和其他货币资金。

货币资金的特点在于流动性最强，可以立即投入流通、支付使用。

【例1·多选·北国会2014】货币资金包括（　　）。
A. 应收账款　　　　　　　　　　B. 库存现金
C. 银行存款　　　　　　　　　　D. 其他货币资金
【解析】货币资金是指企业生产经营过程中处于货币形态的资产，包括库存现金、银行存款和其他货币资金。
【答案】BCD

第一节 库存现金

库存现金是指存放于企业、用于日常零星开支的现金。

◆ 考点 35 · 库存现金的使用范围

根据国务院颁布的《现金管理暂行条例》规定，企业可使用现金支付的情形有：
①职工工资、津贴；
②个人劳务报酬；
③根据国家规定颁发给个人的科学技术、文化艺术、体育比赛等各种奖金；
④各种劳保、福利费用以及国家规定的对个人的其他支出；
⑤向个人收购农副产品和其他物资的价款；
⑥出差人员必须随身携带的差旅费；
⑦结算起点（1 000元）以下的零星支出；
⑧中国人民银行确定需要支付现金的其他支出。

凡不属于国家现金结算范围的支出，以及除上述⑤、⑥以外的超过使用现金限额的部分必须通过银行办理转账结算。

【记忆口诀】6"人"＋零星支出＋其他。如果题目中提到的是企业对企业进行付款，则不是现金的适用范围。

◆ 考点 36 · 库存现金的清查

企业应当按规定进行现金的清查，一般采用实地盘点法，对于清查的结果应当编制现金盘点报告单。有现金溢余或短缺的应先通过"待处理财产损溢"科目核算，按管理权限经批准后分别按以下情况处理。

现金短缺	①发现短缺时： 借：待处理财产损溢 　　贷：库存现金 ②经批准后： 借：其他应收款（应由责任人赔偿或保险公司赔偿的部分） 　　管理费用（无法查明原因的部分） 　　贷：待处理财产损溢

现金溢余	①发现溢余时： 借：库存现金 　　贷：待处理财产损溢 ②经批准后： 借：待处理财产损溢 　　贷：其他应付款（应支付给有关人员或单位的部分） 　　　　营业外收入（无法查明原因的部分）

续表

【例2·单选·长沙理工大学2018】对现金的清查方法应采用（　　）方法。
A. 技术推算法　　　　　　　　　B. 实地盘点法
C. 实地盘存制　　　　　　　　　D. 查询核对法

【解析】企业应当按规定进行现金的清查，一般采用实地盘点法。A项，技术推算法是按照一定标准推算出其实有数的一种方法。这种方法适用于堆垛量很大，不便一一清点，单位价值又比较低的实物的清查，如露天堆放的燃料用煤。C项，实地盘存制与永续盘存制相对应，它不是一种盘点方法，而是一种存货管理方法。是指通过对期末库存存货的实物盘点确定期末存货和当期销货成本的一种存货核算的方法。D项，查询核对法是一种审计方法，是指对账簿记录（包括相关资料）两处或两处以上的同一数值或有关数据进行互相对照，旨在查明账账、账证、账实、账表是否相符，以便证实账簿记录是否正确，有无错账、漏账、重账，有无营私舞弊、违法乱纪行为。

【答案】B

【例3·分录·长安大学2014】某企业现金盘点时发现库存现金短缺351元，经批准需由出纳员赔偿200元，其余短缺无法查明原因。根据上述事项写出相应分录。

【答案】
(1)发现短缺时
借：待处理财产损溢　　　　　　　　　　　　　　　　　　　351
　　贷：库存现金　　　　　　　　　　　　　　　　　　　　　　351
(2)报经批准后
借：其他应收款　　　　　　　　　　　　　　　　　　　　　200
　　管理费用　　　　　　　　　　　　　　　　　　　　　　151
　　贷：待处理财产损溢　　　　　　　　　　　　　　　　　　　351

【例4·多选】下列各项中，关于企业现金溢余的会计处理表述正确的有（　　）。
A. 无法查明原因的现金溢余冲减管理费用
B. 无法查明原因的现金溢余计入营业外收入
C. 应支付给有关单位的现金溢余计入其他应付款
D. 应支付给有关单位的现金溢余计入应付账款

【解析】无法查明原因的现金溢余计入营业外收入，应支付给有关单位的现金溢余计入其他应付款。

【答案】BC

第二节 银行存款

银行存款是指企业存入银行或其他金融机构的款项。按照国家有关规定，凡是独立核算的单位都必须在当地银行开设账户。企业在银行开设账户以后，除按规定可以通过现金进行款项收支以外，都应通过银行存款进行收支结算，企业超过限额的现金也必须存入银行。

◆ 考点 37 · 银行存款的收付与核对

1. 银行存款的账务处理

企业应当设置银行存款总账和银行存款日记账，分别进行银行存款的总分类核算和序时、明细分类核算。企业可按开户银行和其他金融机构、存款种类等设置"银行存款日记账"，根据收付款凭证，按照业务的发生顺序逐笔登记。每日终了，应结出余额。

2. 银行存款的核对

企业每月至少应将"银行存款日记账"与"银行对账单"核对一次，以检查银行存款收付及结存情况。企业银行存款账面余额与银行对账单余额之间如有差额，应编制"银行存款余额调节表"调节，如没有记账错误，调节后的双方余额应相等。

往往出现银行存款日记账余额与银行对账单余额不符情况原因有三：计算错误；记账错漏；未达款项。

(1) 未达款项

未达款项是指银行和企业对同一笔款项收付业务因记账时间不同而发生的一方已经入账，另一方尚未入账的款项。

① 企业已收，银行未收：企业银行存款日记账余额大于银行对账单余额；
② 企业已付，银行未付：企业银行存款日记账余额小于银行对账单余额；
③ 企业未收，银行已收：企业银行存款日记账余额小于银行对账单余额；
④ 企业未付，银行已付：企业银行存款日记账余额大于银行对账单余额。

(2) 银行存款余额调节表的编制

银行存款余额调节表 单位：元

项目	金额	项目	金额
企业银行存款日记账余额		银行对账单余额	
加：银行已收、企业未收款		加：企业已收、银行未收款	

续表

项目	金额	项目	金额
减：银行已付、企业未付款		减：企业已付、银行未付款	
调节后的存款余额		调节后的存款余额	

【例5·单选·西安外国语2016】依据银行对账单，会计人员应当(　　)。

A. 填制记账凭证　　　　　　　　B. 编制银行存款余额调节表

C. 调整银行存款日记账　　　　　D. 作为原始凭证登记入账

【解析】银行对账单是指银行客观记录企业资金流转情况的记录单。它不是证明企业经济事项发生的原始凭证，不能用来编制记账凭证，也不能用来登记账簿，主要用于与企业银行存款日记账进行核对、编制银行存款余额调节表。

【答案】B

【例6·单选·中央财经2017】下列关于银行存款余额调节表的表述中，正确的是(　　)。

A. 银行存款余额调节表是用来核对企业和银行的记账有无错误，并作为记账依据

B. 调节前的银行存款日记账余额，反映企业可以动用的银行存款实有数

C. 调节后的银行存款余额，反映企业可以动用的银行存款实有数额

D. 对于未达账项，企业需根据银行存款余额调节表进行账务处理

【解析】银行存款余额调节表只是为了核对账目，不能作为调整企业银行存款账面记录的记账依据，A、D项错误。调节后的银行存款余额反映企业可以动用的银行存款实有数额，选项B错误。

【答案】C

【例7·单选·西安外国语2019】对于未达账项，企业应编制"银行存款余额调节表"进行调节。调节后的银行存款余额反映了(　　)。

A. 企业银行存款总账科目的实有数额

B. 企业银行存款对账单上的存款实有数额

C. 企业银行存款日记账的实有数额

D. 企业可以动用的银行存款实有数额

【解析】略

【答案】D

【例8·业务处理·吉林财经2015、上海财经、天津财经2017】秋实公司2014年年末银行存款日记账的余额为42 060元，银行对账单的余额为46 500元，经过对银行存款日记账和对账单的核对，发现的未达账项及错误记账情况如下。

(1)12月5日，委托银行收款，余额2 000元，银行已收妥入账，但企业尚未收到收款通知。

(2)公司开出转账支票2张,持票人未到银行办理转账手续,金额合计6 700元。

(3)12月10日,公司本月一笔销售货款2 600元存入银行,公司出纳误记为2 060元。

(4)12月15日,银行将本公司存入的一笔款项串记至另一家公司账户中,金额1 200元。

(5)12月20日,存入银行支票一张,金额1 500元,银行已承办,企业已凭回单记账,银行尚未记账。

(6)12月31日,银行代付电费2 100元,企业尚未收到付款通知。

请依据上述条件,编制银行存款余额调节表。

【答案】

银行存款余额调节表

单位:元

项目	金额	项目	金额
企业银行存款日记账余额	42 060	银行对账单余额	46 500
加:银行已收、企业未收款	2 540 (2 000+540)	加:企业已收、银行未收款	2 700 (1 200+1 500)
减:银行已付、企业未付款	2 100	减:企业已付、银行未付款	6 700
调节后的存款余额	42 500	调节后的存款余额	42 500

第三节 其他货币资金

◆考点38·其他货币资金的内容

其他货币资金主要包括银行汇票存款、银行本票存款、信用卡存款、信用证保证金存款、存出投资款和外埠存款等。

其他货币资金的内容	对应二级科目(一级科目为"其他货币资金")
银行汇票存款	银行汇票
银行本票存款	银行本票
信用卡存款	信用卡
信用证保证金存款	信用证保证金
存出投资款	存出投资款
外埠存款	外埠存款

【记忆口诀】汇本两信两外存。

【例9·单选·西安外国语2018】下列各项，不通过"其他货币资金"科目核算的是（ ）。
A. 信用证保证金存款 B. 备用金
C. 存出投资款 D. 银行本票存款
【解析】其他货币资金主要包括银行汇票存款、银行本票存款、信用卡存款、信用证保证金存款、存出投资款和外埠存款等。备用金应通过"其他应收款"或"备用金"科目核算。
【答案】B

◆考点39·其他货币资金的会计核算

其他货币资金业务使用"其他货币资金"科目，并按其他货币资金的内容设置明细科目进行核算。同时按外埠存款的开户银行、每一银行汇票或本票、信用证的收款单位等设置明细账对其收付情况进行详细记录。办理信用卡业务的企业应当在"信用卡"明细科目中按开出信用卡的银行和信用卡种类设置明细账对其收付情况进行详细记录。

情形	具体处理
(1)存入时	借：其他货币资金——×× 　　贷：银行存款
(2)使用时	借：原材料 等 　　应交税费——应交增值税(进项税额) 　　贷：其他货币资金——××
(3)余款退回	借：银行存款 　　贷：其他货币资金——××

真题精练

一、业务处理题

(沈阳大学2016)某公司2015年8月1日银行存款账户余额为270 537元。8月份存入银行的款项计为2 107 775元，8月份支出的银行存款计为2 177 025元。银行对账单显示8月31日的银行存款余额为346 550元。通过银行对账单、企业的银行存款日记账以及其他的一些资料进行分析，发现下列内容：
(1)公司签发支票购买办公用品200 384元，银行未记账。
(2)公司8月31日存入银行的款项114 821元，银行未记账。
(3)银行代公司收回票据款162 000元，尚未通知企业。
(4)公司签发支票11 000元购买办公用品，银行误记为110 000元。
(5)公司签发的支票8 600元，对账单的记录无误，但公司误记为6 800元。

(6)8月份银行收入服务费1 500元,未通知公司。

(7)8月份银行代缴水费3 000元,未通知公司。

要求:

(1)编制该公司8月31日的银行存款余额调节表;

(2)说明公司在9月初可以实际动用的银行存款的额度。

二、名词解释

1. (中国矿业2017、中国农业2017、吉林财经2021)未达账项

2. (沈阳农业2017)银行汇票

3. (沈阳农业2017)商业汇票

4. (沈阳农业2017)银行本票

三、简答题

1. (昆明理工2021、新疆农业2020)简述库存现金、存货盘亏盘盈的会计处理。

2. (天津大学、沈阳大学2016)简述银行对账单余额与企业银行存款账面余额不符的原因。

3. (中南民族2020、暨南大学2020)什么是未达账项,有哪几种情况?

4. (河北地质2020、昆明理工2022)什么是未达账项?并举例说明应如何进行处理。

5. (华南师范2021)如何理解未达账项?

6. (江苏科技2020、天津财经2020)简述编制银行存款余额调节表的意义。

7. (青海民族2020、黑龙江八一农垦2018)对于银行存款日记账余额与银行对账单余额之间的差额,如何进行调节?

8. (南京财经2022)银行存款实有数通常需要通过什么方法确定?

9. (北京化工2022)非金融公司的货币资金有哪些?

10. (东北财经2021)什么是其他货币资金?

11. (燕山大学2020)其他货币资金具体包括什么?

12. (河北经贸2019)货币资金的流动性最强,使用时不受任何特定用途的限制,具有普遍的可接受性。请判断正误,并说明理由。

13. (沈阳大学2016)什么是货币资金?为什么货币资金关乎企业的安全?

第六章 金融资产

考情点拨

大白话解释本章内容

所谓金融资产,其实就是资本市场发展的产物。在现实生活中,我们常常会遇到这种情形:一个企业或个人有大量资金,但却没有精力直接进行生产经营;一个企业准备扩大生产、产品升级,却"囊中羞涩"。这时,后者就可以通过发行股票、债券等方式"借鸡生蛋",并将"蛋"分给前者,这类股票、债券就称为金融资产。

本章难度 ★★★
本章重要程度 ★★★

本章复习策略

本章内容是绝对的重点!无论笔试,还是面试,无论简答论述,还是计算分析,都是高频考点。另外,本章也是绝对的难点,相信有过本科学习经历,抑或是备考过中级和注会的同学,早已领教其"厉害"。

但佳姐想告诉大家的是,本章难度虽然大,但考点很集中。其一是金融资产的分类,这部分在面试、笔试里的简答论述中考查比较多。既然是主观题,一个字"背"就完事了。其二是四类金融资产的计量处理。金融资产分类理论的确复杂,分类判断在实务中需要依据大量经验,但考试中往往是直接给出金融资产的分类,这样备考难度就大大降低了,我们仅需在把握各类金融资产特性的基础上,理解记忆相应处理方式。

考点精讲

第一节 金融资产概述及其分类

会计上的金融工具一般是指形成一个企业的金融资产,并形成另一个企业的金融负债或权益工具的合同。金融工具包括金融资产、金融负债和权益工具。

按照《企业会计准则第22号——金融工具确认和计量》(2017)限定的金融资产范围,金融资产是指企业持有的货币资金、持有其他企业的权益工具,以及符合下列任一条件的资产。

①从其他方收取现金或其他金融资产的权利;

②在潜在有利条件下,与其他方交换金融资产或金融负债的合同权利;

③将来须用或可用企业自身权益工具结算的非衍生工具合同,且企业根据该合同将收到可变数量的自身权益工具;

④将来须用或可用自身权益工具进行结算的衍生工具合同(不包括以固定数量的自身权益工具交换固定金额的现金或其他金融资产的衍生工具合同)。

◆ 考点 40·金融资产的分类

企业应根据管理金融资产的业务模式和金融资产的合同现金流量特征将金融资产进行分类。

1. 企业管理金融资产的业务模式(怎么获利)

企业管理金融资产的业务模式,是指企业如何管理其金融资产以产生现金流量。业务模式决定企业所管理金融资产现金流量的来源是收取合同现金流量、出售金融资产还是两者兼有。

分类	分类标准
以收取合同现金流量为目标的业务模式(业务模式一)	企业管理金融资产旨在通过在金融资产存续期内收取合同付款来实现现金流量,而不是通过持有并出售金融资产产生整体回报(细水长流)
以收取合同现金流量和出售金融资产为目标的业务模式(业务模式二)	企业的关键管理人员认为收取合同现金流量和出售金融资产对于实现其管理目标而言都是不可或缺的(保证收益最大化)(同等重要、不分伯仲)
其他业务模式	企业管理金融资产的业务模式不是以收取合同现金流量为目标,也不是以既收取合同现金流量又出售金融资产来实现其目标

2. 金融资产的合同现金流量特征(收到的钱来自哪里)

金融资产的合同现金流量特征,是指金融工具合同约定的、反映相关金融资产经济特征的现金流量属性。如果一项金融资产在特定日期产生的合同现金流量仅为对本金和以未偿付本金金额为基础的利息的支付,则符合本金加利息的合同现金流量特征,也可以说该金融资产的合同现金流量特征与基本借贷安排相一致。

3. 金融资产的具体分类

分类	条件	会计科目
以摊余成本计量的金融资产	同时符合下列条件: ①企业管理该金融资产的业务模式是以收取合同现金流量为目标;	债权投资

续表

分类	条件	会计科目
以摊余成本计量的金融资产	②该金融资产的合同条款规定，在特定日期产生的现金流量，仅为对本金和以未偿付本金金额为基础的利息的支付	债权投资
以公允价值计量且其变动计入其他综合收益的金融资产	同时符合下列条件： ①企业管理该金融资产的业务模式是既以收取合同现金流量为目标又以出售该金融资产为目标； ②该金融资产的合同条款规定，在特定日期产生的现金流量，仅为对本金和以未偿付本金金额为基础的利息的支付	其他债权投资
以公允价值计量且其变动计入当期损益的金融资产	除上述两类的金融资产	交易性金融资产

4. 特殊情形

①企业可以将非交易性权益工具**指定为**以公允价值计量且其变动计入其他综合收益的金融资产（科目为其他权益工具投资），并按照规定确认股利收入。该指定一经做出，不得撤销。

②如果能够消除或显著减少会计错配，企业可以将金融资产指定为以公允价值计量且其变动计入当期损益的金融资产。主要包括股票投资、基金投资及可转换债券投资等。

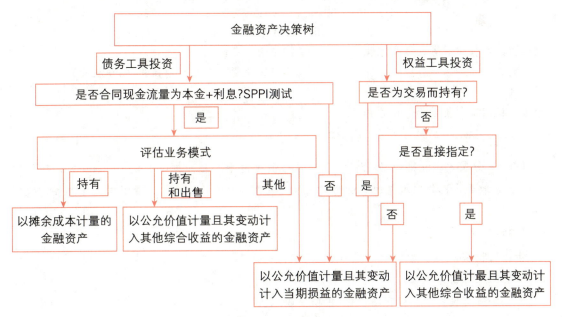

▲金融资产分类流程图

第二节 应收票据与应收账款

◆ 考点 41 · 应收票据的初始确认及计量

1. 应收票据定义（狭义）

在我国应收票据仅指企业持有的未到期或未兑现的商业汇票。
【注意】支票、银行本票、银行汇票见票即付，计入货币资金。

2. 应收票据分类

分类标准	内容
按票据承兑人不同	商业承兑汇票和银行承兑汇票
按票据是否带有追索权	带追索权的商业汇票和不带追索权的商业汇票

3. 应收票据的初始计量

我国不存在长期应收票据，因此应收票据计量时无需考虑货币时间价值，企业收到的商业汇票以票据面值入账即可。

情形	会计处理
销售商品或提供劳务而取得票据	借：应收票据 　　贷：主营业务收入 　　　　应交税费——应交增值税（销项税额）
债务人抵偿前欠货款而取得票据	借：应收票据 　　贷：应收账款

【例1·分录·东北师范2016】甲企业向乙企业销售产品一批，价款100 000元，增值税16 000元，收到由乙企业承兑的商业汇票一张，金额共计116 000元。请根据上述业务，编制相关分录。

【答案】
借：应收票据　　　　　　　　　　　　　　　　　　　　　116 000
　　贷：主营业务收入　　　　　　　　　　　　　　　　　　100 000
　　　　应交税费——应交增值税（销项税额）　　　　　　　 16 000

◆ **考点 42 · 应收票据的后续计量及处置**

1. **应收票据持有期间的利息**

类型	会计处理
不带息的商业汇票	无需处理，到期时付款人按票面金额付款
带息的商业汇票	借：应收票据 　贷：财务费用

如果应收票据的利息金额较大，对企业财务成果有较大影响，应按月计提利息；如果应收票据的利息金额不大，对企业财务成果的影响较小，可以于季末或年末计提应收票据的利息。除非应计利息金额极小，企业至少应于会计年末计提持有商业汇票的利息，以便正确计算企业的财务成果。

【例2·判断】一般地，如果应收票据的利息金额较大，对企业财务成果有较大影响的，应按月计提利息；如果应收票据的利息金额不大，对企业财务成果的影响也较小，可以于票据到期时一次冲减财务费用。（　　）

【解析】企业至少应于会计年末计提持有商业汇票的利息，以便正确计算企业的财务成果，除非应计利息金额极小。

【答案】×

2. **应收票据到期**

商业汇票到期值是指票据到期应收的票款额，对于不带息票据来说，到期值就是票据面值；对于带息票据来说，其到期值就是票据面值与应收票据到期利息的合计金额。计算应收票据到期利息的公式如下：

期限按月表示：应收票据利息＝应收票据面值×年利率×$\dfrac{期数（月数）}{12}$

期限按天数表示：应收票据利息＝应收票据面值×年利率×$\dfrac{期数（天数）}{360}$

【知识延伸】

> **票据到期日的确定**
>
> 票据期限按月表示时，计算票据期限时无需考虑各月份实际天数多少，统一按次月对应日为整月计算。例如，1月31日签发承兑期限为1个月、2个月和3个月的商业汇票，其到期日分别为2月28日（闰年为2月29日）、3月31日、4月30日。

> 票据期限按日表示时，票据的期限不考虑月数，统一按票据的实际天数计算。计算票据天数时，在票据承兑日和票据到期日这两天中，只计算其中的一天。例如，1月31日(假定当年2月28天)签发承兑的期限为30天、60天、90天的商业汇票，其到期日分别为3月2日、4月1日、5月1日。

应收票据到期会计处理

票据到期时，收到票款	借：银行存款 　贷：应收票据 　　　财务费用(带息票据未计提利息部分)
票据到期时，付款人无力支付	借：应收账款 　贷：应收票据 　　　财务费用(带息票据未计提利息部分) 【注意】如协议中规定对已经到期而未能实际收到票款的债权继续计算利息的，其所包括的利息按照协议规定计算的，于每个会计期末借记"应收账款"，贷记"财务费用"

【例3·计算】乐学喵持有一张面值为100 000的商业汇票，年利率为10%，票据的出票日为1月31日，票据期限为3个月，到期日为4月30日，则该票据的到期值为多少？

【答案】该票据到期值＝100 000×10%×3/12＋100 000＝102 500(元)

【例4·计算】乐学喵持有一张面值为100 000的商业汇票，年利率为10%，票据的出票日为1月31日，票据期限为90天(当年为平年)，到期日为5月1日，则该票据的到期值为多少？

【答案】100 000×10%×90/360＋100 000＝102 500(元)

3. 应收票据的转让

根据《银行支付结算办法》的有关规定，企业可以将持有的应收票据进行背书转让，用以购买所需物资或偿还债务。

借：原材料/在途物资/库存商品等(转让获取的资产对价)
　　应交税费——应交增值税(进项税额)
　贷：应收票据
　　　银行存款(差额，也有可能在借方)

背书转让的应收票据为附带追索权的票据时，由于转让企业承担到期支付票款的连带责任，应收票据不符合金融资产终止确认条件。此时，购入的物资相当于未付款，应通过"应付账款"科目核算。

借：原材料/在途物资/库存商品等(转让获取的资产对价)
　　应交税费——应交增值税(进项税额)
　贷：应付账款

4. 应收票据的贴现

(1)含义

应收票据贴现是指企业以未到期应收票据向银行融通资金，银行按票据的应收金额扣除一定期间的贴现利息后将余额付给企业的筹资行为。

(2)贴现息和贴现款计算

$$贴现息 = 票据到期值 \times 贴现率 \times \frac{贴现天数}{360}$$

$$贴现款 = 票据到期值 - 贴现息$$

【注意】贴现天数是指自贴现日起自票据到期前一日止的实际天数，贴现日和票据到期日只计算其中一天。在会计实务中，无论商业汇票到期日按日表示还是按月表示，贴现期一般均按实际贴现天数计算。

(3)贴现会计处理

分类	原理	会计处理
不带追索权的应收票据贴现	风险转给了贴现银行，企业对票据到期无法收回的票款不承担连带责任，符合金融资产终止确认条件	借：银行存款 　　财务费用（差额） 贷：应收票据
带追索权的应收票据贴现	贴现企业在法律上负有连带偿还责任，风险尚未转移，形成一种或有负债，不符合金融资产终止确认的条件，不应冲销应收票据账户	借：银行存款 贷：短期借款

【注意】在我国，银行承兑汇票贴现视为不带追索权的商业汇票贴现业务，按金融资产终止确认的原则处理。商业汇票贴现视为带追索权的票据贴现业务，不符合金融资产终止确认的条件。

(4)带追索权的应收票据贴现后到期

票据到期后，无论票据付款人是否足额向贴现银行支付票款，带追索权的贴现票据均满足金融资产终止确认条件，会计上应终止确认应收票据。

情形	原理	会计处理
付款人已付款	票据到期且已承兑，债权债务关系完美结束，贴现企业也不再承担偿付风险，应收票据与短期借款都应在账上"清零"	借：短期借款（实际贴现款） 　　财务费用（差额） 贷：应收票据（账面余额）

续表

情形	原理	会计处理
付款人未付款	①票据到期但未偿付，应收票据终止确认，但企业债权还在，转为"应收账款"；②银行到期未收到钱，贴现企业成为连带债务人，需要向银行偿还票据的到期值	借：应收账款(到期值) 　　贷：应收票据(账面余额) 　　　　财务费用(差额，利息收入) 借：短期借款(实际贴现款) 　　财务费用(贴现息) 　　贷：银行存款/短期借款——逾期贷款(到期值)

【例5·单选·西安石油2015、新疆财经2022】某企业20×6年4月5日将一张不附息商业汇票向银行贴现，票据面值10 000元，贴现利率9%，票据生效为3月1日，期限90天，则企业贴现票据实得款额为(　　)。

A. 10 900元　　B. 9 912.5元　　C. 9 862.5元　　D. 9 100元

【解析】

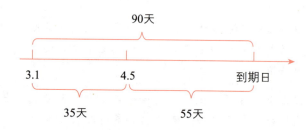

贴现息＝10 000×9%×55/360＝137.5(元)

贴现款＝10 000－137.5＝9 862.5(元)

【答案】C

【例6·分录·南京师范2017、浙江农林2020】某企业于2月10日(当年2月份为28天)持签发承兑日为1月31日、期限为90天、面值为800 000元、利率为4.8%、到期日为5月1日的银行承兑汇票到银行申请贴现，银行规定的月贴现率为4.2%。假定票据到期确认利息收入。要求：

(1)计算票据到期值；

(2)计算贴现息；

(3)编制贴现分录。

【解析】该银行承兑汇票1月31日签发，2月10日贴现，尚未计提过利息，故应收票据账面余额仍为面值，而非到期值。

【答案】

(1)票据到期值＝800 000＋800 000×4.8%×90/360＝809 600(元)

(2)贴现天数＝18＋31＋30＋1＝80(天)

贴现息＝809 600×4.2%×80/30＝90 675.2(元)

贴现款＝809 600－90 675.2＝718 924.8(元)

借：银行存款　　　　　　　　　　　　　　　　　　　　　718 924.8
　　财务费用　　　　　　　　　　　　　　　　　　　　　　81 075.2
　　贷：应收票据　　　　　　　　　　　　　　　　　　　　　　800 000.0

◆ 考点 43 · 应收账款初始确认及计量

1. 应收账款的内容

应收账款是指企业因对外销售商品、产品、提供劳务等经营活动而向客户收取的款项。应收账款一般应为 1 年(可跨年度)内收回的短期债权。在资产负债表上，应收账款应列为流动资产项目。

①包括：因销售商品或产品、提供劳务而应向客户收取的商品价款，应收取的增值税销项税额及为客户代垫的运杂费等。

②不包括：各种非经营活动发生的应收款项、存出的保证金和押金、购货的预付定金、对职工或股东的预付款、预付分公司款、应收认股款、与企业的经营活动无关的应收款项、超过 1 年的应收分期销货款以及采用商业汇票结算方式销售商品的债权等。

> **佳姐翻译**
>
> 应收账款计量内容是一个常见易错点，很多同学容易将"收入"与"应收账款"概念混淆。应收账款只强调是否应该向客户收取的款项，而不强调款项的实际受益方。例如，增值税销项税额、代垫运杂费，虽然款项的实际受益方分别是税务机关、第三方物流企业，但都是应向客户收取的，所以属于"应收账款"核算内容。

【例7·分录·吉林财经2021&2022】 甲公司为增值税一般纳税人，2020年1月3日向乙公司销售商品一批，取得的增值税专用发票上注明的价款为 3 000 元，增值税税额为 390 元，代垫运费 50 元；乙公司于1月20日支付了全部款项。请做出确认收入和收款的相关会计处理。

【答案】 2020年1月3日确认收入时：

借：应收账款——乙公司　　　　　　　　　　　　　　　　3 440
　　贷：主营业务收入　　　　　　　　　　　　　　　　　　　3 000
　　　　应交税费——应交增值税(销项税额)　　　　　　　　　390
　　　　银行存款　　　　　　　　　　　　　　　　　　　　　　50

2020年1月20日收回款项时：

借：银行存款　　　　　　　　　　　　　　　　　　　　　3 440
　　贷：应收账款　　　　　　　　　　　　　　　　　　　　　3 440

2. 折扣政策下应收账款的初始计量

一般来说，应收账款应按买卖双方成交时的实际发生额入账。但企业为了促进货物销售或及时回笼货款，销售时往往会使用一些折扣政策，从而对应收账款入账价值产生影响。

(1) 商业折扣与现金折扣

要点	商业折扣	现金折扣
定义	对商品价目单所列的价格给予一定的折扣，实际上是对商品报价进行的折扣	销货企业为了鼓励客户在一定期间内早日偿还货款，对应收货款总额所给予的一定比率的扣减
表示	一般用百分比表示，如5%，10%等，也可以用金额表示，如100元、200元等	现金折扣条件一般用"2/10，1/20，n/30"等表示，其含义分别是：10天内付款给予2%的折扣，20天内付款给予1%的折扣，30天内付款无折扣
会计处理	借：应收账款 　贷：主营业务收入　（折扣后） 　　　应交税费——应交增值税 　　　（销项税额）　（折扣后）	①业务发生时扣除估计的现金折扣 借：应收账款　（折扣后） 　贷：主营业务收入　（倒挤） 　　　应交税费——应交增值税（销项税额） 　　　（原价） ②客户付款时 借：银行存款 　贷：应收账款 ③客户未能获得现金折扣 借：应收账款 　贷：主营业务收入

【提示】

①商业折扣类似于我们去商场买衣服打折的处理，可联想"商业广场买衣服→商业→商业折扣"。

②数量折扣：为了鼓励购买者多购买商品，供应商对大量购买商品常常给予折扣价，即规定每次订货量达到某一数量时给予价格优惠。（存货订货批量决策）

【例8·业务处理·西安工业2020、吉林财经2021、郑州航空工业管理2023】 某企业为增值税一般纳税人，该企业赊销甲产品，合同规定的客户付款期为企业交付货物后30天内，付款条件为"2/20，n/30"，按含增值税的价款计算现金折扣。当日开出增值税专用发票，发票上注明的不含税价款为50 000元，增值税8 000元，价税合计总额为58 000元。公司依客户以往付款的经验及客户现实经营状况，估计客户很可能在20天内结清全部款项。

要求：

(1) 编制赊销时的分录；

(2)编制若在20天内收到货款的分录；
(3)编制若在30天后收到货款的分录。

【答案】
(1)如果估计客户20天内付款，则能获得折扣金额＝58 000×2%＝1 160(元)
扣除估计折扣后的应收账款金额＝58 000－1 160＝56 840(元)
营业收入金额＝56 840－8 000＝48 840(元)

借：应收账款　　　　　　　　　　　　　　　　　　　　　　　56 840
　　贷：主营业务收入　　　　　　　　　　　　　　　　　　　　48 840
　　　　应交税费——应交增值税(销项税额)　　　　　　　　　　 8 000
(2)借：银行存款　　　　　　　　　　　　　　　　　　　　　　56 840
　　贷：应收账款　　　　　　　　　　　　　　　　　　　　　　56 840
(3)借：银行存款　　　　　　　　　　　　　　　　　　　　　　58 000
　　贷：主营业务收入　　　　　　　　　　　　　　　　　　　　 1 160
　　　　应收账款　　　　　　　　　　　　　　　　　　　　　　56 840

(2)销售折让

销售折让是指由于商品的质量、规格等不符合要求，销售单位同意在商品价格上给予的减让。企业销售折让发生时点不同，相应的会计处理也不同。

情形	会计处理
购买前发生销售折让	相当于营业员开单前已打折，与商业折扣处理一样： 借：应收账款 　　贷：主营业务收入(折扣后) 　　　　应交税费——应交增值税(销项税额)(折扣后)
购买后发生销售折让	相当于收入和销项税额确认多了，需要冲销： 借：主营业务收入 　　　应交税费——应交增值税(销项税额) 　　贷：银行存款/应收账款

◆ 考点44 · 应收账款保理

应收账款保理又称为应收账款的保理安排，是指应收账款转让方将收取应收账款的权利转让给第三方(保理人)以获取现金的交易事项。应收账款保理分为带追索权的保理和无追索权的保理。

①带追索权的保理。该种方式又称为应收账款的抵借，这种情况下应收账款转让方几乎保留了应收账款的所有的风险和报酬，不符合金融资产的终止确认条件，收到的出售款项应确认为短期负债。

②无追索权的保理。该种方式又称为应收账款的让售，这种情况下应收账款转让方几乎转移了应收账款的所有的风险和报酬，应对应收账款整体予以终止确认。

◆ 考点 45 · 坏账

1. 坏账的认定

坏账是指企业无法收回的应收款项，一般符合下列条件之一即可认为发生了坏账：

①债务人被依法宣告破产、撤销，其剩余财产不足清偿的应收款项；

②债务人死亡或依法被宣告死亡、失踪，其财产或遗产确实不足清偿的应收款项；

③债务人遭受重大自然灾害或意外事故，损失巨大，以其财产（包括保险赔偿）确实无法清偿的应收款项；

④债务人逾期未履行偿债义务，经法院裁决，确实无法清偿的应收款项；

⑤超过法定年限以上（一般为3年）仍未收回的应收款项；

⑥法定机构批准可核销的应收款项。

2. 核算坏账的方法

企业应当在资产负债表日对应收款项的账面价值进行评估，应收款项发生减值的，应当将减记的金额确认为减值损失，同时计提坏账准备。企业核算坏账的方式有直接转销法和备抵法。

要点	直接转销法	备抵法
含义	在实际发生坏账时直接冲销有关的应收款项，并确认坏账损失，借记"信用减值损失"科目，贷记"应收账款"科目	是根据应收款项可收回金额按期估计坏账损失并形成坏账准备，在实际发生坏账时再冲销坏账准备的方法
优缺点	核算手续比较简单，但容易导致日常核算的应收账款价值虚增、利润虚列，既不符合权责发生制和收入与费用的配比原则，又不符合谨慎性原则	符合权责发生制和谨慎性要求，在利润表上也避免了因应收账款价值虚列而造成的利润虚增。但预期信用损失的估计需要考虑因素较多，对会计职业判断要求较高，且存在企业管理者平滑利润进行盈余管理甚至利润操纵与舞弊的可能性
应用	除非企业发生的坏账极小，对企业财务状况和经营成果的影响极小，否则一般不采用	我国企业会计准则规定，应收款项减值的核算只能采用备抵法

3. 备抵法下核算坏账的具体处理

(1) 适用科目

企业应当设置"坏账准备(allowance)"科目、"信用减值损失"（损益类）科目。

(2)计算步骤

①计算"坏账准备"科目应有余额。

当期坏账准备期末余额(应有余额)＝应收款项的期末余额×计提比例

②计算当期应计提的坏账准备。

当期应计提的坏账准备＝当期坏账准备期末余额(应有余额)－(或＋)"坏账准备"科目的贷方(或借方)余额(已有余额)

结果如为负数，说明提多了，需要冲销。

(3)账务处理

情形	账务处理
①计提或冲销坏账准备	借：信用减值损失 　　贷：坏账准备 或冲销： 借：坏账准备 　　贷：信用减值损失
②实际发生坏账时	借：坏账准备 　　贷：应收账款
③收回已确认坏账并转销应收款项（坏账回来了）	第一步：撤销坏账 借：应收账款 　　贷：坏账准备 【注意】这里冲销的是"实际发生坏账"时的会计处理，不涉及"信用减值损失"科目 第二步：收回账款 借：银行存款 　　贷：应收账款

【例9·业务处理·西安外国语2016、南京财经2015、西安邮电2018、华东交通2016、中央民族2020】大江公司2013年首次计提坏账准备，该年度的应收账款年末余额为800 000元，提取坏账准备的比例为0.4‰。2014年发生坏账损失4 000元，年末应收账款余额为980 000元。2015年发生坏账损失3 000元，上年已转销的应收账款中有2 000元本年度又收回。该年度末应收账款余额为600 000元。

要求：根据上述经济业务编制相关会计分录。

【答案】

(1)2013年计提坏账准备时：

2013年应计提的坏账准备金额＝800 000×0.4‰＝3 200(元)

借：信用减值损失　　　　　　　　　　　　　　　　　　　3 200
　　贷：坏账准备　　　　　　　　　　　　　　　　　　　　3 200

(2)2014年发生坏账损失时：

借：坏账准备　　　　　　　　　　　　　　　　　　　　　　　　4 000
　　贷：应收账款　　　　　　　　　　　　　　　　　　　　　　　　　4 000

(3)2014年计提坏账准备时：

2014年坏账准备应有余额=980 000×0.4%=3 920(元)

2014年坏账准备已有贷方余额=3 200－4 000=－800(元)

2014年应计提的坏账准备金额=3 920+800=4 720(元)

借：信用减值损失　　　　　　　　　　　　　　　　　　　　　　4 720
　　贷：坏账准备　　　　　　　　　　　　　　　　　　　　　　　　　4 720

(4)2015年发生坏账损失时：

借：坏账准备　　　　　　　　　　　　　　　　　　　　　　　　3 000
　　贷：应收账款　　　　　　　　　　　　　　　　　　　　　　　　　3 000

(5)上年已转销的应收账款本年度又收回时：

借：应收账款　　　　　　　　　　　　　　　　　　　　　　　　2 000
　　贷：坏账准备　　　　　　　　　　　　　　　　　　　　　　　　　2 000

借：银行存款　　　　　　　　　　　　　　　　　　　　　　　　2 000
　　贷：应收账款　　　　　　　　　　　　　　　　　　　　　　　　　2 000

(6)2015年计提坏账准备时：

2015年坏账准备应有余额=600 000×0.4%=2 400(元)

2015年坏账准备已有贷方余额=3 920－3 000+2 000=2 920(元)

2015年应计提的坏账准备金额=2 400－2 920=－520(元)

借：坏账准备　　　　　　　　　　　　　　　　　　　　　　　　520
　　贷：信用减值损失　　　　　　　　　　　　　　　　　　　　　　　520

【例10·业务处理·首经贸2017】甲上市公司采用备抵法核算坏账损失，并按应收账款年末余额的3‰计提坏账准备。2016年1月1日，甲企业"应收账款"账户借方余额为4 500 000元，"坏账准备"账户贷方余额为225 000元。2016年度，甲上市公司发生如下相关业务：

(1)销售商品一批，增值税专用发票上注明的价款为7 500 000元，增值税额为1 275 000元，货款尚未收到。该批商品的实际成本为3 000 000元。

(2)因某客户破产，该客户所欠货款15 000元不能收回，确认为坏账损失。

(3)收回上年度已转销为坏账损失的应收账款12 000元并存入银行。

(4)收到某客户以前所欠的货款6 000 000元并存入银行。

要求：

(1)编制2016年度销售商品的会计分录；

(2)编制2016年度确认坏账损失的会计分录；

(3)编制收到上年度已转销为坏账损失的应收账款的会计分录；

(4)编制收回客户所欠货款的会计分录；

(5)编制2016年年末补提或冲销坏账准备的会计分录。

【答案】

(1)借：应收账款　　　　　　　　　　　　　　　　　　　　　　　8 775 000
　　　贷：主营业务收入　　　　　　　　　　　　　　　　　　　　　7 500 000
　　　　　应交税费——应交增值税(销项税额)　　　　　　　　　　1 275 000
　　借：主营业务成本　　　　　　　　　　　　　　　　　　　　　　3 000 000
　　　贷：库存商品　　　　　　　　　　　　　　　　　　　　　　　3 000 000
(2)借：坏账准备　　　　　　　　　　　　　　　　　　　　　　　　　 15 000
　　　贷：应收账款　　　　　　　　　　　　　　　　　　　　　　　　 15 000
(3)借：应收账款　　　　　　　　　　　　　　　　　　　　　　　　　 12 000
　　　贷：坏账准备　　　　　　　　　　　　　　　　　　　　　　　　 12 000
　　借：银行存款　　　　　　　　　　　　　　　　　　　　　　　　　 12 000
　　　贷：应收账款　　　　　　　　　　　　　　　　　　　　　　　　 12 000
(4)借：银行存款　　　　　　　　　　　　　　　　　　　　　　　　6 000 000
　　　贷：应收账款　　　　　　　　　　　　　　　　　　　　　　　6 000 000

(5)2016年年末坏账准备应有余额＝(4 500 000＋8 775 000－15 000＋12 000－12 000－6 000 000)×3％＝217 800(元)

2016年坏账准备已有贷方余额＝225 000－15 000＋12 000＝222 000(元)

2016年应计提的坏账准备金额＝217 800－222 000＝－4 200(元)

　　借：坏账准备　　　　　　　　　　　　　　　　　　　　　　　　　　4 200
　　　贷：信用减值损失　　　　　　　　　　　　　　　　　　　　　　　4 200

【例11·单选·广东工业2016】以下说法正确的是(　　)。

A. 企业应根据具体实际情况自行确定计提坏账准备的方法和计提比例

B. 企业发生的各项利得和损失，均应计入当期损益

C. 企业购入的环保设备，不能通过使用直接给企业带来经济利益的不应作为固定资产进行管理和核算

D. 使用寿命不确定的无形资产，应采用年限平均法按不高于10年摊销其价值

【解析】企业发生的各项利得和损失分为直接计入当期损益的利得和损失和直接计入所有者权益的利得和损失；企业由于安全或环保的要求购入设备等，虽然不能直接给企业带来未来经济利益，但有助于企业从其他相关资产的使用获得未来经济利益或者获得更多的未来经济利益，也应确认为固定资产，例如为净化环境或者满足国家有关排污标准的需要购置的环保设备；对于使用寿命不确定的无形资产，在持有期间内不需要摊销，但应当在每个会计期间进行减值测试。

【答案】A

第三节 其他应收款及预付账款

◆ 考点 46 · 其他应收款

1. 其他应收款的内容

其他应收款是指企业除应收票据、应收账款、预付账款、应收股利、应收利息、长期应收款等以外的各种应收及暂付款项,包括各种应收赔款与罚款、备用金、应收包装物租金、应向职工收取的各种垫付款项、存出保证金等。

企业应设置"其他应收款"科目对其他应收款的收付业务进行核算,并应按其他应收款的项目以及债务人进行明细核算。

2. 备用金

备用金是指某企业内部各车间、部门、职能科室等周转使用的货币资金,主要包括预付给科室、车间及非独立核算的经营单位等用于日常开支的款项。会计上,企业一般以"其他应收款"科目核算备用金业务。如果企业发生的备用金业务较多,也可以单独设置"备用金"科目进行核算。

根据预付方式不同,备用金分为定额备用金和非定额备用金两种。

要点	定额备用金	非定额备用金
含义	用款单位按定额持有的备用金	用款单位不按固定额度持有的备用金
会计处理	①领用备用金时: 借:其他应收款——备用金 　　贷:库存现金/银行存款 ②实际支用后报账领款时: 借:管理费用等 　　贷:库存现金/银行存款 ③备用金收回时: 借:库存现金 　　贷:其他应收款——备用金	①领用备用金时: 借:其他应收款——备用金 　　贷:库存现金/银行存款 ②实际支用后报账核销时: 借:管理费用 　　贷:其他应收款——备用金

【例12·业务处理】乐学喵根据发生的有关定额备用金的经济业务,编制如下相关会计分录:

(1)开出现金支票,向行政部门支付定额备用金2 000元;

(2)行政部门向财务部报销日常办公用品费400元,财务部以现金支付;

(3)行政部门不再需要备用金,将备用金退回。

【答案】
(1)借：其他应收款——备用金　　　　　　　　　　　　　　　　2 000
　　　贷：银行存款　　　　　　　　　　　　　　　　　　　　　2 000
(2)借：管理费用　　　　　　　　　　　　　　　　　　　　　　　400
　　　贷：库存现金　　　　　　　　　　　　　　　　　　　　　　400
(3)借：银行存款　　　　　　　　　　　　　　　　　　　　　　2 000
　　　贷：其他应收款——备用金　　　　　　　　　　　　　　　2 000

【例 13·业务处理】乐学喵根据发生的有关非定额备用金的经济业务，编制如下相关会计分录：
(1)以现金拨付销售部门备用金1 000元；
(2)用款单位报销销售产品的运费440元(其中准予抵扣的增值税进项税额为40元)。

【答案】
(1)借：其他应收款——备用金　　　　　　　　　　　　　　　　1 000
　　　贷：库存现金　　　　　　　　　　　　　　　　　　　　　1 000
(2)借：销售费用　　　　　　　　　　　　　　　　　　　　　　　400
　　　应交税费——应交增值税(进项税额)　　　　　　　　　　　　40
　　　贷：其他应收款——备用金　　　　　　　　　　　　　　　　440

◆考点47·预付账款

预付账款是指企业按照购货合同规定，预先以货币资金或以货币等价物支付给供应单位的款项。

(1)预付款项时

借：预付账款(实际预付额)
　　贷：银行存款

(2)后续账务处理

分步账务处理 (按总额)	确认收货时	借：原材料等 　　应交税费——应交增值税(进项税额) 　　贷：预付账款(价税合计额)
	支付余款时	借：预付账款(货款——实际预付额) 　　贷：银行存款
	收回多余款项	借：银行存款 　　贷：预付账款(实际预付额——货款)

合并账务处理 （按实际付额）	确认收货并 支付货款时	借：原材料等 　　应交税费——应交增值税（进项税额） 　贷：预付账款　　　（实际预付额） 　　　银行存款　　　（差额，可能在借）

【注意】

①由于预付账款产生的未来经济利益是商品或服务，而不是收取现金或其他金融资产的权利，因此预付账款并不属于金融资产范畴。本书为了合并讲解资产类往来款项，才将预付账款内容放入本章，大家不要混淆。

②不设置"预付账款"科目的企业可将预付的款项通过"应付账款"科目核算。不设置"预收账款"科目的企业可将预收的款项通过"应收账款"科目核算。大家可利用"收对收，付对付"的口诀进行记忆。

【例14·业务处理·吉林财经2021】 甲企业为增值税一般纳税人，该企业3月发生以下经济业务：

(1)3月10日，预付购买原材料的定金10 000元；

(2)3月15日，收到原材料500千克，增值税专用发票上注明的价款为15 000元，增值税为1 950元，共计16 950元；

(3)3月20日，补付商品款6 950元。

要求：根据以上业务编制相应会计分录。

【答案】

(1)3月10日预付定金时：

借：预付账款　　　　　　　　　　　　　　　　　　　　　　　　　　　10 000

　贷：银行存款　　　　　　　　　　　　　　　　　　　　　　　　　　10 000

(2)3月15日收到原材料时：

借：原材料　　　　　　　　　　　　　　　　　　　　　　　　　　　　15 000

　　应交税费——应交增值税（进项税额）　　　　　　　　　　　　　　 1 950

　贷：预付账款　　　　　　　　　　　　　　　　　　　　　　　　　　16 950

(3)3月20日补付商品款时：

借：预付账款　　　　　　　　　　　　　　　　　　　　　　　　　　　 6 950

　贷：银行存款　　　　　　　　　　　　　　　　　　　　　　　　　　 6 950

第四节 以摊余成本计量的金融资产

考点 48 · 以摊余成本计量的金融资产的初始计量

以摊余成本计量的金融资产,初始投资成本应以公允价值为基础确定,相关交易费用计入初始投资成本,但实际价款中包含的已到付息期但尚未发放的利息作为应收债权处理,不计入初始投资成本。初始投资成本计入"债权投资"下两个明细科目中,按照购入债券的面值,借记"债权投资——成本"科目,按初始投资成本扣除面值以后的差额,借记或贷记"债权投资——利息调整"科目。具体会计处理如下。

类型	会计处理
一次还本付息债券	借:债权投资——成本 (面值) 　　　　——应计利息(一次还本付息债券,实际付款中包含的利息) 　贷:银行存款 等 　　　债权投资——利息调整 (差额)
分期付息债券	借:债权投资——成本 (面值) 　　应收利息(分期付息债券,实际付款中已到付息期但尚未领取的利息) 　贷:银行存款 等 　　　债权投资——利息调整 (差额)

【例 15·单选·央财 2016 改编】丙公司购买一批面值 500 万元的公司债券划分为以摊余成本计量的金融资产,共支付价款 575 万元,其中包括手续费 2 万元,已到付息期但尚未领取的债券利息 20 万元。该债券的入账价值是(　　)。

A. 500 万元　　　　　　　　　　　B. 557 万元
C. 555 万元　　　　　　　　　　　D. 575 万元

【解析】以摊余成本计量的金融资产,初始确认应当按照公允价值计量,相关交易费用计入初始投资成本,支付的价款中包含已宣告但尚未领取的利息扣除初始投资成本。该债权投资入账价值 575-20=555(万元)。

【答案】C

【例 16·业务处理·央财 2016 改编】1 月 6 日,甲公司购入一批债券划分为以摊余成本计量的金融资产,支付价款 46 300 000 元,其中包含已到付息期但尚未领取的债券利息 4 200 000 元,另付手续费为 1 400 元。请按上述材料做出相应会计处理。

【答案】

借：债权投资	42 101 400
应收利息	4 200 000
贷：银行存款	46 301 400

◆考点 49·以摊余成本计量的金融资产的后续计量

以摊余成本计量的金融资产应以摊余成本进行后续计量。如果债权投资没有发生减值，债权投资的账面余额即为摊余成本。

1. 直线法与实际利率法

债权投资账面余额的确定有两种方法，也就是利息调整的摊销方法：直线法与实际利率法。我国现行会计准则要求采用实际利率法确定摊余成本。

要点	直线法	实际利率法
含义	将债权投资的初始利息调整总额在债券的存续期内平均分摊到各个会计期间	按实际利率和摊余成本确认当期投资收益（利息收入），并将投资收益（利息收入）与票面利息的差额作为当期应摊销的利息调整金额
特点	各期摊销额和投资收益固定不变，各期投资收益率不断变化	各期投资收益率保持不变，各期投资收益与摊销额不断变化
优点	简化计算工作	可以保证各期按相同的投资收益率确认投资收益，正确反映各期经营业绩、债权投资真实价值
缺点	一项投资业务中各期投资收益率不同，不能正确反映各期的经营业绩	计算较为复杂

2. 实际利率法下确认利息收入、利息调整摊销处理

实际利率法下的债权投资的摊余成本是指初始入账金额扣除已偿还的本金，加上或减去采用实际利率法计算的累计利息调整累计摊销额，扣除累计计提的损失准备后的结果。

类型	会计处理
一次还本付息债券	借：债权投资——应计利息（票面利息：面值×票面利率） 　　　　　　——利息调整（差额，或贷方） 　贷：投资收益（实际利息：摊余成本×实际利率）
分期付息债券	借：应收利息（票面利息：面值×票面利率） 　　债权投资——利息调整（差额，或贷方） 　贷：投资收益（实际利息：摊余成本×实际利率）

> **佳姐翻译**
>
> **摊余成本是什么？怎么算？**
>
> 还记得我们在第三章学习的分期付款购买固定资产吗？当时，我说摊余成本大家可以简单理解为：我真正欠人多少钱。期初摊余成本就是指期初我真正欠人多少钱，期末摊余成本就是指期末我真正欠人多少钱。在本章，由于是我们花钱买了债券，债券到期后收回款项，期初摊余成本就是指期初别人真正欠我们多少钱，期末摊余成本就是指期末别人真正欠我们多少钱。
>
> 在一次还本付息方式下，由于每期没有收回的利息，所以别人真正欠我们的钱是随着时间的流逝与日俱增的：期末摊余成本＝期初摊余成本×(1＋实际利率)。
>
> 在分期付息方式下，由于每期有可以收回的利息，所以别人真正欠我们的钱是除了随着时间的流逝增加了利息外，还有收回的部分：期末摊余成本＝期初摊余成本×(1＋实际利率)－当期收到的票面利息。
>
> 注意，上述分析均是在不考虑减值的情形下的。我们复试中所遇到的题目也都是不考虑减值的。

3. 减值处理

债权投资减值是指以预期信用损失为基础确认的价值减损。信用损失是指企业按照实际利率折现的、根据合同应收的所有合同现金流量与预期收取的所有现金流量之间的差额。

(1) 发生减值时

借：信用减值损失
　　贷：债权投资减值准备等

(2) 减值的转回

如有客观证据表明该资产的价值得以恢复，且客观上与确认该损失后发生的事项有关，原确认的减值损失应当予以转回，计入当期损益。但是，该转回后的账面价值不应超过假定不计提减值准备情况下该债权投资在转回日的摊余成本。

【例 17·计算分析·江汉大学 2020】 大华公司 2011 年 1 月 1 日以 916 127.89 元的价格买入海康威视公司当日发行的债券，总面值为 100 万元、票面利率为 6%、期限为 4 年，每年 12 月 31 日支付利息，到期偿还本金。大华公司另外支付购买该债券的交易费用 53 000 元，其中包含准予抵扣的增值税进项税额 3 000 元，全部以银行存款支付。大华公司将其确认为以摊余成本计量的金融资产，采用实际利率法确定债券投资的摊余成本，已知该债券的实际利率为 7%。

要求：
(1)编制大华公司该债券投资利息调整贷差摊销表；
(2)编制2011年1月1日大华公司取得该债券的会计分录；
(3)编制2011年12月31日摊销利息调整的会计分录；
(4)编制2011年12月31日收到利息的会计分录。

【答案】
(1)

利息收入与摊余成本计算表   单位：元

计息日期	应收利息	利息收入	利息调整摊销	摊余成本
2011.01.01				966 127.89
2011.12.31	60 000	67 628.95	7 628.95	973 756.84
2012.12.31	60 000	68 162.98	8 162.98	981 919.82
2013.12.31	60 000	68 734.39	8 734.39	990 654.21
2014.12.31	60 000	69 345.79	9 345.79	1 000 000
合计	240 000	273 872.11	33 872.11	—

(2)借：债权投资——成本　　　　　　　　　　　　　　1 000 000.00
　　　　应交税费——应交增值税(进项税额)　　　　　　　3 000.00
　　　贷：银行存款　　　　　　　　　　　　　　　　　969 127.89
　　　　　债权投资——利息调整　　　　　　　　　　　　33 872.11
(3)借：应收利息　　　　　　　　　　　　　　　　　　60 000.00
　　　　债权投资——利息调整　　　　　　　　　　　　　7 628.95
　　　贷：投资收益　　　　　　　　　　　　　　　　　676 28.95
(4)借：银行存款　　　　　　　　　　　　　　　　　　60 000
　　　贷：应收利息　　　　　　　　　　　　　　　　　60 000

【例18·判断·厦门国家会计学院2018】以摊余成本计量的金融资产以公允价值进行初始计量，其后续价值变动计入公允价值变动损益。(　　)

【解析】以摊余成本计量的金融资产后续计量按摊余成本计量，后续变动不计入公允价值变动损益。

【答案】×

◆考点 50·以摊余成本计量的金融资产的处置

1. 债券到期时

类型	会计处理
一次还本付息债券	借：银行存款 　　贷：债权投资——成本 　　　　　　　　——应计利息（到期一次还本付息累计计提的利息）
分期付息债券	借：银行存款 　　贷：债权投资——成本 　　　　应收利息（分期付息应收取的最后一期利息）

2. 提前出售时

企业持有的以摊余成本计量的金融资产虽然最初意图为收取合同现金流量，并不要求企业一定要持有至到期。未到期提前出售时应将出售时实际收到的价款与其账面价值之间的差额确认为当期损益。会计分录如下。

借：银行存款
　　债权投资减值准备
　　贷：债权投资——成本
　　　　　　　　——利息调整（或借方）
　　　　　　　　——应计利息（到期一次还本付息累计计提的利息）
　　　　投资收益（差额，或借方）

【例 19·业务处理·浙江财经 2016】A 公司 2013 年度至 2015 年度对乙公司债券投资业务的相关资料如下：

(1)2013 年 1 月 1 日，A 公司以银行存款 1 260 万元购入乙公司当日发行的 5 年期公司债券，作为债权投资核算，该债券面值总额为 1 400 万元，票面年利率为 5%，每年年末支付利息，到期一次偿还本金，但不得提前赎回。A 公司该债券投资的实际年利率为 7.47%。

(2)2013 年 12 月 31 日，A 公司收到乙公司支付的债券利息 70 万元。

(3)2014 年 12 月 31 日，A 公司收到乙公司支付的债券利息 70 万元。当日，A 公司获悉乙公司发生财务困难，对该债券投资进行了减值测试，预计该债券投资未来现金流量的现值为 1 120 万元。

(4)2015 年 1 月 1 日，A 公司以 1 121.4 万元的价格全部售出所持有的乙公司债券，款项已收存银行。

假定 A 公司持有的债权投资全部为对乙公司的债券投资。除上述资料外，不考虑其他因素。

要求：

(1)计算A公司2013年度持有该债权投资的投资收益；

(2)计算A公司2014年度持有该债权投资的减值损失；

(3)计算A公司2015年1月1日出售该债权投资的损益；

(4)根据资料(1)—(4)，逐笔编制A公司从持有到出售该债权投资相关的会计分录。（要求写出必要的明细科目，金额以万元为单元）

【答案】

(1)2013年度持有该债权投资的投资收益额＝1 260×7.47％＝94.12(万元)

(2)2013年该债券期末摊余成本＝1 260＋94.12－1 400×5％＝1 284.12(万元)

2014年持有该债权投资的投资收益额＝1 284.12×7.47％＝95.92(万元)

2014年该债券期末摊余成本＝1 284.12＋95.92－1 400×5％＝1 310.04(万元)

2014年12月31日应计提的减值损失＝1 310.04－1 120＝190.04(万元)

(3)2015年1月1日出售该债权投资的损益＝1 121.4－1 120＝1.4(万元)

(4)2013年1月1日购入时：

借：债权投资——成本	1 400
贷：债权投资—利息调整	140
银行存款	1 260

2013年12月31日摊销利息调整时：

借：应收利息	70.00
债权投资——利息调整	24.12
贷：投资收益	94.12

2013年12月31日收到利息时：

借：银行存款	70
贷：应收利息	70

2014年12月31日摊销利息调整时：

借：应收利息	70.00
债权投资——利息调整	25.92
贷：投资收益	95.92

2014年12月31日计提减值准备时：

借：信用减值损失	190.04
贷：债权投资减值准备	190.04

2014年12月31日收到利息时：

借：银行存款	70
贷：应收利息	70

2015年1月1日出售债券时：

借：银行存款	1 121.40
债权投资——利息调整	89.96

债权投资减值准备	190.04
贷：债权投资——成本	1 400.00
投资收益	1.40

第五节　以公允价值计量且其变动计入其他综合收益的金融资产

◆ 考点51·其他债权投资的确认与计量

一般情形下，企业持有的普通债券的合同现金流量符合仅为对本金和以未偿付本金金额为基础的利息支付的要求，如果企业管理该债券的业务模式既以收取合同现金流量为目标又以出售该债券为目标，则该债券应当分类为以公允价值计量且其变动计入其他综合收益的金融资产。

企业应当设置"其他债权投资"科目核算分类为以公允价值计量且其变动计入其他综合收益的金融资产。

1. 初始计量

与以摊余成本计量的金融资产一样，分类为以公允价值计量且其变动计入其他综合收益的金融资产初始确认时也应当按照公允价值计量，相关交易费用计入初始投资成本。实际价款中包含的已到付息期但尚未发放的利息不计入初始投资成本。初始投资成本记入"其他债权投资"下两个明细科目中。具体会计处理如下。

类型	会计处理
一次还本付息债券	借：其他债权投资——成本（面值） 　　　　　　　　　——应计利息（一次还本付息债券，实际付款中包含的利息） 　贷：银行存款 等 　　 其他债权投资——利息调整　（差额）
分期付息债券	借：其他债权投资——成本（面值） 　　应收利息（分期付息债券，实际付款中已到付息期但尚未领取的利息） 　贷：银行存款 等 　　 其他债权投资——利息调整　（差额）

2. 后续计量

分类为以公允价值计量且其变动计入其他综合收益的金融资产，期末以公允价值进行后续计量，公允价值变动形成的利得或损失计入其他综合收益。

(1)确认利息收入、利息调整摊销处理

类型	会计处理
一次还本付息债券	借：其他债权投资——应计利息（票面利息：面值×票面利率） 　　　　　　　　　——利息调整（差额，或贷方） 　贷：投资收益（实际利息：摊余成本×实际利率）
分期付息债券	借：应收利息（票面利息：面值×票面利率） 　　其他债权投资——利息调整（差额，或贷方） 　贷：投资收益（实际利息：摊余成本×实际利率）

(2)资产负债表日公允价值变动

上升时：

借：其他债权投资——公允价值变动

　贷：其他综合收益——其他债权投资公允价值变动

　　（公允价值下跌时做相反处理）

(3)减值

对于其他债权投资，企业应当在其他综合收益中确认其减值准备，并将损失或利得计入当期损益，而不应减少该金融资产在资产负债表中列示的账面价值。

借：信用减值损失

　贷：其他综合收益——金融资产减值准备

　　（转回时做相反处理）

佳姐翻译

(1)其他债权投资后续计量真的是以公允价值计量吗？

其他债权投资期末的确以公允价值反映在账上，但实际计量过程为"摊余成本计量＋公允价值计量"的混合物。一方面，期末利息的计提与"债权投资"一致，按照摊余成本进行计量。另一方面。需要以公允价值进行计量，比较账面价值（摊余成本）与公允价值，将公允价值变动计入其他综合收益。总的来说，计提利息时单独一条线，不受公允价值变动影响；计提公允价值变动时，受利息摊销影响。

(2)其他债权投资减值为什么没有贷记"××资产减值准备"？

其他债权投资的减值并非像其他资产一样，贷记"××资产减值准备"。原因在于如果计入"××资产减值准备"，就会影响其他债权投资的账面价值，就会与该资产期末以公允价值进行计量的原则相矛盾。

3. 处置

该金融资产终止确认时，之前计入其他综合收益的累计利得或损失应当从其他综合收益中转出，计入当期损益(投资收益)。

借：银行存款 等
　　贷：其他债权投资
　　　　投资收益(差额，或借方)

同时：

借：其他综合收益
　　贷：投资收益
　　　　(可能做相反分录)

【例20·单选】2020年1月1日，甲公司以银行存款1 103万元(其中包括已到付息期但尚未领取的利息5万元)购入乙公司当日发行的5年期债券，另支付相关交易费用2万元。该债券的面值为1 000万元，票面年利率为10%，每年年末支付当年利息，到期偿还债券面值。该企业将该债券投资分类为以公允价值计量且其变动计入其他综合收益的金融资产。该资产入账时应记入"其他债权投资——利息调整"科目的金额为(　　)万元。

A. 105(借方)　　　　　　　　　　B. 105(贷方)
C. 100(借方)　　　　　　　　　　D. 100(贷方)

【解析】取得其他债权投资时发生的交易费用应计入其成本，会计分录如下(金额以万元为单位)：

借：其他债权投资——成本　　　　　　　　　　　　　　1 000
　　　　　　　　——利息调整　　　　　　　　　　　　　100
　　应收利息　　　　　　　　　　　　　　　　　　　　　　5
　　贷：银行存款　　　　　　　　　　　　　　　　　　1 105

【答案】C

【例21·单选】2×20年1月1日，甲公司从二级市场购入丙公司面值为200万元、票面利率为5%的分期付息到期还本债券，支付的总价款为195万元(其中包括已到付息期但尚未领取的利息4万元)，另支付相关交易费用1万元。甲公司根据其管理该债券的业务模式和该债券的合同现金流量特征，将其划分为其他债权投资。该债券实际利率为6%。2×20年12月31日，该债券的公允价值为175万元，预期信用损失为20万元。不考虑其他因素，2×20年12月31日该债券投资的账面价值为(　　)万元。

A. 175　　　　　　　　　　　　　B. 155
C. 194　　　　　　　　　　　　　D. 193.52

【解析】该债券划分为以公允价值计量且其变动计入其他综合收益的金融资产。后续以公允价值计量，故2×20年12月31日账面价值为其当日的公允价值175万元。

【答案】A

【例22·分录】 2018年1月1日，甲公司购买一项当日发行的债券，期限为5年，甲公司根据金融资产业务管理模式及合同现金流量特征，将其划分为其他债权投资。甲公司当日支付购买价款94万元，另支付交易费用1万元。该债券面值为100万元，票面年利率为4%，实际年利率为5.16%，每年年末支付利息，到期归还本金。2018年年末至2020年年末该债券投资的公允价值分别为97万元、98万元、95万元。2021年1月1日甲公司将该投资全部出售，取得价款105万元。不考虑相关税费等因素。要求：编制甲公司的会计分录。（计算结果保留2位小数）

【答案】 每年利息收益及摊销计算过程如下。

单位：万元

年份	①实际利息收入=上期末④×5.16%	②应收利息	③利息摊销额=①-②	④期末摊余成本=上期末④+③	⑤期末公允价值	⑥累计公允价值变动=上期⑥+上期⑦	⑦本期公允价值变动=⑤-④-⑥
2018.01.01					95		
2018.12.31	4.90	4.00	0.9	95.90	97.00		1.1
2019.12.31	4.95	4.00	0.95	96.85	98.00	1.1	0.05
2020.12.31	5.00	4.00	1	97.85	95.00	1.15	−4
合计	——		2.85	——			−2.85

甲公司持有该金融资产至出售会计处理如下（金额单位为万元表示）：
(1)购入时：
借：其他债权投资——成本　　　　　　　　　　　　　　　　100.00
　　贷：银行存款　　　　　　　　　　　　　　　　　　　　95.00
　　　　其他债权投资——利息调整　　　　　　　　　　　　5.00
(2)2018年年末计提利息时：
借：应收利息　　　　　　　　　　　　　　　　　　　　　　4.00
　　其他债权投资——利息调整　　　　　　　　　　　　　　0.90
　　贷：投资收益　　　　　　　　　　　　　　　　　　　　4.90
(3)收到利息时：
借：银行存款　　　　　　　　　　　　　　　　　　　　　　4.00
　　贷：应收利息　　　　　　　　　　　　　　　　　　　　4.00
(4)2018年年末公允价值变动时：
借：其他债权投资——公允价值变动　　　　　　　　　　　　1.10
　　贷：其他综合收益——其他债权投资公允价值变动　　　　1.10

(5)2019年年末计提利息时：

借：应收利息 4.00
　　其他债权投资——利息调整 0.95
　贷：投资收益 4.95

(6)收到利息时：

借：银行存款 4.00
　贷：应收利息 4.00

(7)2019年年末公允价值变动时：

借：其他债权投资——公允价值变动 0.05
　贷：其他综合收益——其他债权投资公允价值变动 0.05

(8)2020年年末计提利息时：

借：应收利息 4.00
　　其他债权投资——利息调整 1.00
　贷：投资收益 5.00

(9)收到利息时：

借：银行存款 4.00
　贷：应收利息 4.00

(10)2020年年末公允价值变动时：

借：其他综合收益——其他债权投资公允价值变动 4.00
　贷：其他债权投资——公允价值变动 4.00

(11)2021年年初出售时：

借：银行存款 105.00
　　其他债权投资——利息调整 2.15
　　　　　　　　——公允价值变动 2.85
　贷：其他债权投资——成本 100.00
　　　投资收益 10.00
借：投资收益 2.85
　贷：其他综合收益——其他债权投资公允价值变动 2.85

◆考点52·其他权益工具投资的确认与计量

企业可以将非交易性权益工具投资指定为以公允价值计量且其变动计入其他综合收益的金融资产，并按规定确认股利收入。该指定一经做出，不得撤销。例如，企业持有的上市公司限售股尽管在活跃市场上有报价，但由于出售受到限制，不能随时出售，可指定为以公允价值计量且其变动计入其他综合收益的金融资产，其公允价值的后续变动计入其他综合收益，**无需计提减值准备**。

企业应当设置"其他权益工具投资"科目核算指定为以公允价值计量且其变动计入其他综合收益的金融资产。

1. 初始计量

与前面两种金融资产类似，指定为以公允价值计量且其变动计入其他综合收益的金融资产初始确认时也应当按照公允价值计量，相关交易费用计入初始投资成本。购买价款中包含的已宣告但尚未发放的现金股利不计入初始投资成本。具体会计处理如下：

借：其他权益工具投资——成本(公允价值＋交易费用)
　　应收股利(已宣告但尚未发放的现金股利)
　贷：银行存款 等

2. 后续计量

指定为以公允价值计量且其变动计入其他综合收益的非交易性权益工具投资，除了获得的股利(明确代表投资成本部分收回的股利除外)计入当期损益外，其他相关的利得和损失(包括汇兑损益)均应当计入其他综合收益，且后续不得转入当期损益。

(1)被投资单位宣告发放现金股利时

借：应收股利
　贷：投资收益

(2)收到现金股利时

借：银行存款
　贷：应收股利

(3)资产负债表日公允价值变动时

借：其他权益工具投资——公允价值变动
　贷：其他综合收益——其他权益工具投资公允价值变动
　　(下跌时做相反处理)

3. 处置

其他权益工具投资终止确认时，应当将处置价款与账面价值差额计入留存收益，之前计入其他综合收益的累计利得或损失也应当从其他综合收益中转出，计入留存收益。

借：银行存款 等
　贷：其他权益工具投资——成本
　　　　　　　　　　　——公允价值变动(或借方)
　　盈余公积(10%差额)
　　利润分配——未分配利润(90%差额)

同时：

借：其他综合收益——其他权益工具投资公允价值变动
　贷：盈余公积
　　利润分配——未分配利润
　　(或做相反会计分录)

【例 23·分录·新疆农业 2023】 2019 年 5 月 6 日,甲公司支付价款 1 016 万元(含交易费用 1 万元和已宣告但尚未发放的现金股利 15 万元),购入乙公司发行的股票 200 万股,占乙公司有表决权股份的 0.5%。甲公司将其指定为以公允价值计量且其变动计入其他综合收益的非交易性权益工具投资。

2019 年 5 月 10 日,甲公司收到乙公司发放的现金股利 15 万元。
2019 年 6 月 30 日,该股票市价为每股 5.2 元。
2019 年 12 月 31 日,甲公司仍持有该股票;当日,该股票市价为每股 5 元。
2020 年 5 月 9 日,乙公司宣告发放现金股利 4 000 万元。
2020 年 5 月 13 日,甲公司收到乙公司发放的现金股利。
2020 年 5 月 20 日,甲公司由于某特殊原因,以每股 4.9 元的价格将股票全部转让。
甲公司按净利润的 10% 计提法定盈余公积,假定不考虑其他因素。
要求:编制上述业务会计分录(答案金额单位用万元表示)。

【答案】

(1) 2019 年 5 月 6 日,购入股票:

借:其他权益工具投资——成本　　　　　　　　　　　　　　　1 001
　　应收股利　　　　　　　　　　　　　　　　　　　　　　　　15
　　贷:银行存款　　　　　　　　　　　　　　　　　　　　　　　1 016

(2) 2019 年 5 月 10 日,收到现金股利:

借:银行存款　　　　　　　　　　　　　　　　　　　　　　　15
　　贷:应收股利　　　　　　　　　　　　　　　　　　　　　　　15

(3) 2019 年 6 月 30 日,确认股票价格变动:

借:其他权益工具投资——公允价值变动　　　　　　　　　　　　39
　　贷:其他综合收益——其他权益工具投资公允价值变动　　　　　　39

(4) 2019 年 12 月 31 日,确认股票价格变动:

借:其他综合收益——其他权益工具投资公允价值变动　　　　　　40
　　贷:其他权益工具投资——公允价值变动　　　　　　　　　　　　40

(5) 2020 年 5 月 9 日,确认应收现金股利:

借:应收股利　　　　　　　　　　　　　　　　　　　　　　　20
　　贷:投资收益　　　　　　　　　　　　　　　　　　　　　　　20

(6) 2020 年 5 月 13 日,收到现金股利:

借:银行存款　　　　　　　　　　　　　　　　　　　　　　　20
　　贷:应收股利　　　　　　　　　　　　　　　　　　　　　　　20

(7) 2020 年 5 月 20 日,出售股票:

借:银行存款　　　　　　　　　　　　　　　　　　　　　　　980.0
　　其他权益工具投资——公允价值变动　　　　　　　　　　　　　1.0
　　盈余公积——法定盈余公积　　　　　　　　　　　　　　　　　2.0
　　利润分配——未分配利润　　　　　　　　　　　　　　　　　　18.0

```
    贷：其他权益工具投资——成本                           1 001.0
        借：盈余公积——法定盈余公积                            0.1
            利润分配——未分配利润                              0.9
        贷：其他综合收益——其他权益工具投资公允价值变动         1.0
```

第六节 以公允价值计量且其变动计入当期损益的金融资产

根据金融资产分类标准，不属于以摊余成本计量的金融资产或以公允价值计量且其变动计入其他综合收益的金融资产之外的金融资产，企业应当将其分类为以公允价值计量且其变动计入当期损益的金融资产。

◆ 考点 53 · 以公允价值计量且其变动计入当期损益的金融资产的会计处理

1. 初始计量

企业应当设置"交易性金融资产"科目核算以公允价值计量且其变动计入当期损益的金融资产，初始计量按照公允价值入账，但需注意实际支付的交易费用不计入初始投资成本，而应记入"投资收益"科目的借方。购买价款中包含的已到付息期但尚未领取的利息或已宣告但尚未发放的股利，作为应收项目处理，不计入初始投资成本。

```
    借：交易性金融资产——成本（公允价值）
        投资收益（发生的交易费用）
        应收股利（已宣告但尚未发放的现金股利）
        应收利息（已到付息期但尚未领取的利息）
    贷：银行存款等
```

【例 24 · 分录 · 天津大学 2020、西安石油 2017、西安邮电 2018】2020 年 1 月 3 日，甲公司以 0.8 元/股的价格购入乙公司发行的普通股 1 000 股，另支付交易费用 300 元，将其确认为交易性金融资产。甲公司用银行存款支付了上述款项，请根据上述业务做出会计处理。

【答案】借：交易性金融资产——成本   800
            投资收益   300
        贷：银行存款   1 100

【例 25 · 单选 · 南京师范 2016】2016 年 1 月 3 日，甲公司以 1 000 万元（其中包含已到付息期但尚未领取的债券利息 10 万元）购入乙公司发行的公司债券，另支付交易费用 3 万元，将其确认为交易性金融资产。该债券面值为 800 万元，票面年利率为 10%，每年年末付息一次。不考虑其他因素，甲公司取得该项交易性金融资产的初始入账金额为（　　）万元。

A. 1 000   B. 790   C. 990   D. 1 093

【解析】该项交易性金融资产的初始入账金额＝1 000－10＝990(万元)。
【答案】C

2. 后续计量

(1)公允价值变动

以公允价值计量且其变动计入当期损益的金融资产在资产负债表日采用公允价值进行后续计量，公允价值的变动计入当期损益(公允价值变动损益)。

借：交易性金融资产——公允价值变动
　　贷：公允价值变动损益
　　　　(下降时做相反处理)

(2)宣告分派现金股利或利息

借：应收股利/应收利息
　　贷：投资收益

(3)实际收到股利或利息

借：银行存款等
　　贷：应收股利/应收利息

【例26·单选·西安外国语2016】A公司2010年10月2日购入S公司22万股股票作为交易性金融资产，每股价格为6元，另支付手续费2万元。2010年11月30日，交易性金融资产的公允价值为每股价格为7元。2010年12月31日，交易性金融资产的公允价值为每股价格8元。该交易性金融资产期末账面价值应为(　　)万元。

A.132　　　　B.134　　　　C.154　　　　D.176

【解析】交易性金融资产是以公允价值计量且其变动计入当期损益的金融资产，所以该交易性金融资产期末账面价值为期末公允价值，即8×22＝176(万元)。

【答案】D

3. 处置

出售以公允价值计量且其变动计入当期损益的金融资产时，应将出售时实际收到的价款与其账面价值之间的差额确认为当期损益。会计分录如下。

借：银行存款(扣除手续费后的实际价款)
　　贷：交易性金融资产
　　　　投资收益(或借方)

【例27·业务处理·北京语言2017、南京财经2015、东北大学2018、东北石油、山西财经2018、西安外国语2016】20×7年3月18日，A公司支付价款1 060 000元从二级市场购入B公司发行的股票100 000股，每股价格10.60元(包含已宣告但尚未发放的现金股利0.60元)，另外支付交易费用1 000元。A公司将持有的股票划分为交易性金融资产，且持有B公司股权对其无重大影响。A公司20×7年发生如下业务：

(1)3月25日，收到B公司发放的股利；

(2)3月28日，B公司的股票上涨到11元/股；

(3)4月1日，A公司以13.3元/股价格，将所有股票出售，款项已存入银行。

假设不考虑其他因素及所得税影响，编制A公司20×7年与B公司股票业务相关的分录。

【答案】

(1)3月18日买入股票时：

借：交易性金融资产——成本　　　　　　　　　　　　　　　　1 000 000
　　应收股利　　　　　　　　　　　　　　　　　　　　　　　　60 000
　　投资收益　　　　　　　　　　　　　　　　　　　　　　　　1 000
　　贷：银行存款　　　　　　　　　　　　　　　　　　　　　　1 061 000

(2)3月25日，收到B公司发放的股利时：

借：银行存款　　　　　　　　　　　　　　　　　　　　　　　60 000
　　贷：应收股利　　　　　　　　　　　　　　　　　　　　　　60 000

(3)3月28日，B公司的股票上涨时：

借：交易性金融资产——公允价值变动　　　　　　　　　　　　100 000
　　贷：公允价值变动损益　　　　　　　　　　　　　　　　　　100 000

(4)4月1日，A公司将所有股票出售时：

借：银行存款　　　　　　　　　　　　　　　　　　　　　　　1 330 000
　　贷：交易性金融资产——成本　　　　　　　　　　　　　　　1 000 000
　　　　　　　　　　　——公允价值变动　　　　　　　　　　　100 000
　　　　投资收益　　　　　　　　　　　　　　　　　　　　　　230 000

【例28·业务处理·首经贸2013】ABC公司2011年4月2日以2 000万元购入XYZ公司(上市公司)的股票100万股作为交易性金融资产，其中包含已宣告但未发放的现金股利1元/股，另支付相关费用20万元。5月10日收到现金股利100万元。6月30日每股公允价值为18.8元；9月30日每股公允价值为19.5元；12月31日，每股公允价值为19.8元。2012年2月25日，ABC公司出售XYZ公司股票80万股，售价19.3元/股。ABC公司对外提供季报。

要求：根据上述资料编制ABC公司对XYZ公司投资有关的会计分录(答案金额单位以万元表示)。

【答案】

(1)2011年4月2日购入时：

借：交易性金融资产——成本　　　　　　　　　　　　　　　　1 900
　　投资收益　　　　　　　　　　　　　　　　　　　　　　　　20
　　应收股利　　　　　　　　　　　　　　　　　　　　　　　　100
　　贷：银行存款　　　　　　　　　　　　　　　　　　　　　　2 020

(2)2011年5月10日收到现金股利时：

借：银行存款　　　　　　　　　　　　　　　　　　　　　　　100

　　　　贷：应收股利　　　　　　　　　　　　　　　　　　　　　　　　　　100
(3) 2011年6月30日公允价值变动时：
借：公允价值变动损益　　　　　　　　　　　　　　　　　　　　　　　　20
　　　　贷：交易性金融资产——公允价值变动　　　　　　　　　　　　　　20
(4) 2011年9月30日公允价值变动时：
借：交易性金融资产——公允价值变动　　　　　　　　　　　　　　　　　70
　　　　贷：公允价值变动损益　　　　　　　　　　　　　　　　　　　　　70
(5) 2011年12月31日公允价值变动时：
借：交易性金融资产——公允价值变动　　　　　　　　　　　　　　　　　30
　　　　贷：公允价值变动损益　　　　　　　　　　　　　　　　　　　　　30
(6) 2012年2月25日出售80万股时：
借：银行存款　　　　　　　　　　　　　　　　　　　　　　　　　　1 544
　　投资收益　　　　　　　　　　　　　　　　　　　　　　　　　　　　40
　　　　贷：交易性金融资产——成本　　　　　　　　　　　　　　　　1 520
　　　　　　　　　　　　——公允价值变动　　　　　　　　　　　　　　　64

【例29·业务处理】 某企业发生下列交易性金融资产业务：

(1) 20×1年12月2日以存入证券公司的投资款购入M公司股票4 000股，作为交易性金融资产，每股购买价格5元，共计20 000元，另付交易手续费106元（其中包括准予抵扣的增值税进项税额为6元）。

(2) 20×1年12月31日该股票每股收盘价6元，调整交易性金融资产账面价值。

(3) 20×2年3月24日收到M公司按10：3的送股共1 200股。

(4) 20×2年3月29日将股票出售一半，收到款项16 000元存入证券公司投资款账户内。

(5) 20×2年6月30日，该股票每股收盘价8元，调整交易性金融资产账面价值。

要求：根据以上经济业务编制会计分录。

【答案】
(1) 20×1年12月2日购入时：
借：交易性金融资产——成本　　　　　　　　　　　　　　　　　　20 000
　　投资收益　　　　　　　　　　　　　　　　　　　　　　　　　　　100
　　应交税费——应交增值税(进项税额)　　　　　　　　　　　　　　　　6
　　　　贷：其他货币资金——存出投资款　　　　　　　　　　　　　20 106
(2) 20×1年12月31日期末计价时：
借：交易性金融资产——公允价值变动　　　　　　　　　　　　　　 4 000
　　　　贷：公允价值变动损益　　　　　　　　　　　　　　　　　　 4 000
(3) 对于股票股利应于除权日在备查账簿中登记，不需要做会计处理。
(4) 20×2年3月29日将股票出售一半时：
借：其他货币资金——存出投资款　　　　　　　　　　　　　　　　16 000

贷：交易性金融资产——成本	10 000
——公允价值变动	2 000
投资收益	4 000

(5)20×2年6月30日期末计价时：

持有M公司股票＝(4 000＋4 000×3÷10)÷2＝2 600(股)

持有M公司股票账面价值＝20 000＋4 000－10 000－2 000＝12 000(元)

持有M公司股票公允价值变动＝2 600×8－12 000＝8 800(元)

借：交易性金融资产——公允价值变动	8 800
贷：公允价值变动损益	8 800

【例30·业务处理·江西理工2018、哈尔滨商业2016】 甲公司2016年4月1日购入乙公司股票10万股，作为交易性金融资产核算，每股买价20元(含每股红利0.2元)，另支付交易费用3万元，乙公司已于3月15日宣告分红，于4月7日发放。6月30日每股市价为23元。9月3日乙公司再次宣告分红，每股红利为1元，9月25日发放。12月31日，每股市价为15元。2017年2月9日甲公司抛售所持股份，每股售价为14元，交易费用1万元。

要求：

(1)编制甲公司有关交易性金融资产的会计分录；

(2)计算甲公司出售乙公司股票时应确认的投资收益，以及通过乙公司股票获得的投资净损益。(答案中金额单位以万元表示)

【解析】 对于损益影响类题目，如果题目问的是应确认的投资收益，则应计算计入"投资收益"科目的金额；如果题目问的是获得的投资净损益，则应计算计入损益类科目的金额。

【答案】

(1)2016年4月1日购入时：

借：交易性金融资产——成本	198
投资收益	3
应收股利	2
贷：银行存款	203

2016年4月7日收到股利时：

借：银行存款	2
贷：应收股利	2

2016年6月30日确认公允价值变动损益：

借：交易性金融资产——公允价值变动	32
贷：公允价值变动损益	32

2016年9月3日宣告分红时：

借：应收股利	10
贷：投资收益	10

2016年9月25日收到股利时：

借：银行存款　　　　　　　　　　　　　　　　　　　　　　　　　10
　　贷：应收股利　　　　　　　　　　　　　　　　　　　　　　　　　　10
2016年12月31日公允价值变动时：
借：公允价值变动损益　　　　　　　　　　　　　　　　　　　　　80
　　贷：交易性金融资产——公允价值变动　　　　　　　　　　　　　　80
2017年2月9日出售该股票时：
借：银行存款　　　　　　　　　　　　　　　　　　　　　　　　　139
　　交易性金融资产——公允价值变动　　　　　　　　　　　　　　　48
　　投资收益　　　　　　　　　　　　　　　　　　　　　　　　　　11
　　贷：交易性金融资产——成本　　　　　　　　　　　　　　　　　　198

(2)因出售乙公司股票确认的投资收益＝14×10－1－(198－48)＝－11(万元)
通过乙股票获得的投资净损益＝－3＋32＋10－80－11＝－52(万元)

真题精练

一、单项选择题

1.(四川大学2017)2012年12月初,某企业"坏账准备"科目贷方余额为6万元。12月31日"应收账款"科目借方余额为100万元,经减值测试,该企业应收账款预计未来现金流量现值为95万元。该企业2012年年末应计提的坏账准备金额为(　　)万元。
　A.－1　　　　　　　B.1　　　　　　　C.5　　　　　　　D.11

2.(云南师范2018)2017年甲公司"坏账准备"科目的年初贷方余额为8 000元,"应收账款"和"其他应收款"科目的年初余额分别为60 000元和20 000元。当年,不能收回的应收账款4 000元确认为坏账损失。"应收账款"和"其他应收款"科目的年末余额分别为100 000元和40 000元,假定甲公司年末确定的坏账提取比例为应收项目余额的10%。则甲公司2017年年末应计提的坏账准备为(　　)元
　A.2 000　　　　　　B.6 000　　　　　　C.10 000　　　　　　D.14 000

3.(中央财经2017改编)下列对于金融资产计量的表述中,错误的是(　　)。
　A.交易性金融资产应当按照取得时的公允价值作为初始确认金额,相关的交易费用在发生时计入当期损益
　B.其他债权投资应当按照取得时的公允价值作为初始确认金额,相关的交易费用在发生时计入当期损益
　C.债权投资应当按照取得时的公允价值和相关交易费用作为初始确认金额
　D.货款和应收款项在持有期间通常应当采用实际利率法,按摊余成本计量

4.(四川大学2017)下列各项中,关于交易性金融资产表述不正确的是(　　)。
　A.取得交易性金融资产所发生的相关交易费用应当在发生时计入投资收益
　B.资产负债表日交易性金融资产公允价值与账面余额的差额计入当期损益

C. 收到交易性金额资产购买价款中已到付息期尚未领取的债券利息计入当期损益

D. 出售交易性金融资产时应将其公允价值与账面余额之间的差额确认为投资收益

5. (山东工商)2014年2月5日,甲公司以7元1股的价格购入乙公司股票100万股,支付手续费1.4万元。甲公司将该股票投资分类为交易性金融资产。2014年12月31日,乙公司股票价格为9元每股。2015年2月20日,乙公司分配现金股利,甲公司获得现金股利8万元;3月20日,甲公司以11.6元每股的价格将其持有的乙公司股票全部出售。不考虑其他因素,甲公司因持有乙公司股票在2015年确认的投资收益是( )。

A. 260万元　　　　　　　　　　B. 468万元
C. 268万元　　　　　　　　　　D. 466.6万元

6. 2×18年6月9日,甲公司支付价款855万元(含交易费用5万元)购入乙公司股票100万股,占乙公司有表决权股份的2%,指定为以公允价值计量且其变动计入其他综合收益的金融资产核算。2×18年12月31日,该股票市场价格为每股9元。2×19年2月5日,乙公司宣告发放现金股利1000万元,甲公司应按持股比例确认现金股利。2×19年8月21日,甲公司以每股8元的价格将乙公司股票全部转让。不考虑其他因素,甲公司2×19年利润表中因该项金融资产应确认的投资收益为( )万元。

A. −35　　　　B. −80　　　　C. −100　　　　D. 20

7. (天津大学2021)如果应收票据到期后,如果付款人不能支付,应将该应收票据转销于( )科目。

A. 营业外收入　　B. 坏账准备　　C. 资产减值损失　　D. 应收账款

8. (四川轻化工2020)根据2017年3月31日财政部修订发布的《企业会计准则第22号——金融工具确认和计量》,企业应当根据其管理金融资产的业务模式和金融资产的合同现金流量特征,对金融资产进行分类。以下属于核算"以公允价值计量且变动计入其他综合收益的金融资产"的科目是( )。

A. 交易性金融资产、持有待售资产

B. 交易性金融资产、债权投资

C. 其他债权投资、其他权益工具投资

D. 债权投资、其他债权投资

9. (西安外国语2017)企业购入A股票20万股,划分为交易性金融资产,支付的价款为103万元,其中包含已宣告发放的现金股利3万元和支付交易费用2万元。该项交易性金融资产的入账价值为( )万元。

A. 103　　　　B. 98　　　　C. 102　　　　D. 105

10. (西安外国语2018)企业收回代购货方垫付的运杂费时,应贷记( )账户。

A. 银行存款　　B. 其他应收款　　C. 应收账款　　D. 其他业务收入

11. (西安外国语2019、桂林电子科技2017)下列各项中,应计入坏账准备贷方的有( )。

A. 实际发生坏账款　　　　　　B. 应收账款的收回

C. 冲减多提的坏账准备　　　　D. 收回已转销的坏账

12. (西安外国语2019)不属于其他应收款核算内容的是( )。

A. 备用金   B. 存出保证金
C. 租出包装物暂收的押金   D. 预借差旅费

13. (西安外国语 2019)交易性金融资产后续计量时的公允价值变动计入( )。
A. 投资收益   B. 资本公积   C. 公允价值变动损益   D. 营业外收入

14. (西安外国语 2018)应收出租包装物的租金应记入( )账户。
A. 其他应收款   B. 其他应付款   C. 应收账款   D. 应付账款

15. (西安外国语 2017)预付货款不多的企业,可以将预付的货款直接记入( )账户的借方,而不单独设置"预付账款"账户。
A. 应收账款   B. 其他应收款   C. 应付账款   D. 应收票据

16. (黑龙江八一农垦)预收账款情况不多的企业,可以不设"预收账款"科目,而将预收的款项直接记入的账户是( )。
A. 应收账款   B. 预付账款   C. 其他应付款   D. 应付账款

17. (南京财经 2022)年末计提坏账准备以后"坏账准备"账户余额在( )方向。
A. 借方   B. 贷方   C. 借贷方均有可能   D. 无余额

18. (湖北经济学院 2023)某企业 4 月 10 日销售商品收到带息的银行承兑汇票一张,面值 50 000 元,年利率 8%,6 个月到期。该企业于 6 月 10 日将汇票贴现,贴现率为 9%,则该企业实际收到的贴现金额应为( )元。
A. 50 666.67   B. 50 440   C. 50 414   D. 48 500

二、多项选择题

1. (江汉大学 2020)2019 年 5 月 20 日在二级市场购入上市公司海康威视的股票 50 万股,支付价款 1 600 万元,包含海康威视已经宣告但尚未发放的现金股利 100 万元,另外支付交易费用 7.42 万元(包含准予抵扣的增值税进项税额 0.42 万元)。大华公司将购入的海康威视的股票作为以公允价值计量且其变动计入当期损益的金融资产核算,2019 年 6 月 10 日收到海康威视发放的现金股利 100 万元,2019 年 8 月 10 日大华公司将其持有的海康威视的股票全部出售,实际收到价款 1 700 万元。下列说法正确的是( )。
A. 2019 年 5 月 20 日大华公司购入海康威视股票的交易费用应该直接计入当期损益
B. 2019 年 5 月 20 日大华公司购入海康威视股票的取得成本为 1 507 万元
C. 2019 年大华公司利润表中因该项金融资产确认的投资收益为 200 万元
D. 2019 年大华公司利润表中因该项金融资产确认的投资收益为 193 万元

2. (兰州理工 2023)下列属于应收票据核算内容的是( )。
A. 商业承兑汇票   B. 银行承兑汇票   C. 银行本票   D. 银行汇票

三、判断题

1. (河北经贸 2015)企业收到销售商品的预收款时,应借记"银行存款",贷记"其他应收款"。( )

2. 预付账款属于企业的流动资产,期末应列示于资产负债表流动资产项下的预付账款项目,如果是贷方余额,则以负数表示。( )

3. (四川大学 2017)企业租入包装物支付的押金应计入其他业务成本。( )

4. (齐齐哈尔大学2018)企业持有的交易性金融资产公允价值发生的增减变动额应当直接计入所有者权益。( )

四、业务处理题

1. (吉林财经2017)E公司2015年首次计提坏账准备年度的应收账款年末余额为1 000万元,提取坏账准备的比例为4‰,2016年发生坏账损失60 000元,年末应收账款余额为1 300万元。E公司采用应收款项余额百分比法计提坏账准备。要求:作出E公司2016年确认坏账损失以及2016年年末计提坏账准备的会计分录。

2. (吉林财经2021)某企业为增值税一般纳税人,2020年4月1日销售甲商品,该商品同日已发出,商品价目单中列示的价格(不含增值税)为2 000元,并给予购货方5%商业折扣,甲商品增值税税率为13%。至当年年末,该笔货款仍未收回,甲公司按照经验按2%提取了坏账准备。2021年2月1日,该笔货款全部收回,款项已存入银行。请编制以上有关业务的会计分录。

3. (广东金融2023、北京交通2023)某企业4月10日销售商品收到带息的银行承兑汇票一张,面值60 000元,年利率5%,6个月到期。

要求:

(1)编制按月计提应收票据利息的会计分录;

(2)编制到期兑现应收票据的分录。

4. (黑龙江八一农垦2022)编制以下业务的会计分录:采购员李某出差归来,报销差旅费460元,不足部分以现金60元付讫。

5. (天津商业2015)12月10日,甲企业以银行存款购入100万股股票,作为交易性金融资产核算,以银行存款支付价款390万元,并支付相关税费1万元。请编制有关业务的会计分录。

6. (青岛科技2020)2018年1月20日,星宇公司按每股3.8元的价格购入每股面值1元的B公司股票50 000股,并分类为以公允价值计量且其变动计入当期损益的金融资产,支付交易税费1 200元。2018年3月5日,B公司宣告分派每股0.2元的现金股利,并于2018年4月10日发放。2018年9月20日,星宇公司将该股票转让,取得转让收入220 000元。

要求:编制星宇公司有关B公司股票的下列会计分录。

(1)2018年1月20日,购入股票;

(2)2018年3月5日,B公司宣告分派现金股利;

(3)2018年4月10日,收到现金股利;

(4)2018年9月20日,转让股票。

7. (江西理工2014改编、重庆大学2023)甲公司2013年1月1日购入A公司于当日发行的三年期债券,甲公司将其分类为以摊余成本计量的金融资产。该债券票面金额为1 000 000元,票面利率为6%,甲公司实际支付1 055 500元。该债券每年年末付息一次,最后一年归还本金并支付最后一期利息,假设甲公司按年计算利息。实际利率为4%。

要求:

(1)编制甲公司2013年1月1日购入债券的会计分录;

(2)采用实际利率法编制债券利息收入与摊余成本计算表;

(3)编制甲公司 2013 年 12 月 31 日确认利息收入并摊销利息调整的会计分录;

(4)编制甲公司 2014 年 12 月 31 日确认利息收入并摊销利息调整的会计分录;

(5)编制甲公司 2015 年 12 月 31 日确认利息收入并摊销利息调整、收回债券本金的会计分录。

8. (东北石油、新疆农业 2019&2020)2016 年 5 月,甲公司以 240 万元购入乙公司股票 30 万股作为交易性金融资产,另支付手续费 5 万元。2016 年 6 月 30 日该股票每股市价为 7.5 元。2016 年 8 月 10 日,乙公司宣告分派现金股利,每股 0.2 元。8 月 20 日,甲公司收到分派的现金股利。至 2016 年 12 月 31 日,甲公司仍持有该交易性金融资产,期末每股市价为 8.5 元。2017 年 1 月 5 日以 250 万元出售该交易性金融资产,扣除手续费 1 万元后,实际收到款项 249 万元存入银行。假定甲公司每年 6 月 30 日和 12 月 31 日对外提供财务报告。

要求:编制上述经济业务的会计分录(答案中金额单位用万元表示)。

9. (西安外国语 2017 改编、新疆农业 2019)2007 年 5 月,甲公司以 480 万元购入乙公司股票(非上市公司限售股)60 万股,另支付手续费 10 万元,将其指定为以公允价值计量且其变动计入其他综合收益的金融资产。2007 年 6 月 30 日该股票每股市价为 7.5 元,2007 年 8 月 10 日,乙公司宣告分派现金股利,每股 0.20 元,8 月 20 日,甲公司收到分派的现金股利。至 12 月 31 日,甲公司仍持有该股票,期末每股市价为 8.5 元,2008 年 1 月 3 日以 515 万元出售该股票。假定甲公司每年 6 月 30 日和 12 月 31 日对外提供财务报告。

要求:

(1)编制上述经济业务的会计分录;

(2)计算持有该股票的累计损益。

五、名词解释

1. (吉林财经 2017、华北电力 2018、吉林财经 2021)交易性金融资产

2. (广东财经 2016、江西理工 2018、长春工业 2021)实际利率法

3. (吉林财经 2017、江西财经、天津大学 2020、长春理工 2021、山西财经 2021)现金折扣

4. (江西财经、天津大学 2020、长春理工 2021)商业折扣

5. (东北财经 2018、吉林财经 2021)金融负债

6. (上国会 2018、江西理工 2018、山东师范 2021)金融工具

7. (山西财经 2017)应收账款

8. (辽宁石油化工 2020)备用金

9. (吉林财经 2021、中央民族 2020)备抵法

六、简答题

1. (武汉大学 2017)简述《企业会计准则》中金融工具的概念,金融工具的分类。

2. (南京农业 2017)如何判断金融工具属于权益类还是负债类?

3. (南开大学 2020)简述权益工具和金融负债的区别。

4. (吉林财经 2021)简述金融负债分类。

5. (杭州电子科技 2020、吉林财经 2021、天津财经 2021、太原理工 2020、青岛科技 2020、成都理工 2020、北京工商 2020、吉林财经 2021、广外 2022、吉林财经 2022、上国会 2022)金

融资产是什么？请举例说明。

6. (中南大学 2020、中国石油 2021、北京信息科技 2022、新疆大学 2022、吉林财经 2022、中南林业科技 2022、西安理工 2022)金融资产有哪几类，怎么进行分类？

7. (武汉大学 2017、吉林财经 2017、西安财经 2020、华中科技、山东大学 2019、湖北民族 2020、西安财经 2020、青岛理工 2020、太原理工 2020、青岛科技 2020、成都理工 2020、北京工商 2020、吉林财经 2021、北京交通 2015、郑州轻工 2022)简述金融资产分类依据。

8. (北方工业 2022)简述金融资产分类和计量基础。

9. (天津大学 2020、西安财经 2020、上国会 2022)什么是以公允价值计量且其变动计入其他综合收益的金融资产？

10. (天津财经 2022、上海理工 2022)金融资产满足什么条件时，可确认为交易性金融资产？

11. (山西财经 2021)金融资产的特征是什么？

12. (北京工商 2021)企业管理金融资产的业务模式是什么，分为几类？

13. (新疆农业 2023)请辨别"应收账款""应付账款""预收账款""预付账款"账户的经济性质，在借贷记账法下这四个账户余额一般在哪一方？有无例外情况？请举例说明。

14. (浙江农林 2020)什么是应收票据？

15. (华北电力 2020)什么情况下会形成应收票据？

16. (湖南工商 2020)简述应收账款和应收票据的核算内容。

17. (西南财经 2020)带息的应收票据与不带息的应收票据会计处理上有什么区别？

18. (天津商业 2022)商业汇票按承兑人的不同可分为哪两类？请解释说明。

19. (海南大学 2020)简述应收票据贴现的核算过程。

20. (浙江农林 2020、四川师范 2022)简述应收票据贴现的账务处理。

21. (天津大学 2021)应收票据到期后无法支付应该记入什么科目？

22. (新疆大学 2022、湖南工商 2020)应收账款包括哪些？

23. (首经贸 2015、西安石油 2017、中央财经 2017)请分别说明商业折扣和现金折扣的含义，并回答企业发生赊销时，在确定应收账款入账价值时对这两类折扣分别如何处理。

24. (西安石油 2017、西安工业 2020、上海大学 2022)简述存在现金折扣的赊销商品的会计处理。

25. (长安大学 2014、长春理工 2021、兰州财经 2022)简述商业折扣和现金折扣的区别与联系。

26. (江苏大学 2022)谈谈数量折扣、销售折让、现金折扣的概念及其目的。

27. (天津财经 2020)谈谈对应收账款保理的理解。

28. (沈阳工业 2018)什么是坏账？什么是坏账损失？主要核算方法是什么？

29. (江苏大学 2020)坏账是什么？有几种核算方法？

30. (北京工商 2020)简述核算坏账的两种方法。

31. (中央民族 2020)什么是应收款项中核算坏账的备抵法？

32. (云南师范 2021)核算坏账的直接转销法与备抵法有什么不同？

33. (沈阳工业 2020)为什么会发生坏账？发生了坏账如何处理？

34. (广外 2020)不同于其他流动资产，应收账款要计提坏账，为什么？

35. (西安石油2017、天津商业2020、中央民族2020、苏州大学2022)采用备抵法核算坏账损失时如何进行会计处理?
36. (首都经济贸易2018)采用备抵法处理坏账损失时,常见的估计坏账损失金额的方法有哪三种?简单说明各方法的含义。
37. (杭州电子科技2018)分别说明应收账款余额百分比法、账龄分析法、赊销百分比法计提坏账准备的含义及优缺点。
38. (暨南大学2020、天津财经2021)其他应收款包括哪些内容?
39. (西安理工2020)简述与差旅费相关的会计分录。
40. (中南财经政法2020)以摊余成本计量的金融资产的确认条件是什么?其初始确认金额按什么确定?
41. (长沙理工2022)什么是以摊余成本计量的金融资产?
42. (天津财经2021)以摊余成本计量的金融资产计入哪个科目?
43. (对外经济贸易2018、吉林财经2021、北京物资2021)什么是摊余成本?怎样进行核算?
44. (湖北经济2020)债权投资如何初始计量?
45. (桂林电子科技2020)简述利息调整摊销的直线法和实际利率法的特点及优缺点。
46. (天津科技2022)债权投资有哪些明细科目?其计量上有什么特征?
47. (上国会2020)如何确认预期信用损失?
48. (北京交通2023)金融资产信用风险的三个阶段分别是什么?每个阶段如何计量?
49. (西安财经2020)债权投资计提减值准备的情况有哪些?
50. (北京印刷2017)简述交易性金融资产的内容及特征。
51. (中南民族2020)以公允价值计量且其变动计入当期损益的金融资产有什么特征?
52. (北京交通2018、长春理工2021)交易性金融资产的定义是什么?如何进行后续计量?
53. (山东农业2020、吉林财经2021、山西师范2021)交易性金融资产如何进行核算?
54. (西安理工2022)简述交易性金融资产取得时、公允价值变动时及出售时的账务处理。
55. (山西师范2021)交易性金融资产期末如何计量?
56. (北京工商2020)简述以公允价值计量且其变动计入当期损益的金融资产出售时的会计处理。
57. (甘肃政法2022)简述交易性金融资产处置时的分录,以及增值税税额的计算。
58. (武汉纺织2020)交易性金融资产从购入至出售的过程中,计入损益的情况有哪些?
59. (南京理工2021)谈谈对于交易性金融资产的理解。
60. (北京交通2015)简述几类金融资产后续计量的异同。
61. (北京物资学院2021)其他债权投资与其他权益工具投资的计量方法有何不同?
62. (昆明理工2021)其他债权投资的会计处理有何特点?
63. (华北电力2020)其他债权投资期末公允价值变动时是否要处理?
64. (青岛理工2020、北京工商2020)简述以公允价值计量且其变动计入其他综合收益和以公允价值计量且其变动计入当期损益的金融资产计量方式的差异。
65. (中国石油、桂林电子科技2020、中南大学2020、北京工商2020)简述以公允价值计量且其变动计入当期损益的金融资产、以公允价值计量且其变动计入其他综合收益的金融资产和以摊余成本计量的金融资产的区别。

66. (上海大学 2023)简述以公允价值计量且其变动计入其他综合收益的金融资产和以公允价值计量且其变动计入当期损益的金融资产后续计量对期末所有者权益的影响。
67. (吉林财经 2017)简述金融资产的初始确认。
68. (上海理工 2022)其他债权投资是什么类型的金融资产?
69. (天津财经 2020)债券可以计入哪些账户?

第七章 长期股权投资

考情点拨

大白话解释本章内容
所谓长期股权投资就是企业打算长期持有的股权,可能是为了在董事会有一席之地,也可能是为了控制上下游产业,总之不会短期变现。虽然表面形式都是股票,但与金融资产的计量方式存在本质区别,相当于持有的是企业整体,后续计量方式也因此变得复杂得多。
本章难度 ★★★
本章重要程度 ★★★
本章复习策略
本章同样是绝对的重难点,相信大家已经发现了,前七章都是重点,而且一章比一章难。不过大家可以放心,难度到这就顶天了,再往后就开始滑坡了哦。本章考查方式主要是两个:其一是简答和面试部分,主要考查长期股权投资的定义、范围及不同类型计量方式的比较;其二是业务处理部分,主要考查两种类型长期股权投资从初始计量到处置的计算及分录。提醒各位,这一章虽有难度,但依旧有理可循,无论是成本法和权益法的适用范围,还是权益法每一步的调整方式都有其专属的精彩故事。来吧,我们一起攀登最后一座高山!

考点精讲

第一节 长期股权投资概述

◆ 考点54·长期股权投资的定义、类型与范围

1. 定义

长期股权投资是指企业能够对被投资企业<u>实施控制、共同控制或施加重大影响</u>的权益性投资。

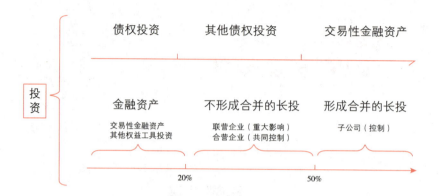

2. 类型与范围

长期股权投资的类型与范围

类型	影响程度(经济实质)	持股比例(法律形式)	后续计量方法
形成控股合并的长期股权投资——子公司	能够对被投资单位实施控制	一般为50%以上	成本法
不形成控股合并的长期股权投资——合营企业	与其他合营方一同对被投资单位实施共同控制(组合必须是唯一的)	一般为20%~50%	权益法
不形成控股合并的长期股权投资——联营企业	投资方对被投资单位具有重大影响的权益性投资,即对联营企业投资	一般为20%~50%	权益法

> **佳姐翻译.**
>
> 持股比例只是一种通常的法律形式,并不决定作为长期股权投资类型。题目一般会直接给出对被投资企业的影响程度是重大影响还是共同控制、控制。

【例1·单选】甲公司由A公司、B公司和C公司投资设立。根据投资协议的约定,甲公司相关活动决策至少需要由表决权股份的80%以上方可通过。假定A公司、B公司和C公司相互均未达成托管协议,不考虑其他因素,则下列投资持股比例形成共同控制的是(　　)。

A. A公司持股比例为65%,B公司持股比例为17%,C公司持股比例为18%
B. A公司持股比例为55%,B公司持股比例为33%,C公司持股比例为12%
C. A公司持股比例为80%,B公司持股比例为12%,C公司持股比例为8%
D. A公司持股比例为70%,B公司持股比例为15%,C公司持股比例为15%

【解析】选项A、D,A公司和B公司或C公司组合均可以超过80%,存在两个或两个以上的参与方组合能够集体控制某项安排的,不构成共同控制;选项C,A公司持股比例为80%,已超过80%,直接能够控制甲公司,不属于共同控制。

【答案】B

3. 企业合并与长期股权投资

企业合并,是指将两个或两个以上单独的企业合并形成一个报告主体的交易或事项。企业合并按合并方式划分,包括控股合并、吸收合并和新设合并。在控股合并下,合并方因取得被合并方达到控制程度的股权,取得了对被合并方的控制权,被合并方成为其子公司。在企业合并发生后,被合并方应当纳入合并方合并财务报表的编制范围,从合并财务报表角度,形成报告主体的变化。

第二节 形成控股合并的长期股权投资

企业合并按合并前后是否受同一方或相同多方最终控制,分为同一控制下的企业合并和非同一控制下的企业合并。

合并方式	概念	特征	称谓
非同一控制下	指参与合并各方在合并前后不受同一方或相同的多方最终控制的合并交易	(1)支付的对价按照公允价值口径计算 (2)非关联方之间的交易	确认日:购买日 投资者:购买方 被投资者:被购买方
同一控制下	指参与合并的双方在合并前后均受同一方或相同的多方最终控制且该控制并非暂时性的合并交易	(1)支付的对价按照账面价值口径计算 (2)属于关联方(affiliated party)交易,本质是集团内部资源的重新整合(家族内部财产洗牌)	确认日:合并日 投资者:合并方 被投资者:被合并方

◆ 考点 55 · 非同一控制下控股合并的长期股权投资

相对于同一控制下的控股合并而言,非同一控制下的控股合并是合并各方自愿进行的交易行为,作为一种公平的交易,应当以公允价值为基础进行计量。

1. 初始计量

初始投资成本为购买方在购买日为取得被购买方的控制权而付出的资产、发生或承担的负债以及发行的权益性证券的公允价值,但合并支付的对价或价款中包含的已宣告但尚未发放的现金股利或利润计入应收股利。企业合并发生的直接费用(审计费、律师费等)计入管理费用。企业为取得长期股权投资发行股票、债券的券商佣金费用冲减发行溢价。

情形	会计分录
以支付现金、转让非现金资产方式取得	借:长期股权投资(付出对价的公允价值) 　　应收股利(已宣告但尚未发放的现金股利) 　贷:银行存款 　　××资产(该资产的账面价值) 　　××损益(资产账面价值与公允价值的差额) 借:管理费用(审计费、律师费等) 　贷:银行存款
以发行股票方式取得	借:长期股权投资(发行股数×购买日股价) 　　应收股利(已宣告但尚未发放的现金股利) 　贷:股本(发行股数×面值) 　　资本公积——股本溢价(差额) 借:资本公积——股本溢价 　　盈余公积 　　利润分配——未分配利润 　贷:银行存款(支付的券商佣金) 　券商佣金依次冲减 借:管理费用(审计费、律师费等) 　贷:银行存款
以发行债券方式取得	借:长期股权投资(发行数量×发行价格) 　　应收股利(已宣告但尚未发放的现金股利) 　贷:应付债券——面值(发行数量×面值) 　　　　　　——利息调整(差额) 借:应付债券——利息调整(券商佣金) 　贷:银行存款 借:管理费用(审计费、律师费等) 　贷:银行存款

(1) 转让非现金资产方式取得长期股权投资产生损益怎么记？

企业以非现金资产取得长期股权投资，相当于出售资产再买入长期股权投资。长期股权投资初始投资成本为该非现金资产公允价值（售价），该非现金资产以账面价值"清零"，两者产生的差异视同出售，正常确认损益，如为固定资产和无形资产记入"资产处置损益"，金融资产则记入"投资收益"等科目，存货则确认"主营业务收入"，并结转"主营业务成本"。

(2) 购买长期股权投资的价款中包含的已宣告但尚未发放的现金股利怎么记？

这里没有例外，与金融资产一样，都相当于花了钱但很快会"返现"，应记入"应收股利"科目。

(3) 初始计量"一本三费"怎么处理？

"一本"	初始投资成本	花了多少钱就计多少钱，花了多少东西就计多少东西的售价
"三费"	为合并发生的直接费用（审计费、律师费等）	借记"管理费用"
	为发行股票的费用（券商佣金）	借记"资本公积——股本溢价"，不足冲减的，依次冲减"盈余公积""利润分配——未分配利润"
	为发行股票的费用（券商佣金）	借记"应付债券——利息调整"

【例2·分录·华北电力(保定)2022】A公司于2020年1月1日以6 000万元购入B公司股票8 000万股，每股面值1元，占B公司实际发行在外股数的60%，为进行该项交易，A公司支付有关审计等中介机构费用60万元。购入前A、B公司无关联关系，购入股权后A公司能够控制B公司经营决策。2020年1月1日，B公司可辨认净资产公允价值为16 000万元。取得投资时B公司的一项固定资产公允价值为100万元，账面价值为80万元，该固定资产的预计使用年限为5年，净残值为0，按照直线法计提折旧。B公司的一项无形资产公允价值为30万元，账面价值为40万元，该无形资产预计使用年限为5年，净残值为0，按照直线法摊销，不考虑其他因素。

要求：
(1) 计算A公司2020年1月1日此项投资的入账价值；
(2) 编制A公司2020年1月1日购入此项投资的会计分录（答案的金额单位以万元表示）。

【答案】
(1) A公司2020年1月1日此项投资的入账价值为6 000万元。

(2)借：长期股权投资　　　　　　　　　　　　　　　　　　6 000
　　　管理费用　　　　　　　　　　　　　　　　　　　　　60
　　　贷：银行存款　　　　　　　　　　　　　　　　　　　　6 060

【例3·计算·北京交通2018、北国会2017】2×18年3月31日，A公司取得B公司70%的股权，并于当日起能够对B公司实施控制。合并中，A公司支付的有关资产在购买日的账面价值与公允价值如下表所示。合并中，A公司为核实B公司的资产价值，聘请专业资产评估机构对B公司的资产进行评估，支付评估费用1 000 000元。假定合并前A公司与B公司不存在任何关联方关系。不考虑相关税费等其他因素影响。

A公司支付的有关资产购买日的账面价值与公允价值

2×18年3月31日　　　　　　　　　　　　　　　　　　　　　　单位：元

项目	账面价值	公允价值
土地使用权（自用）	20 000 000（成本为30 000 000，累计摊销10 000 000）	32 000 000
专利技术	8 000 000（成本为10 000 000，累计摊销2 000 000）	10 000 000
银行存款	8 000 000	8 000 000
合计	36 000 000	50 000 000

要求：
(1)计算长期股权投资初始投资成本；
(2)计算取得该长期股权投资对A公司当期利润的影响；
(3)编制A公司购买日取得该长期股权投资的分录。

【答案】
(1)长期股权投资初始投资成本＝32 000 000＋10 000 000＋8 000 000＝50 000 000(元)
(2)取得该长期股权投资对A公司当期利润的影响＝32 000 000＋10 000 000－20 000 000－8 000 000－1 000 000＝13 000 000(元)
(3)2×18年3月31日A公司取得B公司70%股权时：
借：长期股权投资　　　　　　　　　　　　　　　　　　50 000 000
　　累计摊销——土地使用权　　　　　　　　　　　　　10 000 000
　　　　　　——专利技术　　　　　　　　　　　　　　　2 000 000
　　管理费用　　　　　　　　　　　　　　　　　　　　　1 000 000
　　贷：无形资产——土地使用权　　　　　　　　　　　　30 000 000
　　　　　　　　——专利技术　　　　　　　　　　　　　10 000 000
　　　　资产处置损益　　　　　　　　　　　　　　　　　14 000 000
　　　　银行存款　　　　　　　　　　　　　　　　　　　9 000 000

2. 后续计量（成本法）

成本法，是指投资按成本计价的方法。长期股权投资的成本法适用于企业持有的、能够对被投资单位实施控制的长期股权投资。

采用成本法核算的长期股权投资,核算方法如下:

①初始投资或追加投资时,按照初始投资或追加投资时的成本增加长期股权投资的账面价值。

②除取得投资时实际支付的价款或对价中包含的已宣告但尚未发放的现金股利或利润外,投资企业应当按照享有被投资单位宣告发放的现金股利或利润确认投资收益。

③子公司将未分配利润或盈余公积转增股本(实收资本),且未向投资方提供等值现金股利或利润的选择权时,投资方并没有获得收取现金或者利润的权力,该项交易通常属于子公司自身权益结构的重分类,会计准则规定投资方不应确认相关的投资收益。

情形	会计处理
被投资单位实现利润或者发生亏损	不做处理
分配现金股利	借:应收股利 贷:投资收益
减值	借:资产减值损失 贷:长期股权投资减值准备

【注意】长期股权投资减值准备一经计提,后续不得转回。

【例4·分录·山西财经2020】W公司持有X公司70%股权,能够控制X公司。20×1年5月15日,X公司宣告发放现金股利2 000 000元。5月25日W公司收到X公司发放的现金股利。

要求:根据上述事项,编制W公司持有长期股权投资的分录。

【答案】
(1)W公司应收现金股利=2 000 000×70%=1 400 000(元)
20×1年5月15日宣告发放现金股利时:
借:应收股利   1 400 000
  贷:投资收益   1 400 000
(2)20×1年5月25日收到现金股利时:
借:银行存款   1 400 000
  贷:应收股利   1 400 000

【例5·分录·广西财经、南京信息工程2016】2×16年1月1日,甲公司以定向增发1 500万股普通股(每股面值为1元、公允价值为6元)的方式取得乙公司80%股权,另以银行存款支付股票发行费用300万元,相关手续于当日完成,取得了乙公司的控制权。当日,乙公司所有者权益的账面价值为12 000万元。本次投资前,甲公司与乙公司不存在关联方关系。2×16年4月15日,乙公司宣告发放现金股利30 000元。

要求：
(1)计算甲公司取得该长期股权投资的初始投资成本；
(2)编制甲公司持有该长期股权投资的相关分录(答案的金额单位以万元表示)。

【答案】
(1)甲公司取得乙公司的股权属于非同一控制下企业合并形成的长期股权投资，初始投资成本＝1 500×6＝9 000(万元)
(2)2×16年1月1日甲公司取得该长期股权投资时：
借：长期股权投资　　　　　　　　　　　　　　　　　　9 000
　　贷：股本　　　　　　　　　　　　　　　　　　　　1 500
　　　　资本公积——股本溢价　　　　　　　　　　　　7 500
借：资本公积——股本溢价　　　　　　　　　　　　　　300
　　贷：银行存款　　　　　　　　　　　　　　　　　　300
2×16年4月15日，宣告发放现金股利时：
甲公司应确认的投资收益＝3×80%＝2.4(万元)
借：应收股利　　　　　　　　　　　　　　　　　　　　2.4
　　贷：投资收益　　　　　　　　　　　　　　　　　　2.4

3. 处置
处置长期股权投资时，收到的价款与长期股权投资的账面金额的差额记入"投资收益"科目。
借：银行存款
　　长期股权投资减值准备
　　贷：长期股权投资
　　　　投资收益(差额，可能在借)

◆ 考点56·同一控制下控股合并的长期股权投资

同一控制下的控股合并，是指参与合并的企业在合并前后均受同一方或相同多方最终控制，且该控制并非暂时性的。例如，A公司为B公司和C公司的母公司，A公司将其持有C公司60%的股权转让给B公司。转让股权后，B公司持有C公司60%的股权，但B公司和C公司仍由A公司控制。

佳姐翻译

如何判断是否属于同一控制下企业合并类型？

如果题目出现下列表述即为同一控制下的企业合并：自母公司（控股股东）取得；属于同一集团；均受某公司控制；属于关联方。

1. 初始计量

同一控制下的控股合并,合并双方的合并行为不完全是自愿进行和完成的,这种控股合并不属于交易行为,而是同一集团内参与合并各方资产和负债的重新组合。因此,合并方应以被合并方所有者权益的账面价值为基础,对长期股权投资进行初始计量。

同一控制下控股合并的长期股权投资初始计量

项目	计量依据	具体会计处理
初始投资成本	以合并日应享有的被合并方所有者权益账面份额作为长期股权投资的初始投资成本	借:长期股权投资(被合并方所有者权益账面份额) 应收股利 管理费用 贷:资产、负债(账面价值) 资本公积——资本溢价(或股本溢价) 【注意】不足冲减的差额,依次冲减盈余公积、利润分配——未分配利润
付出非现金资产	按账面价值转出,不确认损益	
合并支付的对价或价款中包含的已宣告但尚未发放的现金股利或利润	不计入初始投资成本,作为应收项目处理	
为合并支付的直接交易费用	不计入初始投资成本,计入管理费用	
发行股票、债券的佣金费用	与非同一控制下的控股合并一样,冲减相关溢价部分	
初始投资成本与支付对价的账面价值的差额	计入资本公积,资本公积余额不足抵减的,依次冲减盈余公积、未分配利润	

佳姐翻译

为什么将同一控制下控股合并的长期股权投资初始投资成本与付出对价之间的差额计入资本公积?

(1)当付出对价的账面价值小于取得的长投账面价值时,合并方相当于从母公司获得了净投资,即母公司作为股东对其子公司进行注资,因此要增加合并方资本公积。

(2)当付出对价的账面价值大于取得的长投账面价值时,母公司相当于从合并方获得了净资产,即母公司作为股东从其子公司抽回了出资,因此要减少合并方的资本公积。

【例6·业务处理·西安外国语2018、天津工业2023】2017年3月10日，A公司从母公司手中取得B公司100%的股权。为进行该项合并，A公司发行了600万普通股作为对价，每股面值1元。合并日，B公司股东权益总额为2 000万元。

要求：编制上述经济业务的会计分录（答案的金额单位以万元表示）。

【答案】
借：长期股权投资　　　　　　　　　　　　　　　　　　　　2 000
　　贷：股本　　　　　　　　　　　　　　　　　　　　　　　　600
　　　　资本公积——股本溢价　　　　　　　　　　　　　　　1 400

2. 后续计量与处置

同一控制下的长期股权投资的后续计量、处置与上文非同一控制下的长期股权投资处理一致，这里不再赘述。

【例7·分录·山西财经2017】甲公司为乙公司和丙公司的母公司。20×1年1月1日，甲公司将其持有丙公司60%的股权转让给乙公司，双方协商确定的价格为8 000 000元，以银行存款支付。此外，乙公司还以银行存款支付审计、评估费15 000元。合并日，丙公司所有者权益的账面价值为12 000 000元，乙公司资本公积余额为2 000 000元。

要求：根据以上资料，编制乙公司取得长期股权投资的会计分录。

【答案】借：长期股权投资　　　　　　　　　　　　　　　　　7 200 000
　　　　　管理费用　　　　　　　　　　　　　　　　　　　　 15 000
　　　　　资本公积——股本溢价　　　　　　　　　　　　　　800 000
　　　　贷：银行存款　　　　　　　　　　　　　　　　　　　8 015 000

第三节　不形成控股合并的长期股权投资

◆考点57·不形成控股合并的长期股权投资的初始计量

不形成控股合并的长期股权投资与非同一控制下形成控股合并的长期股权投资一样，都是一种自愿、公平的交易行为，应基于公允价值进行初始计量。但不形成控股合并的长期股权投资所发生的直接交易费用计入长期股权投资成本。

情形	会计分录
以支付现金、转让非现金资产方式取得	借：长期股权投资——投资成本（付出对价的公允价值＋直接交易费用） 　　　应收股利 　　贷：银行存款 　　　　××资产（该资产的账面价值） 　　　　××损益（资产账面价值与公允价值的差额）

续表

情形	会计分录
以发行股票方式取得	借：长期股权投资——投资成本（发行股数×购买日股价＋直接交易费用） 　　应收股利 　贷：股本（发行股数×面值） 　　　资本公积——股本溢价（差额） 　　　银行存款（直接交易费用） 借：资本公积——股本溢价 　　盈余公积 　　利润分配——未分配利润　　　　券商佣金依次冲减 　贷：银行存款（支付的券商佣金）
以发行债券方式取得	借：长期股权投资——投资成本（发行数量×发行价格＋直接交易费用） 　　应收股利 　贷：应付债券——面值（发行数量×面值） 　　　　　　　——利息调整（差额） 　　　银行存款（直接交易费用） 借：应付债券——利息调整（券商佣金） 　贷：银行存款

【例8·分录·华北电力（北京）2021】大丰公司（以下简称公司）为股份有限公司，为增值税一般纳税人。2020年12月10日，从公开市场中购入丙公司20％的股份，实际支付价款16 000万元，其中包含丙公司已经宣告但尚未发放的现金股利60万元。另外，在购买过程中支付手续费等相关费用400万元。公司取得该股权后能够对丙公司的生产经营决策施加重大影响。请编制2020年12月该公司相关经济业务的会计分录，并写出必要的计算过程。会计分录中的金额以万元为单位。

【答案】长期股权投资初始投资成本＝16 000－60＋400＝16 340（万元）

借：长期股权投资——投资成本　　　　　　　　　　　　　　　　　　16 340
　　应收股利　　　　　　　　　　　　　　　　　　　　　　　　　　　　60
　贷：银行存款　　　　　　　　　　　　　　　　　　　　　　　　　16 400

【例9·分录·长春理工2020】2×17年3月A公司通过增发3 000 000股（每股面值1元）本企业普通股为对价，从非关联方处取得对B公司20％的股权，所增发股份的公允价值为52 000 000元。为增发该部分普通股，A公司支付了2 000 000元的佣金和手续费。取得B公司股权后，A公司能够对B公司施加重大影响。不考虑相关税费等其他因素影响，编制上述A公司取得长期股权投资的分录。

【答案】

借：长期股权投资——投资成本　　　　　　　　　　　　　　　　　52 000 000

贷：股本		3 000 000
资本公积——股本溢价		49 000 000
借：资本公积——股本溢价		2 000 000
贷：银行存款		2 000 000

◆ 考点 58 · 不形成控股合并的长期股权投资的后续计量（权益法）

类型	影响程度	后续计量核算方法
形成控股合并的长期股权投资	控制（子公司）	成本法
不形成控股合并的长期股权投资	共同控制（合营企业）	权益法
	重大影响（联营企业）	

【例10·多选·中央财经2016】根据我国的会计准则规定，长期股权投资应采用权益法核算的有（　　）。

  A. 控制　　　　　　B. 共同控制　　　　　　C. 重大影响　　　　　　D. 非共同控制

  E. 非重大影响

【解析】略

【答案】BC

权益法是指投资以初始投资成本计量后，在持有期内，根据被投资单位所有者权益的变动，投资企业按应享有（或应分担）被投资企业所有者权益的份额调整其投资账面价值的方法。

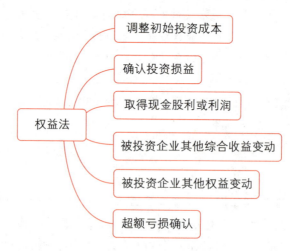

1. 调整初始投资成本

长期股权投资的初始投资成本大于投资时应享有被投资单位可辨认净资产公允价值份额的，不调整长期股权投资的初始投资成本；长期股权投资的初始投资成本小于投资时应享有被投资单位可辨认净资产公允价值份额的，应按其差额调整初始投资成本，计入营业外收入。

借：长期股权投资——投资成本
　　贷：营业外收入

【注意】长期股权投资的初始投资成本大于投资时应享有被投资单位可辨认净资产公允价值份额的部分，实际上是商誉，而商誉与整体有关，不能在个别报表中确认。

大家可以将初始投资成本调整思路，按"亏了不声张，赚了赶紧记"进行记忆。

商誉＝初始投资成本－投资时被投资方可辨认净资产公允价值×持股比例

佳姐翻译

初始投资成本 VS 入账价值一样吗？

对于形成控股合并的长期股权投资，由于不涉及初始投资成本的调整，入账价值与初始投资成本一致，无须区分。但对于不形成控股合并的长期股权投资，大家做题时一定要注意区分。不形成控股合并的长期股权投资初始投资成本为付出对价的公允价值加上直接交易费用，入账价值为经过调整后的结果，取初始投资成本和应享有被投资单位可辨认净资产公允价值份额中的较大值。

【例11·单选·中国石油(华东)2020】2×19年2月1日，甲公司以增发1 000万股本公司普通股股票和交易性金融资产为对价，取得乙公司25%股权，能够对乙公司施加重大影响。其中，所发行普通股面值为每股1元，公允价值为每股10元。为增发股票，甲公司向证券承销机构支付佣金和手续费400万元。作为对价的交易性金融资产账面价值为600万元，公允价值为620万元。当日，乙公司可辨认净资产公允价值为42 800万元。不考虑增值税等其他因素影响，甲公司该项长期股权投资的入账价值为(　　)万元。

　　A. 10 600　　　　B. 10 620　　　　C. 10 700　　　　D. 10 000

【解析】本题问的是"入账价值"，应为调整初始投资成本后的结果。长期股权投资初始投资成本＝10×1 000＋620＝10 620(万元)。由于甲公司享有的可辨认净资产公允价值份额(42 800×25%)大于长期股权投资初始投资成本，所以调整长期股权投资入账价值至10 700万元。

【答案】C

【例12·单选·江汉大学2020】华夏公司以货币资金430万元购入A公司40%的股权(对A公司构成共同控制)，购买日A公司可辨认净资产的账面价值为1 000万元，公允价值为1 200万元。华夏公司对A公司的长期股权投资采用权益法进行核算，下列说法正确的是(　　)。

　　A. 华夏公司收购价款高于享有A公司可辨认净资产账面价值的份额30万元视同商誉
　　B. 华夏公司对长期股权投资的初始成本进行调整时应确认营业外支出30万元
　　C. 华夏公司对长期股权投资的初始成本进行调整时应调增长期股权投资成本50万元
　　D. 华夏公司对长期股权投资的初始成本不需要进行调整

【解析】长期股权投资的初始投资成本小于投资时应享有被投资单位可辨认净资产公允价

值份额的,应按其差额调整初始投资成本,计入营业外收入。华夏公司购买的 A 公司长期股权投资初始投资成本为 430 万元,享有的被投资单位可辨认净资产公允价值份额为 1 200×40%＝480 万元,应调增长期股权投资成本 50 万元,并贷记"营业外收入"。

【答案】C

2. 确认投资损益

投资企业取得长期股权投资后,应当按照应享有或应分担的 调整后 的被投资企业实现的净损益的份额,确认投资损益并调整长期股权投资的账面价值。

借:长期股权投资——损益调整（被投资企业经调整后的净利润×持股比例）
　　贷:投资收益

【例 13·单选·四川大学 2017】2015 年 1 月 1 日,甲公司以银行存款 2 500 万元取得乙公司 20%有表决权的股份,对乙公司具有重大影响,采用权益法核算;乙公司当日可辨认净资产的账面价值为 12 000 万元,各项可辨认资产、负债的公允价值与其账面价值均相同。乙公司 2015 年度实现的净利润为 1 000 万元。不考虑其他因素,2015 年 12 月 31 日,甲公司该项投资在资产负债表中应列示的年末余额为(　　)万元。

A. 2 500　　　　B. 2 400　　　　C. 2 600　　　　D. 2 700

【解析】(1)初始入账及调整初始投资成本:

按投资日被投资企业可辨认净资产公允价值计算的投资份额为 12 000×20%＝2 400(万元),小于初始投资成本 2 500 万元,无须调整。分录金额单位以万元表示:

借:长期股权投资——投资成本　　　　　　　　　　　　　　2 500
　　贷:银行存款　　　　　　　　　　　　　　　　　　　　　　2 500

(2)确认投资损益:

投资企业应确认的投资收益＝1 000×20%＝200(万元)

借:长期股权投资——损益调整　　　　　　　　　　　　　　　200
　　贷:投资收益　　　　　　　　　　　　　　　　　　　　　　　200

所以,长期股权投资账面价值＝2 500＋200＝2 700(万元)

【答案】D

3. 取得现金股利或利润

采用权益法进行长期股权投资的核算,被投资企业分派的现金股利应视为投资企业投资成本的收回。投资企业应冲减长期股权投资成本,不确认投资收益。

另外,被投资企业分派股票股利时,属于被投资企业所有者权益内部变动,不涉及被投资企业所有者权益发生增减变动,所以投资企业不作账务处理,但应于除权日在备查簿中登记,注明所增加的股数,以反映股份的变化情况。

(1)被投资单位宣告分配现金股利或利润时

借:应收股利
　　贷:长期股权投资——损益调整

(2)实际收到时

借：银行存款 等
　　贷：应收股利

> **佳姐翻译**
>
> ### 确认应收股利为什么不记"投资收益"？
>
> 这里的应收股利的确认方式，是非常特殊的一种情形。前面我们学习的金融资产和形成控股合并的长期股权投资，宣告现金股利或利息，都是借记"应收股利"或"应收利息"，贷记"投资收益"。这里没有贷记"投资收益"是因为，在权益法的第二步，我们已经基于被投资企业净利润的实现，在"投资收益"和"长期股权投资——损益调整"这两个科目进行了相应的调整。而现金股利的分配本就是基于净利润进行的分配，会导致被投资企业净利润减少，所以需要调减"长期股权投资——损益调整"。

4. 被投资企业其他综合收益变动

权益法核算下，被投资企业确认的其他综合收益及其变动，会影响被投资企业所有者权益总额，从而影响投资企业应享有被投资单位所有者权益的份额。因此，当被投资单位其他综合收益发生变动时，投资企业应当按照归属于本企业的份额，相应调整长期股权投资的账面价值，同时增加或减少其他综合收益。

但要注意被投资单位其他综合收益能否重分类进损益，这决定将来处置长期股权投资时结转其他综合收益是进入投资收益还是留存收益。

借：长期股权投资——其他综合收益
　　贷：其他综合收益
（减少时作相反处理）

【例14·业务处理·天津商业2015（改编）】12月20日，被投资企业丙公司其他债权投资的公允价值增加300万元，甲公司采用权益法按30%持股比例确认应享有的份额。

要求：根据上述资料，编制相关的会计分录（分录金额单位以万元表示）。

【答案】借：长期股权投资——其他综合收益　　　　90
　　　　　贷：其他综合收益　　　　　　　　　　　　90

5. 被投资企业其他权益变动

被投资企业除净损益、利润分配、其他综合收益以外的所有者权益的变动，投资企业应当按照归属于本企业的份额调整长期股权投资的账面价值，并计入资本公积。例如：被投资单位获得其他股东的资本性投入、被投资单位发行可转债、被投资单位确认权益结算的股份支付。

借：长期股权投资——其他权益变动
　　贷：资本公积——其他资本公积
（减少时作相反处理）

【例 15·业务处理】 A 企业持有 B 企业 30%的股份，能够对 B 企业施加重大影响。B 企业为上市公司，当期 B 企业的母公司给予 B 公司捐赠 1 000 万元，该捐赠实际上属于资本性投入，B 公司将其计入资本公积（股本溢价）。不考虑其他因素，请编制 A 企业按照权益法确认该权益的分录。

【答案】 A 企业确认应享有被投资企业所有者权益的其他变动＝1 000×30%＝300（万元）
借：长期股权投资——其他权益变动　　　　　　　　　　　3 000 000
　　贷：资本公积——其他资本公积　　　　　　　　　　　　　3 000 000

6. 超额亏损的确认

投资企业确认被投资企业发生的净亏损时，应以长期股权投资的账面价值以及其他实质上构成对被投资企业净投资的长期权益减记至零为限（该类长期权益不包括投资企业与被投资企业之间因销售商品、提供劳务等日常活动所产生的长期债权）。除按照以上步骤已确认的损失外，按照投资合同或协议约定将承担的额外损失，确认为预计负债。除上述情况外，仍未确认的应分担被投资企业的损失，应在备查簿中登记。发生亏损的被投资企业以后实现净利润的，应按上述相反的顺序进行恢复。

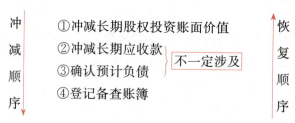

① 被投资企业发生净亏损时：
借：投资收益
　　贷：长期股权投资——损益调整
　　　　长期应收款（如涉及）
　　　　预计负债（如涉及）

② 后续被投资企业实现盈利时：
借：预计负债（如涉及）
　　长期应收款（如涉及）
　　长期股权投资——损益调整
　　贷：投资收益

【例 16·单选·广东工业 2016】 甲公司持有 B 公司 30%的普通股股权，截至 2015 年年末该项长期股权投资账户余额为 280 万元，2015 年年末该项投资减值准备余额为 12 万元，B 公司 2015 年发生净亏损 1 000 万元，甲公司对 B 公司没有其他长期权益。2015 年年末，甲公司对 B 公司的"长期股权投资"的科目余额应为（　　）万元。

A.0　　　　　　B.12　　　　　　C.—20　　　　　　D.—8

【解析】280－12－1 000×30％＝－32（万元），当长期股权投资账面价值减记至零时，应再按照长期应收款、预计负债、备查账簿的顺序进行减记。

【答案】A

7. 被投资企业净利润的调整

(1) 投资时点并非年初，存在利润归属期问题

投资企业仅享有被投资企业自投资日至资产负债表日实现的净利润。

$$调整后的净利润 = 被投资企业净利润 \times \frac{当年已投资的月数}{12}$$

(2) 在投资时点，被投资企业的账面价值与公允价值不一致

由于长期股权投资的初始投资成本已经按照股权取得日被投资企业可辨认净资产的公允价值进行了调整，因此被投资企业的净利润也应以**其购买日各项可辨认资产等的公允价值**进行调整后加以确定。

要点	投资时点，被投资企业的存货公允价值与账面价值不一致	投资时点，被投资企业的固定资产或无形资产公允价值与账面价值不一致
对账面净利润的影响	－账面价值×当期出售比例	－账面价值/尚可使用年限×折旧（摊销）月数/12
对公允价值净利润应有的影响	－投资时点公允价值×当期出售比例	－投资时点公允价值/尚可使用年限×折旧（摊销）月数/12
调整处理	－（投资时点公允价值－账面价值）×当期出售比例	－（投资时点公允价值－账面价值）/尚可使用年限×折旧（摊销）月数/12

佳姐翻译

投资时点被投资企业账面价值与公允价值不一致时的调整原理

正常情形下，净利润都是基于账面价值计算出来的，但这里为了保持前后口径一致，需要将被投资企业基于账面价值计算的净利润调整为基于公允价值计算的净利润。怎么调整呢？首先我们要看投资时点，被投资企业有哪些资产账面价值和公允价值不一样，一般就是存货、固定资产、无形资产这些以成本计算的资产。其次，我们再看这些资产从投资时点到确认投资损益时点，发生了哪些变化，哪些会影响被投资企业净利润。

资产类别	调整部分	原理解读
存货	出售部分	存货出售时，需要将账面价值结转为"主营业务成本"，影响被投资企业净利润
固定资产	折旧部分	固定资产折旧时，记入"管理费用""制造费用"等科目，最终会影响被投资企业净利润
无形资产	摊销部分	无形资产摊销时，记入"管理费用""制造费用"等科目，最终会影响被投资企业净利润

(3)投资企业与合营企业或联营企业之间发生内部交易时

投资企业与合营企业或联营企业之间发生内部交易时，若该资产未出售给外部第三方，则该部分损益未最终实现，应予抵消，应将抵消未实现内部交易损益后的净利润作为计算投资损益的依据。

内部交易分为顺流交易和逆流交易。其中顺流交易是指投资企业向其联营企业或合营企业出售资产；逆流交易是指联营企业或合营企业向投资企业出售资产。在个别报表中，无论是顺流交易还是逆流交易，对内部交易的调整处理都是一样的。

要点	内部交易形成的存货	内部交易形成的固定资产、无形资产
内部交易形成的损益	售价－账面成本	售价－账面成本
已实现的内部交易损益	（售价－账面成本）×出售比例	固定资产和无形资产通过折旧和摊销实现：（售价－账面成本）/尚可使用年限×折旧（摊销）月数/12
未实现内部交易损益	（售价－账面成本）×（1－出售比例）	（售价－账面成本）－（售价－账面成本）/尚可使用年限×折旧（摊销）月数/12
调整处理	①减掉内部交易发生当年未实现内部交易损益 ②加回往年已实现内部交易损益	

佳姐翻译

所谓内部交易，就是投资方和被投资方互卖东西。这里不免让人生疑：这些公司闲着没事干了？为什么非要薅自己人的羊毛，折磨财务小姐姐呢？事实上，这种内部交易可能正是"长投"的起因，比如A公司是一个生产型企业，B公司生产的甲原材料是其产成品的必备原料。A公司通过参股B公司，就可以更好地控制上游原材料的采购。

但是呢，站在市场监管方的角度来看，难免担心关联企业通过内部交易倒腾资产，粉饰报表。所以规定了这部分损益，无论是投资方确认的，还是被投资方确认的，只要未出售给第三方，均应予以抵消。

即：只有对外交易形成的利润才是真实利润，对内交易形成的利润都是虚增的利润。

资产类别	调整部分	原理解读
存货	未出售给第三方部分	存货未出售给第三方，则内部交易未实现，被投资企业净损益应予以调减
固定资产	未折旧部分	固定资产折旧部分已流出企业，可看作内部损益已实现；未折旧部分还在投资企业或被投资企业账上，内部交易未实现，被投资企业净损益应予以调减
无形资产	未摊销部分	无形资产摊销部分已流出企业，可看作内部损益已实现；未摊销部分还在投资企业或被投资企业账上，内部交易未实现，被投资企业净损益应予以调减

【例17·业务处理·广东财经2016&2017、哈尔滨工业2017、武汉大学2017、武汉工程2020】甲公司2015年与长期股权投资有关的资料如下：

(1)1月1日，以银行存款3 200万元购入乙公司40%股权，对乙公司具有重大影响。取得投资当日乙公司可辨认净资产的公允价值为9 000万元，除下表所列项目外，乙公司其他可辨认资产、负债的公允价值与账面价值相同。

单位：万元

项目	账面原价	已提折旧或摊销	公允价值	乙公司预计使用年限	甲公司取得投资后剩余年限
存货	500		900		
固定资产	2 700	1 080	2 340	10	6
无形资产	800	600	960	10	8

(2)2015年7月，乙公司将本公司生产的一批产品销售给甲公司，售价为200万元，成本为160万元，未计提存货跌价准备。至2015年12月31日，甲公司该批产品仍未对外部独立第三方销售。

(3)12月31日，乙公司因本期购入的债权投资公允价值上升，确认其他综合收益800万元。

(4)乙公司 2015 年度实现净利润 1 500 万元，计提盈余公积 150 万元。乙公司年初持有的存货在本年全部实现对外销售。除上述事项外，乙公司 2015 年度未发生其他影响所有者权益变动的交易和事项。

要求：

(1)计算 2015 年 1 月 1 日投资时对甲公司损益的影响金额，并编制相关的会计分录；

(2)计算甲公司 2015 年应确认的投资收益，并编制 2015 年年末甲公司调整对乙公司长期股权投资账面价值的相关会计分录。

(分录金额单位以万元表示)

【答案】

(1)对甲公司损益影响金额 = 9 000×40% − 3 200 = 400(万元)

借：长期股权投资——投资成本　　　　　　　　　　　　3 200
　　贷：银行存款　　　　　　　　　　　　　　　　　　　　　3 200
借：长期股权投资——投资成本　　　　　　　　　　　　400
　　贷：营业外收入　　　　　　　　　　　　　　　　　　　　400

(2)乙公司经调整的净利润 = 1 500 − (900 − 500) − (2 340÷6 − 2 700÷10) − (960÷8 − 800÷10) − (200 − 160) = 900(万元)

甲公司应确认的投资损益 = 900×40% = 360(万元)

借：长期股权投资——损益调整　　　　　　　　　　　　360
　　贷：投资收益　　　　　　　　　　　　　　　　　　　　　360

甲公司应确认的综合收益 = 800×40% = 320(万元)

借：长期股权投资——其他综合收益　　　　　　　　　320
　　贷：其他综合收益　　　　　　　　　　　　　　　　　　　320

【例 18·业务处理·河海大学 2016、浙江财经 2018】 甲公司 2014 年与长期股权投资有关的资料如下：

(1)2014 年 2 月 1 日以银行存款 950 万元购入乙公司 20% 股份，对乙公司具有重大影响。取得投资当日乙公司可辨认净资产的公允价值为 4 000 万元。

(2)2014 年乙公司实现净利润 600 万元。

(3)2015 年 3 月 10 日，乙公司宣告发放现金股利 100 万元。

(4)2015 年 5 月 10 日，乙公司持有的其他债权投资公允价值上升 200 万元。

要求：

(1)编制甲企业 2014 年 2 月 1 日购入长期股权投资的分录；

(2)编制甲公司 2014 年调整长期股权投资账面价值的分录；

(3)编制甲公司 2015 年 3 月 10 日宣告发放现金股利的分录；

(4)编制甲公司 2015 年 5 月 10 日调整长期股权投资账面价值的分录。

(分录金额单位以万元表示)

【答案】

(1)借：长期股权投资——投资成本　　　　　　　　　　　　950

贷：银行存款	950

(2)甲公司应确认的投资收益＝600×11/12×20％＝110(万元)

借：长期股权投资——损益调整	110
贷：投资收益	110
(3)借：应收股利	20
贷：长期股权投资——损益调整	20
(4)借：长期股权投资——其他综合收益	40
贷：其他综合收益	40

【例19·业务处理·浙江工商2017&2020、广州大学2020、天津财经2020、湖北经济学院2023、南京财经2023】甲公司20×1年对乙公司投资有关资料如下：

(1)甲公司20×1年1月1日从证券市场上购入乙公司发行在外股票的20％作为长期股权投资，实际支付价款380 000元(不考虑增值税因素)，购入后对乙公司具有重大影响。20×1年1月1日乙公司的可辨认净资产公允价值为2 000 000元(不考虑增值税因素)。假定其账面价值与公允价值相一致。

(2)20×1年5月10日，乙公司股东大会宣告分派20×0年现金股利100 000元。

(3)20×1年5月20日，甲公司收到现金股利。

(4)20×1年乙公司实现净利润2 000 000元(20×1年乙公司向甲公司销售一批商品，不含增值税的价款为200 000元，成本为160 000元，甲公司尚未对外销售)。

要求：根据以上资料，编制甲公司20×1年与长期股权投资有关的会计分录。

【答案】

(1)20×1年1月1日购入时：

甲公司享有的可辨认净资产公允价值份额＝2 000 000×20％＝400 000(元)

借：长期股权投资——投资成本	400 000
贷：银行存款	380 000
营业外收入	20 000

(2)20×1年5月10日宣告分派现金股利时：

甲公司确认的现金股利＝100 000×20％＝20 000(元)

借：应收股利	20 000
贷：长期股权投资——损益调整	20 000

(3)20×1年5月20日收到现金股利时：

借：银行存款	20 000
贷：应收股利	20 000

(4)20×1年乙公司实现净利润时：

甲公司应确认的投资收益＝[2 000 000－(200 000－160 000)]×20％＝392 000(元)

借：长期股权投资——损益调整	392 000
贷：投资收益	392 000

8. 减值

长期股权投资的后续计量中，无论是权益法核算还是成本法核算，如果存在减值迹象，都应计提减值准备。注意，长期股权投资减值准备一经计提，持有期间不允许转回。

借：资产减值损失
　　贷：长期股权投资减值准备

> **佳姐翻译**
>
> **为什么长期股权投资减值准备不能转回？**
>
> 市场经验告诉我们，长期资产不像短期交易资产，市场价格活跃。长期资产一旦发生减值，基本没有逆转可能。为防止企业利用资产减值计提与转回操控企业利润，财政部直接一条路"封死"：固定资产、无形资产、长期股权投资这类长期资产，减值准备一经计提不允许转回。而存货、应收账款这种短期资产，减值准备允许转回。

【例20·业务处理·吉林财经2015】2013年12月31日，ABC公司持有甲公司的普通股股票账面价值为1 350 000元，作为长期股权投资进行核算。由于甲公司当年经营不善，资金周转发生困难，使得其股票市价下降至1 140 000元，短期内难以恢复。假设ABC公司本年度首次对其计提长期股权投资减值准备。

要求：根据上述资料，编制相关的会计分录。

【答案】应计提的减值准备＝1 350 000－1 140 000＝210 000（元）

借：资产减值损失　　　　　　　　　　　　　　　　　　　　　　　210 000
　　贷：长期股权投资减值准备　　　　　　　　　　　　　　　　　210 000

◆考点59·不形成控股合并的长期股权投资的处置

长期股权投资处置时，其账面价值与实际取得价款的差额应当计入当期损益（投资收益），权益法下确认的相关其他综合收益、资本公积——其他资本公积的数额，也应转入当期损益（投资收益）。

借：银行存款
　　长期股权投资减值准备
　　贷：长期股权投资——成本
　　　　　　　　　　——损益调整　⎫
　　　　　　　　　　——其他综合收益　⎬　出售部分清零，可能在借
　　　　　　　　　　——其他权益变动　⎭
　　　　投资收益（差额，可能在借）

借：其他综合收益
　　资本公积——其他资本公积
　贷：投资收益
　　　（可能作相反处理）

【注意】如果确认的其他综合收益，是由于被投资企业其他权益工具投资公允价值变动导致的，则不得转入当期损益（与金融资产相关规定一脉相承）。

【例21·业务处理·西安邮电2022、南京财经2023】甲公司于2020年1月以一项固定资产换得乙公司20%有表决权股份，能够对乙公司施加重大影响。该项固定资产公允价值为2 000万元，账面价值为1 500万元。另以银行存款支付交易费用10万元。假定甲公司取得该项投资时，乙公司各项可辨认净资产的账面价值为10 000万元，公允价值为11 000万元，其中一项管理用无形资产账面价值为2 000万元，公允价值为3 000万元，取得投资时，该无形资产尚可使用年限为10年，采用年限平均法计提摊销，净残值为零，其他可辨认资产、负债的账面价值与公允价值相等。乙公司2020年实现净利润2 000万元，因持有的其他债权投资公允价值变动计入其他综合收益200万元。2021年2月1日，甲公司处置持有的乙公司全部股份，收到价款3 000万元。不考虑税费等其他因素影响。

要求：编制从购买日到出售日该事项相关的账务处理（答案金额单位以万元表示）。

【答案】
(1)2020年1月购入时：
借：固定资产清理　　　　　　　　　　　　　　　　　　　　　1 500
　贷：固定资产　　　　　　　　　　　　　　　　　　　　　　　1 500
借：长期股权投资——投资成本　　　　　　　　　　　　　　　　2 010
　贷：固定资产清理　　　　　　　　　　　　　　　　　　　　　2 000
　　　银行存款　　　　　　　　　　　　　　　　　　　　　　　　10
借：固定资产清理　　　　　　　　　　　　　　　　　　　　　　500
　贷：资产处置损益　　　　　　　　　　　　　　　　　　　　　500
当日享有可辨认净资产公允价值份额＝11 000×20%＝2 200（万元）
借：长期股权投资——投资成本　　　　　　　　　　　　　　　　190
　贷：营业外收入　　　　　　　　　　　　　　　　　　　　　　190

(2)2020年确认投资损益时：
因被投资企业实现净利润确认的损益＝[2 000－(3 000－2 000)/10]×20%＝380（万元）
借：长期股权投资——损益调整　　　　　　　　　　　　　　　　380
　贷：投资收益　　　　　　　　　　　　　　　　　　　　　　　380

(3)2020年确认其他综合收益时：
因被投资企业其他债权投资公允价值变动确认其他综合收益＝200×20%＝40（万元）
借：长期股权投资——其他综合收益　　　　　　　　　　　　　　40
　贷：其他综合收益　　　　　　　　　　　　　　　　　　　　　40

(4)2021年2月1日出售时：
借：银行存款 3 000
　　贷：长期股权投资——投资成本 2 200
　　　　　　　　　　　——损益调整 380
　　　　　　　　　　　——其他综合收益 40
　　　　　投资收益 380
借：其他综合收益 40
　　贷：投资收益 40

真题精练

一、单项选择题

1.（西安外国语 2019）采用权益法核算时，下列各项中，（　　）不会引起长期股权投资账面价值发生变动。
　　A. 收到被投资单位分派的股票股利
　　B. 被投资单位实现净利润
　　C. 被投资单位宣告分配现金股利
　　D. 计提长期股权投资减值准备

2. 甲公司 2×19 年 7 月 1 日以 3 000 万元的价格购入乙公司 30％有表决权的股份，对乙公司具有重大影响，另支付直接相关费用 10 万元。购入时乙公司可辨认净资产的公允价值为 11 000万元（与账面价值相等）。乙公司 2×19 年实现净利润 1 000 万元（假定利润均衡发生）。假定不考虑其他因素，该投资对甲公司 2×19 年度利润总额的影响金额为（　　）万元。
　　A. 450　　　　　　B. 440　　　　　　C. 590　　　　　　D. 600

3. 甲公司于 2×19 年 1 月 1 日以银行存款 18 000 万元购入乙公司有表决权股份的 40％，能够对乙公司施加重大影响。取得该项投资时，乙公司各项可辨认资产、负债的公允价值等于账面价值，双方采用的会计政策、会计期间相同。2×19 年 6 月 1 日，乙公司出售一批商品给甲公司，账面价值为 800 万元，售价为 1 000 万元，甲公司购入后作为存货核算。至 2×19年年末，甲公司已将从乙公司购入商品的 60％出售给外部独立的第三方，剩余部分未发生减值。乙公司 2×19年实现净利润 1 600 万元。假定不考虑其他因素的影响。甲公司 2×19年年末因对乙公司的长期股权投资应确认投资收益为（　　）万元。
　　A. 640　　　　　　B. 608　　　　　　C. 592　　　　　　D. 560

4. 2×22 年 2 月 1 日，甲公司以增发 1 000 万股本公司普通股股票和一台大型设备为对价，取得乙公司 30％股权。其中，所发行普通股面值为每股 1 元，公允价值为每股 8 元。为增发股份，甲公司向证券承销机构支付佣金和手续费 300 万元。用作对价的设备账面价值为 600 万元，公允价值为 800 万元。当日，乙公司可辨认净资产公允价值为 30 000 万元。假定甲公司能够对乙公司施加重大影响。不考虑增值税等其他因素，甲公司该项长期股权投资的初始投资成本是( )万元。
A. 9 000　　　　　B. 8 800　　　　　C. 9 100　　　　　D. 9 300

5.(云南师范2023)A公司花了93 000万元购买B公司80%的股份,另支付手续费300万元,A公司能够对B公司实施控制。假设A、B公司交易前不存在任何关联方关系。该公司当日公允价值为100 000万元,则A公司应该确认的长期股权投资成本为( )万元。
A. 800 000　　　　B. 93 000　　　　C. 93 300　　　　D. 100 000

6.(黑龙江八一农垦)甲公司长期持有乙公司10%的股权,采用成本法核算。2012年1月1日,该项投资账面价值为1 300万元。2012年度乙公司实现净利润2 000万元,宣告发放现金股利1 200万元。假定不考虑其他因素,2012年12月31日,甲公司该项投资账面价值为( )万元。
A. 1 300　　　　　B. 1 380　　　　　C. 1 500　　　　　D. 1 620

二、多项选择题

1. 关于交易费用的会计处理,下列项目中正确的有( )。
   A. 为进行非同一控制下企业合并发生的审计、法律咨询费等计入长期股权投资成本
   B. 为进行同一控制下企业合并发生的审计、法律咨询费等计入管理费用
   C. 合并以外其他方式取得长期股权投资发生的审计、法律咨询费等计入管理费用
   D. 以发行股票方式取得长期股权投资,支付的股票发行费用等应冲减溢价发行收入,不足冲减的,依次冲减盈余公积和未分配利润

2. (上海大学悉尼工商2022(改编))长期股权投资采用权益法核算时,下列关于投资方的处理说法正确的有( )。
   A. 被投资单位宣告分派现金股利,投资方应确认为投资收益
   B. 被投资单位的会计政策与投资方不一致的,应将被投资单位的会计政策按投资方的会计政策进行调整
   C. 投资时点被投资单位固定资产的账面价值与公允价值不一致的,需要对被投资单位实现净利润进行调整
   D. 双方发生内部交易,需对被投资单位的净利润进行调整

三、业务处理题

1. (湖北经济2021)甲公司于2×20年1月1日以950万元(含交易费用10万元)购入乙公司400万股,每股面值1元,占乙公司注册资本的20%,乙公司当日净资产公允价值4 000万元(账面价值和公允价值一致)。甲公司将该股权后续计量采用权益法进行,当年乙公司实现净利润1 400万元。2×21年2月10日乙公司宣告分配现金股利100万元。
   要求:编制上述业务的会计分录。

2. (首经贸2018、重庆理工2023、武汉轻工2023)甲公司2016年1月2日以银行存款1 000万元对乙公司投资,占乙公司注册资本的40%,并在乙公司7名董事会成员中派有2名代表。假设投资时乙公司净资产的账面价值为2 750万元,账面价值与公允价值一致。2016年乙公司实现净利润250万元,2017年4月乙公司宣告分派现金股利50万元,2017年乙公司因自然灾害发生巨额亏损4 000万元,甲公司除对乙公司的股权投资外,还有长期应收款500万元。

要求：

(1)说明该长期股权投资的核算方法；

(2)编制2016年取得该长期股权投资的会计分录；

(3)编制确认2016年投资收益的会计分录；

(4)编制2017年宣告分派现金股利的会计分录；

(5)编制2017年确认投资损益的会计分录。

("长期股权投资"科目应列明细科目，会计分录中的金额单位用万元表示。)

3.(江西理工2018、南京师范2016&2017、河北农业2020、黑龙江八一农垦2020(改编)、南京理工2021、新疆农业2019)M公司发生下列与长期股权投资有关的经济业务：

(1)2014年1月1日，M公司从证券市场上购入N公司发行在外40%的股份并准备长期持有，从而对N公司能够施加重大影响，实际支付款项2 500万元(含已宣告但尚未发放的现金股利60万元)，另支付相关税费10万元。2014年1月1日，N公司可辨认净资产公允价值为6 600万元，账面价值为6 300万元，差额为一项无形资产，该无形资产在投资当日的公允价值为700万元，账面价值为400万元，采用直线法按10年摊销，预计净残值为0，当期计提的摊销均影响损益。

(2)2014年6月20日收到现金股利。

(3)2014年12月31日，N公司持有的其他债权投资的公允价值变动使N公司其他综合收益增加了200万元。

(4)2014年N公司实现净利润800万元。

(5)2015年3月10日，N公司宣告分派现金股利100万元。

(6)2015年3月25日，M公司收到现金股利。

(7)2015年4月10日，M公司将持有的N公司40%的股份对外转让，收到款项3 100万元存入银行。(答案中的金额单位用万元表示)

要求：编制M公司与长期股权投资相关的会计分录。

四、名词解释

1.(长沙理工2018)成本法

2.(财科所2018、广东财经2016、吉林财经2017、中南财经政法2021)权益法

3.(厦国会2020、暨南大学2020)控制

4.(长江大学2020、湖北民族2021、四川轻化工2020、北京物资2020、中南林业科技2019、上国会2020、南京理工2021、山西师范2021)长期股权投资

5.(安徽工业2020、吉林财经2021)企业合并

五、简答题

1.(中国海洋2020)简述债权投资和股权投资的特点。

2.(江西理工2014、浙江工商2021、北京物资2020)企业持有的哪些权益性投资应划分为长期股权投资？

3.(华东政法2020)长期股权投资是金融资产吗？如何计量？

4.(四川轻化工2021)什么是长期股权投资？谈谈对长期股权投资的理解。

5.(华北电力 2021)简述如何区分控制、共同控制、重大影响。
6.(云南师范 2021)投资企业与被投资企业的关系有几种类型?
7.(财科所 2015、新疆财经 2022)简述控制的概念及实质控制的判断标准。
8.(上国会 2020)长期股权投资要达到控制,一般来说股权比例要达到多少?
9.(浙江工商 2022)你怎么理解"控制"?
10.(上国会 2017、河南财经政法 2020)长期股权投资包括哪些类型?
11.(华北电力大学 2020)长期股权投资如何分类?其分别如何进行会计处理?
12.(吉林财经 2021)简述长期股权投资中对合营企业投资和对子公司投资的不同之处。
13.(昆明理工 2021)什么是吸收合并?什么是横向兼并?什么是混合兼并?
14.(吉林财经 2021)什么是并购?
15.(桂林电子科技 2020)企业并购中的吸收合并、控股合并和新设合并的区别是什么?
16.(上国会 2020)关联交易的定义是什么?请举例说明。
17.(北京语言 2017、上国会 2020、暨南大学 2020)非同一控制下控股合并的长期股权投资的初始计量如何处理?和同一控制下控股合并的长期股权投资有何区别?
18.(山西师范 2021、昆明理工 2021、河南大学 2020)什么是非同一控制下的控股合并?初始计量如何处理?
19.(昆明理工大学 2021)什么是非同一控制下的企业合并?如何确定其初始投资成本?
20.(湘潭大学 2020、山西师范 2021)什么是同一控制下控股合并的长期股权投资?并说说如何进行初始计量?
21.(沈阳大学 2020)形成控股合并的长期股权投资应如何进行初始计量?
22.(安徽工业 2020)长期股权投资应当区分哪两种类型确认投资成本?应如何进行初始计量?
23.(广东财经 2020)长期股权投资的初始核算方法有哪些?如何选择?
24.(广东外语外贸 2022)分别说说形成控股合并和不形成控股合并的长期股权投资取得时的手续费如何处理。
25.(长春理工 2020)同一控制下的长期股权投资和非同一控制下的长期股权投资在处理上有何区别?
26.(北京航空航天 2018、东北大学 2018、河北农业 2020、广东财经 2020、中国人民 2020、绍兴文理 2021、吉林财经 2021、西安外国语 2019)简述长期股权投资成本法与权益法的适用范围和优缺点。
27.(中国石油(北京)2018、长春理工 2020、中国地质 2021、吉林财经 2021、新疆农业 2019、桂林电子科技 2020、上国会 2020、中国传媒 2022)简述长期股权投资成本法与权益法的区别。
28.(安徽财经 2017、沈阳大学 2020)长期股权投资后续计量有哪几种核算方式?分别有什么特点?
29.(西安石油 2020、重庆工商 2020、燕山大学 2020、北京航空航天 2021、昆明理工 2022、北京信息科技 2022)简述长期股权投资的后续计量的两种方式。/简述成本法和权益法。
30.(广东技术师范 2022)长期股权投资如何进行后续计量?

31. (贵州财经2017)成本法是什么？什么情况下用成本法？除了成本法还有什么方法？
32. (天津大学2020)什么是长期股权投资的成本法？并说明其适用范围。
33. (武汉科技2020)简述长期股权投资中的成本法。
34. (三峡大学2017、中南林业科技2019、中南财经政法2021)简述长期股权投资中的权益法。
35. (山东工商2022)权益法下长期股权投资如何进行后续计量？
36. (天津财经2021、武汉纺织2022)长期股权投资的减值准备如何确认？如何进行账务处理？
37. (桂林电子科技2020)分析一下长期股权投资后续计量时应该注意哪些事项？
38. (山西师范2021)简述非同一控制下控股合并的长期股权投资的后续计量。
39. (山西师范2021)同一控制下控股合并的长期股权投资后续计量。
40. (桂林电子科技2020)采用成本法核算的长期股权投资，投资企业取得被投资单位宣告发放的现金股利或利润，应当如何进行会计处理？
41. (贵州财经2017)简述长期股权投资成本法下应收股利的会计处理方法。
42. (湖南理工2020)简述采用成本法的长期股权投资从取得到最后处置的步骤。
43. (四川师范2020)简述同一控制下控股合并的长期股权投资。
44. (山西师范2021)简述同一控制下控股合并的长期股权投资的会计处理。
45. (山西师范2022)简述非同一控制下控股合并的长期股权投资的会计处理。
46. (北国会2018)简述长期股权投资权益法的具体内容，并说明如何利用权益法处理收益或损失。如果购买股权时高于或者是低于股票的真实价值，应该如何处理？
47. (燕山大学2020)长期股权投资权益法下如何进行会计处理，其适用范围是什么？
48. (沈阳工业2018、武汉纺织2022)什么是长期股权投资的权益法？具体涉及哪些会计科目？
49. (河北经贸2020)权益法下被投资单位盈利时，投资单位应如何进行处理？
50. (山西师范2020、吉林外国语2022)长期股权投资中的权益法如何对初始成本进行调整？
51. (暨南大学2020)权益法下如何对净利润进行调整？
52. (山西财经2020)不形成控股合并的长期股权投资，被投资企业宣告发放现金股利时需要做的会计分录是什么？
53. (北京航空航天2018)A企业占B企业80%股份，审计时被发现采用了权益法核算账面盈利1.8亿元，按照成本法核算会出现亏损0.2亿元，可能的原因是什么？
54. (天津财经2020)不同类型下的长期股权投资商誉的确认有什么不同？
55. (南京师范)交易性金融资产、以摊余成本计量的金融资产和长期股权投资的初始计量和后续计量有什么区别？
56. (天津财经2020)企业购买的股票可以计入哪些账户？
57. (武汉科技2021)股权投资如何进行分类？
58. (云南民族2022)购买的股票和债券可以如何计量？会用到哪些会计科目？
59. (北京物资2022)购入股票后增值，应计入资产负债表的哪些项目？

第三篇

日常做账之负债、所有者权益篇

第八章 负债

📺 考情点拨

大白话解释本章内容

所谓负债，就是企业欠的钱。这些钱有一年内需要偿还的，有超过一年才需要偿还的。一年以内偿还的，利息比较少，基本不需要考虑折现，会计处理比较简单；而那些三年五载的负债，由于时间期限较长且金额较大，未来要支付的利息和本金与其现值之间的差额较大，因此初始入账价值就需要考虑折现，会计处理也就相对复杂。

本章难度 ★★
本章重要程度 ★★

本章复习策略

噔噔噔，恭喜你，终于成功翻越了《财务会计》这门课的大山，现在来到了一览无遗的平原阶段。从这章开始，你不再会"一脸迷茫"，而是似曾相识，感觉都学过。这是因为我们会计处理采用的是复式记账法，在学前面的资产要素时，不可避免地会用到其他要素的知识点。

对于本章知识点，主要有两个难点：一是流动负债部分的应付职工薪酬核算，内容比较多，具体的会计处理也有悖日常逻辑，但不用担心，这里佳姐会告诉大家整体通用套路，我们在此基础上反复练习即可；第二个难点在于非流动负债部分的应付债券，这里虽有难度，但处理思路就是我们前面已经见过两次面的摊余成本法，还是那句话，忘掉公式，理解实质，一切都不难！

考点精讲

第一节 负债概述

◆ 考点60 · 负债的分类

企业负债分为流动负债和非流动负债两大类。

1. 流动负债

流动负债是指企业在1年或超过1年的一个营业周期内，需要以流动资产或增加其他负债来清偿的债务，主要包括短期借款、应付票据、应付账款、预收账款、应付职工薪酬、应付股利、应付利息、应交税费和其他应付款等。

【例1·单选·广东工业2016】下列各项中，属于流动负债的是(　　)。

A. 应付债券
B. 应收账款
C. 预付账款
D. 预收账款

【解析】A项，应付债券属于非流动负债；B项、C项属于流动资产。
【答案】D

2. 非流动负债

非流动负债是指流动负债以外的负债，通常是指偿还期在一年以上的债务。与流动负债相比，非流动负债具有偿还期限较长、金额较大的特点，其会计处理也因此复杂得多。

非流动负债包括长期借款、应付债券、长期应付款、预计负债、递延收益、递延所得税负债、其他非流动负债等。

第二节 短期借款

◆ 考点61 · 短期借款

短期借款是指企业<u>从银行或其他金融机构</u>借入的偿还期在1年以内(特殊情况下超过1年的一个营业周期以内)的款项。短期借款的借入一般是为了满足企业正常生产经营所需的资金，或者是为了抵偿某项债务。

业务时点	短期借款的账务处理
取得短期借款时	借：银行存款 　　贷：短期借款
期末计提利息时	借：财务费用 　　贷：应付利息
实际支付利息时	借：应付利息 　　贷：银行存款
归还短期借款	(1)到期偿还本金 借：短期借款 　　贷：银行存款 (2)如果利息是到期一次支付，则到期时连同本金一起支付 借：应付利息（累计计提利息） 　　财务费用（到期当期利息） 　　贷：银行存款

一般按月计提，如果企业的短期借款利息数额不大时，也可以不采取预提的方式，而在实际支付时，直接计入

【例2·业务处理】 2019年1月1日，甲公司向银行借入一笔生产经营用短期借款，共计1 200 000元，期限为9个月，年利率为4%。根据与银行签署的借款协议，该项借款的本金到期后一次归还；利息按季支付。

要求：编制甲公司从借入款项到归还款项的会计分录。

【答案】

(1)1月1日借入短期借款时：

借：银行存款　　　　　　　　　　　　　　　　　　　　　　　　　1 200 000
　　贷：短期借款　　　　　　　　　　　　　　　　　　　　　　　　1 200 000

(2)1月末，计提1月份应付利息时：

本月应计提的利息金额＝1 200 000×4%÷12＝4 000(元)

借：财务费用　　　　　　　　　　　　　　　　　　　　　　　　　　4 000
　　贷：应付利息　　　　　　　　　　　　　　　　　　　　　　　　4 000

2月末计提2月份利息费用的处理与1月份相同。

(3)3月末，支付第一季度银行借款利息时：

借：财务费用　　　　　　　　　　　　　　　　　　　　　　　　　　4 000
　　应付利息　　　　　　　　　　　　　　　　　　　　　　　　　　8 000
　　贷：银行存款　　　　　　　　　　　　　　　　　　　　　　　　12 000

第二、三季度的会计处理同上。

(4)10月1日偿还银行借款本金时：

借：短期借款　　　　　　　　　　　　　　　　　　　　　　　　　1 200 000
　　贷：银行存款　　　　　　　　　　　　　　　　　　　　　　　　1 200 000

【注意】如果上述借款期限是8个月，则到期日为9月1日，8月末之前的会计处理与上述相同。9月1日偿还银行借款本金，同时支付7月和8月已提未付利息：

借：短期借款　　　　　　　　　　　　　　　　　　　　　　　　1 200 000
　　应付利息　　　　　　　　　　　　　　　　　　　　　　　　　　8 000
　　贷：银行存款　　　　　　　　　　　　　　　　　　　　　　　1 208 000

第三节　应付及预收款项

◆ 考点 62 · 应付票据

应付票据是指企业采用商业汇票结算方式延期付款购入货物应付的票据款。商业汇票按承兑人分类，可以分为商业承兑汇票和银行承兑汇票。

应付票据按是否带息分为不带息应付票据和带息应付票据两种。实际工作中使用的商业汇票，一般为不带息的商业汇票。对于带息应付票据，通常应在期末对尚未支付的应付票据计提利息，计入财务费用。

1. 初始计量

情形	会计处理
赊购形成应付票据时	借：原材料等 　　应交税费——应交增值税（进项税额） 　贷：应付票据
开出商业汇票抵偿应付账款	借：应付账款 　贷：应付票据
支付银行承兑汇票手续费时	借：财务费用 　　应交税费——应交增值税（进项税额） 　贷：银行存款

2. 后续计量

与应收票据处理一致，如果应付票据的利息金额较大，对企业财务成果有较大影响，应按月计提利息；如果应付票据的利息金额不大，对企业财务成果的影响较小，可以于季末或年末计提应付票据的利息。计提票据利息会计处理如下。

借：财务费用
　贷：应付票据

3. 处置时

情形	会计处理	
偿还应付票据时	借：应付票据 　贷：银行存款	
到期无力偿还票款时	商业承兑汇票	借：应付票据 　贷：应付账款
	银行承兑汇票	借：应付票据 　贷：短期借款

【例3·多选】下列各项中，引起"应付票据"科目金额发生增减变动的有（　　）。
A. 开出商业承兑汇票购买原材料
B. 转销已到期无力支付票款的商业承兑汇票
C. 转销已到期无力支付票款的银行承兑汇票
D. 支付银行承兑汇票手续费

【解析】选项A，增加"应付票据"科目余额；选项BC，减少"应付票据"科目余额；选项D，计入财务费用，不影响"应付票据"科目余额。

【答案】ABC

【例4·判断·四川大学2017】应付商业承兑汇票到期，企业无力支付票款的，应将应付票据按账面余额转入应付账款。（　　）

【解析】略

【答案】×

◆ 考点63 · 应付账款

1. 含义与内容

应付账款是指企业因购买材料、商品或接受服务等经营活动而应支付的款项。应付账款包括购买货物的价款、增值税进项税额及销售方代垫费用。

> **佳姐翻译.**
>
> 应付账款包含内容与"应收账款"相对应，就是所有应支付给供应商的款项。

2. 相关会计处理

情形	会计处理
发生时	借：原材料、材料采购等 　　应交税费——应交增值税（进项税额） 　贷：应付账款（扣除商业折扣及预计现金折扣）
偿还应付账款时	借：应付账款 　贷：银行存款
开出应付票据抵账时	借：应付账款 　贷：应付票据

◆ 考点 64 · 预收账款

预收账款是指企业按照合同规定向购货单位预收的款项。根据现有准则规定，收入合同中预收的款项记入"合同负债"科目，其他合同（比如租赁合同）中预收的款项仍通过"预收账款"科目核算。

情形	会计处理
取得时	借：银行存款等 　贷：预收账款 　　应交税费——应交增值税（销项税额）
确认收入时	借：预收账款 　贷：主营业务收入/其他业务收入
收到补付款项时	借：银行存款等 　贷：预收账款 　　应交税费——应交增值税（销项税额）
退回多付的款项时	借：预收账款 　　应交税费——应交增值税（销项税额） 　贷：银行存款等

【注意】

①当应收取的全部价款大于预收账款而尚未收到购货方补付的账款时，"预收账款"科目所属的明细科目会有借方余额。月末"预收账款"科目所属的明细科目借方余额，在资产负债表上应列入"应收账款"项目。

②在企业预收账款业务不多的情况下，为了简化核算工作，也可以不设"预收账款"科目，预收的账款记入"应收账款"科目的贷方。相应的，"应收账款"科目贷方余额应该列入资产负债表中"预收款项"。

【例5·业务处理·吉林财经2021】 甲公司为增值税一般纳税人,适用的增值税税率为13%。2019年7月1日,甲公司与乙公司签订经营租赁(非主营业务)吊车合同,向乙公司出租吊车三台,期限为6个月,三台吊车租金(含税)共计67 800元。合同约定,合同签订日预付租金(含税)22 600元,合同到期结清全部租金余款。合同签订日,甲公司收到租金并存入银行,开具的增值税专用发票注明租金20 000元、增值税2 600元。租赁期满日,甲公司收到租金余款及相应的增值税。要求:编制上述事项相关的会计分录。

【答案】

(1)收到乙公司预付租金:

借:银行存款	22 600
贷:预收账款——乙公司	20 000
应交税费——应交增值税(销项税额)	2 600

(2)每月末确认租金收入:

借:预收账款——乙公司	10 000
贷:其他业务收入	10 000

(3)租赁期满收到租金余款及增值税:

借:银行存款	45 200
贷:预收账款——乙公司	40 000
应交税费——应交增值税(销项税额)	5 200

◆考点65·其他应付款

其他应付款是指企业除应付账款、应付票据、预收账款、应付职工薪酬、应交税费、应付利息、应付股利等经营活动以外的其他各项应付、暂收的款项,如合同违约款、应付短期租赁固定资产租金、租入包装物租金、存入保证金(指出租时收取的押金)等。

情形	会计处理
发生时	借:管理费用 等 贷:其他应付款
支付或退回时	借:其他应付款 贷:银行存款 等

【例6·多选】 下列各项中,企业应通过"其他应付款"科目核算的有( )。

A. 购进商品时发生的供货方代垫运费

B. 应付的合同违约金

C. 代垫职工家属医药费

D. 存入保证金

【解析】 选项A计入应付账款;选项C计入其他应收款。

【答案】 BD

第四节　应付职工薪酬

◆ 考点 66 · 职工薪酬的内容

1. 职工薪酬定义

职工薪酬，是指企业为获得职工提供的服务或解除劳动关系而给予的各种形式的报酬或补偿。企业提供给职工配偶、子女、受赡养人、已故员工遗属及其他受益人等的福利，也属于职工薪酬。

职工薪酬包括短期薪酬、离职后福利、辞退福利和其他长期职工福利。

这里的"职工"，主要包括三类人员：

一是与企业订立劳动合同的所有人员，含全职、兼职和临时职工；

二是未与企业订立劳动合同，但由企业正式任命的企业治理层和管理层人员，例如董事会成员、监事会成员等；

三是在企业的计划和控制下，虽未与企业订立劳动合同或未由其正式任命，但向企业所提供服务与职工所提供服务类似的人员，也属于职工的范畴，包括通过企业与劳务中介公司签订用工合同而向企业提供服务的人员。

2. 职工薪酬具体内容

(1) 短期薪酬

短期薪酬是指企业在职工提供相关服务的年度报告期间结束后十二个月内需要全部予以支付的职工薪酬。因解除与职工的劳动关系给予的补偿除外。

短期薪酬具体包括：职工工资、奖金、津贴和补贴，职工福利费，医疗保险费、工伤保险费等社会保险费，住房公积金，工会经费和职工教育经费，短期带薪缺勤，短期利润分享计划，非货币性福利以及其他短期薪酬。

短期带薪缺勤，是指职工虽然缺勤但企业仍有向其支付报酬的义务，包括年休假、病假、婚假、产假、丧假、探亲假等。长期带薪缺勤属于其他长期职工福利。

短期利润分享计划，是指因职工提供服务而与职工达成的基于利润或其他经营成果提供薪酬的协议。

(2) 离职后福利

离职后福利是指企业为获得职工提供的服务而在职工退休或与企业解除劳动关系后，提供的各种形式的报酬和福利，短期薪酬和辞退福利除外。（养老保险和失业保险归为此类）

企业应当将离职后福利计划分类为设定提存计划和设定受益计划。

①设定提存计划是指向独立的基金缴存固定费用后，企业不再承担进一步支付义务的离职后福利计划。（由社会养老保险机构发放）

②设定受益计划是指除设定提存计划以外的离职后福利计划。（由企业发放）

(3)辞退福利

辞退福利是指企业在职工劳动合同到期之前解除与职工的劳动关系，或者为鼓励职工自愿接受裁减而给予职工的补偿。

(4)其他长期职工福利

其他长期职工福利是指除短期薪酬、离职后福利、辞退福利之外所有的职工薪酬，包括长期带薪缺勤、长期残疾福利、长期利润分享计划等。

职工薪酬内容辨析表

项目	内容
属于职工薪酬 ✓	①为职工缴纳的补充养老保险、商业保险 ②提供给员工使用的住房、宿舍 ③以低于成本价格向职工出售住房、出租住房 ④给职工本人和其配偶、子女或其他被赡养人的福利
不属于职工薪酬 ✗	①职工出差预借的差旅费 ②职工本人缴纳的保险 ③企业为职工代扣代缴的个人所得税
佳姐翻译：判断一项支出是否属于职工薪酬，主要看是否同时满足以下两个条件： ①看支付方：是不是实际上由企业支付的？ ②看获益方：是不是员工实际获益？	

【例7·多选·西安石油2017、黑龙江八一农垦】下列各项中，应作为应付职工薪酬核算的有（　　）。

A. 支付的工会经费

B. 支付的职工教育经费

C. 为职工支付的住房公积金

D. 为职工无偿提供的医疗保健服务

【解析】ABCD均为企业为获得职工提供的服务或解除劳动关系而支付的费用。

【答案】ABCD

【例8·单选】下列各项中，不属于企业职工薪酬组成内容的是（　　）。

A. 为职工代扣代缴的个人所得税

B. 根据设定提存计划计提应向单独主体缴存的提存金

C. 为鼓励职工自愿接受裁减而给予职工的补偿

D. 按国家规定标准提取的职工教育经费

【解析】为职工代扣代缴的个人所得税，属于职工自己负担的部分，不属于职工薪酬。

【答案】A

3. 职工薪酬总体核算原则

企业通过"应付职工薪酬"科目核算应付职工薪酬的计提、结算、使用等情况。"应付职工薪酬"科目包括"工资、奖金、津贴和补贴""职工福利费""非货币性福利""社会保险费""住房公积金""工会经费和职工教育经费""带薪缺勤""利润分享计划""设定提存计划""设定受益计划""辞退福利"等明细科目。职工薪酬的核算分为计提和支付两步。

(1) 计提

企业应当在职工为其提供服务的会计期间，将实际产生的职工薪酬确认为一项负债。根据"谁受益谁承担"原则，借记"生产成本""管理费用""制造费用"等科目，贷记"应付职工薪酬——××"科目。

(2) 支付

实际支付时，借记"应付职工薪酬——××"，贷记"银行存款""库存商品"等科目。

◆ 考点67 · 货币性短期薪酬的核算

1. 内容

①职工工资、奖金、津贴和补贴。
②职工福利费。
③三险一金(不包括失业金和养老金)、工会经费和职工教育经费。

2. 会计处理

(1) 确认应付职工薪酬	(2) 支付职工薪酬、扣还各种款项
借：生产成本(生产车间生产工人) 　　制造费用(生产车间管理人员) 　　管理费用(行政管理人员) 　　销售费用(销售人员) 　　合同履约成本(原劳务成本) 　　研发支出(研发人员) 　　在建工程(工程建设人员) 　贷：应付职工薪酬——工资	借：应付职工薪酬——工资 　贷：其他应收款(代垫的家属医药费等) 　　　其他应付款——社会保险费(个人支付部分) 　　　　　　　　——住房公积金(个人支付部分) 　　　应交税费——应交个人所得税(代扣的个人所得税) 　　　银行存款等(实际支付给职工的款项)

【例9·业务处理】甲企业2019年7月份应付职工工资总额为693 000元，"工资费用分配汇总表"中列示的产品生产人员工资为480 000元，车间管理人员工资为105 000元，企业行政管理人员工资为90 600元，专设销售机构人员工资为17 400元。

要求：根据上述业务编制确认职工薪酬的会计分录。

【答案】

借：生产成本——基本生产成本	480 000
制造费用	105 000
管理费用	90 600
销售费用	17 400
贷：应付职工薪酬——工资	693 000

【例10·业务处理】2019年8月10日，甲企业根据"工资费用分配汇总表"结算本月应付职工工资总额693 000元，其中企业代垫职工房租32 000元、代垫职工家属医药费8 000元，实发工资653 000元。请编制甲企业结算工资的会计分录。

【答案】

借：应付职工薪酬——工资	693 000
贷：其他应收款——职工房租	32 000
——代垫医药费	8 000
银行存款	653 000

◆ **考点68·带薪缺勤的核算**

带薪缺勤是指企业对各种原因产生的缺勤进行补偿，如年休假、病假、短期伤残假、婚假、产假、丧假、探亲假等。

对于职工带薪缺勤，企业应当根据其性质及职工享有的权利，分为累积带薪缺勤和非累积带薪缺勤两类。

①累积带薪缺勤，是指带薪权利可结转下期的带薪缺勤，本期尚未用完的带薪缺勤权利可以在未来期间使用。企业应当在职工<u>提供了服务从而增加了其未来享有的带薪缺勤权利时（该休的假没休）</u>，确认与累积带薪缺勤相关的职工薪酬，并以累积未行使权利而增加的预期支付金额计量。

确认累积带薪缺勤时，借记"管理费用"等科目，贷记"应付职工薪酬——带薪缺勤——短期带薪缺勤——累积带薪缺勤"科目。

【例11·业务处理】丁企业从2018年1月1日起实行累积带薪缺勤制度。该制度规定，每个职工每年可享受5个工作日带薪休假，未使用的年休假只能向后结转一个公历年度，超过1年未使用的权利作废，在职工离开企业时也无权获得现金支付；职工休年假时，首先使用当年可享受的权利，不足部分再从上年结转的带薪年休假中扣除。

至2018年12月31日，丁企业有2 000名职工未享受当年的带薪年休假，丁企业预计2019年其中有1 900名职工将享受不超过5天的带薪年休假，剩余100名职工每人将平均享受6天半年休假，假定这100名职工全部为总部各部门经理，该企业平均每名职工每个工作日工资为300元。不考虑其他相关因素。

要求：编制丁企业 2018 年 12 月 31 日确认有关带薪缺勤的会计分录。

【解析】丁企业在 2018 年 12 月 31 日应当预计由于职工累积未使用的带薪年休假权利而导致的预期支付的金额，即相当于 150 天[100×(6.5－5)天]的年休假工资金额 45 000(150×300)元。

【答案】

借：管理费用　　　　　　　　　　　　　　　　　　　　　　　　　　45 000
　　贷：应付职工薪酬——带薪缺勤——短期带薪缺勤——累积带薪缺勤　45 000

②非累积带薪缺勤，是指带薪权利不能结转下期的带薪缺勤，本期尚未用完的带薪缺勤权利将予以取消，并且职工离开企业时也无权获得现金支付。

通常情况下，<u>与非累积带薪缺勤相关的职工薪酬已经包含在企业每期向职工发放的工资等薪酬中，因此，不必作额外的账务处理。</u>

我国企业职工休婚假、产假、丧假、探亲假、病假期间的工资通常属于非累积带薪缺勤。

情形	累积带薪缺勤	非累积带薪缺勤
休息	视为满勤，工资照发，不追加账务处理	
未休息	额外确认，企业会产生债务	不额外确认，企业不会产生债务

【例 12·判断】某企业职工张某经批准休探亲假 5 天，根据企业规定确认为非累积带薪缺勤，该企业应当在其休假期间确认与非累积带薪缺勤相关的职工薪酬。（　　）

【答案】×

◆考点 69·非货币性福利的核算

企业给员工提供的非货币福利包括以自产产品或外购商品发放给员工、将拥有的房屋等资产无偿提供给职工使用、租赁住房等资产供职工无偿使用、向职工提供企业支付了补贴的商品或服务。

1. 以自产产品作为职工薪酬的确认和发放

企业以其自产产品作为非货币性福利发放给职工的，应当根据受益对象，<u>按照该产品的公允价值和相应的增值税销项税额之和</u>，计入相关资产成本或当期损益，同时确认应付职工薪酬。

(1)确认时	(2)实际发放时
借：生产成本、制造费用、销售费用、管理费用等(公允价值＋销项税额等) 　　贷：应付职工薪酬——非货币性福利	借：应付职工薪酬——非货币性福利 　　贷：主营业务收入 　　　　应交税费——应交增值税(销项税额) 借：主营业务成本 　　存货跌价准备 　　贷：库存商品

【例 13·业务处理·北国会 2017、山东大学 2018、山西财经 2022】 甲公司为增值税一般纳税人,销售商品适用的增值税税率为 13%。2×16 年 1 月甲公司董事会决定将本公司生产的 1 000 件产品作为福利发放给公司管理人员。该批产品的单位成本为 0.8 万元,市场销售价格为每件 1 万元(不含增值税税额)。假定不考虑其他相关税费。

要求:根据上述事项,做出相应会计处理(答案中的金额单位以万元表示)。

【答案】

(1)确认应付职工薪酬时:

借:管理费用　　　　　　　　　　　　　　　　　　　　　　　　1 130
　　贷:应付职工薪酬——非货币性福利　　　　　　　　　　　　　　1 130

(2)实际发放时:

借:应付职工薪酬　　　　　　　　　　　　　　　　　　　　　　1 130
　　贷:主营业务收入　　　　　　　　　　　　　　　　　　　　　 1 000
　　　　应交税费——应交增值税(销项税额)　　　　　　　　　　　　130
借:主营业务成本　　　　　　　　　　　　　　　　　　　　　　　800
　　贷:库存商品　　　　　　　　　　　　　　　　　　　　　　　 800

2. 将外购商品作为职工薪酬的确认和发放

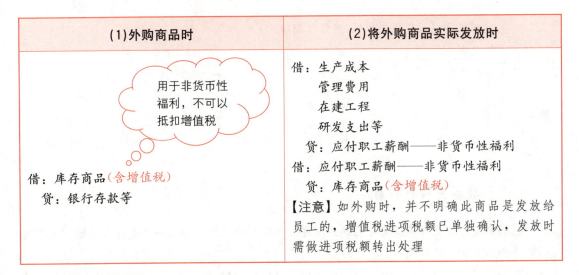

【例 14·会计处理·重庆理工大学】 甲公司为一家生产笔记本电脑的企业,共有职工 200 名,2×15 年发生如下经济事项:

(1)2×15 年 2 月,公司以其生产的成本为 10 000 元的高级笔记本电脑和外购的每部不含税价格为 1 000 元的手机作为春节福利发放给公司每名职工。该型号笔记本电脑的售价为每台 14 000 元,甲公司适用的增值税税率为 17%,已开具了增值税专用发票;甲公司以银行存款支付了购买手机的价款和增值税进项税额,已取得增值税专用发票,适用的增值税税率为 17%。假定 200 名职工中 170 名为直接参加生产的职工,30 名为总部管理人员。

(2)2×15 年 3 月,因公司人事调整,提前与 3 名员工解除劳动关系,给予每人 10 000 元补偿。

要求：根据上述资料，编制相关的会计分录。

【解析】2×15年2月发放自产笔记本电脑和外购手机相关账户记录金额计算如下：

"生产成本"应计入金额＝170×(14 000＋1 000)×(1＋17％)＝2 983 500(元)

"管理费用"应计入金额＝30×(14 000＋1 000)×(1＋17％)＝526 500(元)

"主营业务收入"应计入金额＝14 000×200＝2 800 000(元)

"应交税费——应交增值税(销项税额)"应计入金额＝2 800 000×17％＝476 000(元)

"应交税费——应交增值税(进项税额转出)"应计入金额＝1 000×200×17％＝34 000(元)

【答案】

(1)2×15年2月会计处理如下：

借：生产成本	2 983 500
管理费用	526 500
贷：应付职工薪酬——非货币性福利	3 510 000
借：应付职工薪酬	3 510 000
贷：主营业务收入	2 800 000
应交税费——应交增值税(销项税额)	476 000
库存商品	200 000
应交税费——应交增值税(进项税额转出)	34 000
借：主营业务成本	2 000 000
贷：库存商品	2 000 000

(2)2×15年3月会计处理如下：

借：管理费用	30 000
贷：应付职工薪酬——辞退福利	30 000

◆ **考点70·辞退福利的核算**

辞退福利是指企业在职工劳动合同到期之前解除与职工的劳动关系，或者为鼓励职工自愿接受裁减而给予职工的补偿。由于被辞退职工不再能给企业带来任何经济利益，辞退福利应当计入当期费用而不计入资产成本。企业应当根据已确定的辞退福利，借记"管理费用"科目，贷记"应付职工薪酬——辞退福利"科目。

【例15·单选·河南财经政法2011】企业因解除与职工的劳动关系给予员工补偿而发生的职工薪酬，应借记的会计科目是(　　)。

A. 管理费用

B. 计入存货成本或劳务成本

C. 营业外支出

D. 计入销售费用

【解析】由于被辞退职工不再能给企业带来任何经济利益，辞退福利应当计入当期费用而不计入资产成本。企业应当根据已确定的辞退福利，借记"管理费用"科目，贷记"应付职工薪酬——辞退福利"科目。

【答案】A

【例16·分录·北京工商2017、重庆理工】甲公司是一家空调制造企业。2×16年9月，为了能够在下一年度顺利实施转产，甲公司管理层制订了一项辞退计划，计划规定，从2×17年1月1日起，企业以职工自愿方式，辞退其柜式空调生产车间的职工。辞退计划已于2×16年12月10日经董事会正式批准，辞退计划将于下一个年度内实施完毕。甲公司预计愿意接受辞退职工的最可能数量为123名，预计补偿总额为1 400万元。要求：编制甲公司2×16年应作出的与该辞退计划有关的分录。

【答案】借：管理费用　　　　　　　　　　　　　　　　　14 000 000
　　　　　贷：应付职工薪酬——辞退福利　　　　　　　　　14 000 000

第五节　应交税费

考点71·应交税费概述

企业根据税法规定应交纳的各种税费包括：增值税、消费税、城市维护建设税、资源税、环境保护税、企业所得税、土地增值税、房产税、车船税、城镇土地使用税、教育费附加、矿产资源补偿费、印花税、耕地占用税、契税、车辆购置税等。

企业应通过"应交税费"科目，核算各种税费的应交、交纳等情况。应交纳的各种税费计入该科目贷方，实际交纳的税费计入该科目借方；期末余额一般在贷方，反映企业尚未交纳的税费，期末余额如在借方，反映企业多交或尚未抵扣的税费。本科目按应交税费项目设置明细科目进行明细核算。

【例17·多选】下列各项中，应通过"应交税费"科目核算的有（　　）。
A. 交纳的印花税
B. 增值税一般纳税人购进固定资产应支付的增值税进项税额

C. 为企业员工代扣代交的个人所得税

D. 交纳的耕地占用税

【解析】选项 BC 通过"应交税费"科目核算，而企业交纳的印花税、耕地占用税属于不需要预计应交数的税金，不通过"应交税费"科目核算。

【答案】BC

◆ 考点 72 · 应交增值税

1. 增值税含义

增值税是以商品（含应税劳务、行为）在流转过程中产生的增值额作为计税依据而征收的一种流转税。按照我国现行增值税制度的规定，在我国境内销售货物、加工修理修配劳务、服务、无形资产和不动产以及进口货物的企业、单位和个人为增值税的纳税人。

增值税是在价格以外收取的，所以称为"价外税"，价外税的特点是缴纳多少并不会影响当期损益。

2. 一般纳税人应交增值税

(1) 应纳税额的计算

应纳税额＝当期销项税额－当期进项税额

当期销项税额＝当期销售额×增值税税率

其中，销售额是指纳税人销售货物、加工修理修配劳务、服务、无形资产和不动产向购买方收取的全部价款和价外费用，但是不包括收取的销项税额。

(2) 进项税额需要转出的情形

企业购进的货物、固定资产、无形资产或者不动产，如果发生以下情形，已支付的增值税进项税额将不得抵扣，需要进行转出：

①改变用途：购进的货物等改为用于简易计税方法计税项目、免征增值税项目、非增值税应税项目、集体福利或个人消费等；

②发生非正常损失：指因管理不善造成货物等被盗、丢失、霉烂变质，以及因违反法律法规造成货物或者不动产被依法没收、销毁、拆除的情形。

(3) 增值税视同销售行为

视同销售行为是指企业在会计核算中未做销售处理而税法中要求按照销售缴纳增值税的行为。主要包括：

①将自产或委托加工的货物用于免征增值税项目；

②将自产或委托加工的货物用于集体福利或个人消费；

③将自产、委托加工或购买的货物以及无形资产、不动产用于投资、提供给其他单位或个体经营者；

④将自产、委托加工或购买的货物分配给股东或投资者；

⑤将自产、委托加工或购买的货物以及无形资产、不动产无偿赠送他人；

⑥向其他单位或个人无偿提供服务。

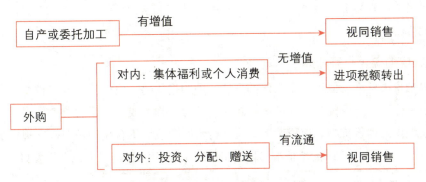

▲增值税的视同销售与进项税额转出对比

【例18·单选】 某企业因台风造成原材料毁损一批，该批原材料取得时的成本为20万元，负担的增值税为2.6万元，该批原材料的计税价格为22万元。取得保险公司的赔款为10万元。则此项业务下列表述正确的是（　　）。

A. 应确认应交税费——应交增值税(销项税额)2.86万元

B. 应计入待处理财产损溢22.86万元

C. 应计入营业外支出10万元

D. 应确认应交税费——应交增值税(进项税额转出)2.6万元

【解析】因自然灾害导致的原材料毁损，增值税进项税额不需要转出。该企业应当编制的会计分录为(金额单位以万元表示)：

借：待处理财产损溢　　　　　　　　　　　　　　　　20
　　贷：原材料　　　　　　　　　　　　　　　　　　　　　　20
借：其他应收款　　　　　　　　　　　　　　　　　　10
　　营业外支出　　　　　　　　　　　　　　　　　　10
　　贷：待处理财产损溢　　　　　　　　　　　　　　　　　　20

【答案】C

【例19·多选】 下列各项中，关于增值税一般纳税人会计处理表述正确的有（　　）。

A. 已单独确认进项税额的购进货物用于投资，应贷记"应交税费——应交增值税(进项税额转出)"科目

B. 将委托加工的货物用于对外捐赠，应贷记"应交税费——应交增值税(销项税额)"科目

C. 已单独确认进项税额的购进货物发生非正常损失，应贷记"应交税费——应交增值税(进项税额转出)"科目

D. 企业管理部门领用本企业生产的产品，应贷记"应交税费——应交增值税(销项税额)"科目

【解析】外购货物用于投资，应视同销售，确认增值税销项税额，选项A不正确；委托加

工的货物对外捐赠,应视同销售,确认增值税销项税额,选项 B 正确;存货发生非正常损失,进项税额不得抵扣,应做进项税额转出,选项 C 正确;企业领用自己生产的存货,不视同销售,按成本领用,选项 D 不正确。

【答案】BC

3. 小规模纳税人业务处理

小规模纳税人核算增值税采用<u>简化</u>的方法,即购进货物、应税劳务或应税行为,<u>取得增值税专用发票上注明的增值税,一律不予抵扣,直接计入相关成本费用或资产。</u>

小规模纳税人销售货物、应税劳务或应税行为时,按照不含税的销售额和规定的增值税征收率(3%或 5%)计算应交纳的增值税(即应纳税额),但不得开具增值税专用发票。

情形	会计处理
购进货物时	小规模纳税人从一般纳税人处购买货物不得抵扣进项税 借:原材料/库存商品/固定资产等 　贷:银行存款等
销售货物时	借:银行存款等 　贷:主营业务收入 　　　应交税费——应交增值税
交纳增值税时	借:应交税费——应交增值税 　贷:银行存款

【例 20·单选·新疆农业 2020】某企业为增值税小规模纳税人,2019 年 8 月购入原材料取得的增值税专用发票注明价款为 10 000 元,增值税税额为 1 300 元。当月销售产品开具的增值税普通发票注明含税价款为 123 600 元,适用的征收率为 3%。不考虑其他因素,该企业 2019 年 8 月应交纳的增值税税额为( )元。

A. 3 600　　　　　　　　　　　　B. 2 408
C. 3 708　　　　　　　　　　　　D. 2 300

【解析】小规模纳税人核算增值税采用简化的方法,购入材料取得增值税专用发票上注明的增值税一律不予抵扣,直接计入原材料成本;销售时按照不含税的销售额和规定的增值税征收率计算应交纳增值税(即应纳税额),所以该企业 2019 年 8 月应交纳的增值税税额=123 600÷(1+3%)×3%=3 600(元),选项 A 正确。

【答案】A

◆ 考点 73 · 应交消费税

消费税是指在我国境内生产、委托加工和进口应税消费品的单位和个人,按其流转额交纳的一种税。消费税是在销售收入中包含的税款,亦称为"价内税"。

情形	会计处理	
销售应税消费品	借：税金及附加 　　贷：应交税费——应交消费税	
自产自用应税消费品	①用于在建工程等： 借：在建工程 　　贷：应交税费——应交消费税 ②用于对外投资、分配给职工： 借：税金及附加 　　贷：应交税费——应交消费税	
	受托方处理	委托方处理
委托加工应税消费品	提货时，由受托方代收代缴税款： 借：应收账款/银行存款 　　贷：应交税费——应交消费税	①收回后，直接用于销售的： 借：委托加工物资 　　贷：银行存款/应付账款 ②收回后用于连续生产应税消费品： 借：应交税费——应交消费税 　　贷：应付账款/银行存款
进口应税消费品	在进口环节缴纳的消费税计入资产成本 借：原材料/材料采购/在途物资等 　　贷：银行存款 等	

【例21·单选】A公司为增值税一般纳税人，委托M公司加工应交消费税的B材料一批，发出材料价款20 000元，支付加工费10 000元，取得增值税专用发票上注明增值税税额为1 300元，由受托方代收代缴的消费税为1 000元，材料已加工完成。委托方收回B材料用于连续生产应税消费品，该B材料收回时的成本为(　　)元。

A.31 000　　　　　　B.30 000　　　　　　C.31 300　　　　　　D.32 300

【解析】委托加工的应税消费品收回后用于连续生产应税消费品，按规定准予抵扣的消费税，应按已由受托方代收代缴的消费税金额，借记"应交税费——应交消费税"科目，不计入委托加工物资，所以B材料收回时的成本=20 000+10 000= 30 000(元)。

【答案】B

【例22·多选】下列税金中，不应计入存货成本的有(　　)。

A. 由受托方代收代缴的委托加工物资收回后直接用于对外销售的商品负担的消费税

B. 由受托方代收代缴的委托加工物资收回后继续用于生产应纳消费税的商品负担的消费税

C. 小规模纳税企业进口原材料交纳的增值税

D. 一般纳税企业进口原材料交纳的增值税

【解析】选项 A 计入委托加工物资的成本；选项 B 记入"应交税费——应交消费税"科目的借方；选项 C 计入原材料成本；选项 D 记入"应交税费——应交增值税（进项税额）"科目。

【答案】BD

第六节　非流动负债

◆考点 74 · 应付债券

债券是依照法定程序发行的、约定在一定期限内还本付息的一种有价证券。应付债券是企业因发行债券筹措资金而形成的一种非流动负债。

1. 一般公司债券

发行债券	借：银行存款（扣除发行费用后实际收到的价款） 　　贷：应付债券——面值（债券面值） 　　　　　　　　——利息调整（差额，可能在借） 【注意】 ①"应付债券——利息调整"科目的发生额也可能在借方 ②发行债券的发行费用应计入发行债券的初始成本，反映在"应付债券——利息调整"明细科目中
计提利息	借：在建工程/制造费用/财务费用（实际利息） 　　应付债券——利息调整（差额，可能在借） 　　贷：应付利息（分期付息的票面利息） 　　　　应付债券——应计利息（到期一次还本付息的票面利息） 【注意】①在建工程、制造费用、财务费用中计入的是摊余成本与实际利率计算出的实际利息 ②应付利息、应付债券——应计利息中计入的是票面金额与票面利率计算出的票面利息 ③"应付利息——利息调整"为差额科目，可能在借方也可能在贷方
到期归还本金、利息	借：应付债券——面值 　　　　　　——应计利息（到期一次还本付息的总利息） 　　应付利息（分期付息债券最后一期利息） 　　贷：银行存款

【例 23 · 业务处理 · 广东工业 2016、南京师范 2016&2017】宏运公司于 2015 年 1 月 1 日以 781 302 元的价格发行总面值为 800 000 元、票面利率为 5%、5 年期的债券，用于公司的经营周转。债券利息在每年 12 月 31 日支付。发行该债券发生交易费用 15 000 元，从发行债券所收

到的款项中扣除。已知该债券的实际利率为6%。(要求计算结果保留两位小数)

(1)编制该债券发行时的会计分录;

(2)编制2015年12月31日计提利息的会计处理;

(3)编制2016年12月31日计提利息的会计处理。

【答案】

(1)2015年1月1日债券发行时:

借:银行存款　　　　　　　　　　　　　　　　　　　　　766 302
　　应付债券——利息调整　　　　　　　　　　　　　　　 33 698
　　贷:应付债券——面值　　　　　　　　　　　　　　　　　　800 000

(2)2015年12月31日计提利息时:

票面利息=800 000×5%=40 000(元)

实际利息=766 302×6%=45 978.12(元)

借:财务费用　　　　　　　　　　　　　　　　　　　　　45 978.12
　　贷:应付利息　　　　　　　　　　　　　　　　　　　　　40 000.00
　　　　应付债券——利息调整　　　　　　　　　　　　　　　5 978.12

(3)2016年12月31日计提利息时:

票面利息=800 000×5%=40 000(元)

实际利息=(766 302+45 978.12-40 000)×6%=46 336.81(元)

借:财务费用　　　　　　　　　　　　　　　　　　　　　46 336.81
　　贷:应付利息　　　　　　　　　　　　　　　　　　　　　40 000.00
　　　　应付债券——利息调整　　　　　　　　　　　　　　　6 336.81

【例24·业务处理·中南财经政法】宏运公司于2010年1月1日以757 260元的价格发行总面值为800 000元、票面利率为5%、5年期的到期一次付息债券,用于公司的经营周转。债券利息按单利计算,于债券到期时一次支付。发行该债券发生交易费用10 000元,从发行债券所收到的款项中扣除。已知该债券的实际利率为6%。(要求计算结果保留两位小数)

(1)编制该债券发行时的会计分录;

(2)填写利息调整摊销表;

(3)编制2010年12月31日计提利息的会计处理;

(4)编制2011年12月31日计提利息的会计处理;

(5)编制2014年12月31日归还本息的会计处理。

【答案】

(1)2010年1月1日债券发行时:

借:银行存款　　　　　　　　　　　　　　　　　　　　　747 260
　　应付债券——利息调整　　　　　　　　　　　　　　　 52 740
　　贷:应付债券——面值　　　　　　　　　　　　　　　　　　800 000

(2)

利息调整摊销表

时间	票面利息	实际利息	利息调整	账面价值（摊余成本）
2010.1.1				747 260
2010.12.31	40 000	44 835.60	4 835.60	792 095.60
2011.12.31	40 000	47 525.74	7 525.74	839 621.34
2012.12.31	40 000	50 377.28	10 377.28	889 998.62
2013.12.31	40 000	53 399.92	13 399.92	943 398.54
2014.12.31	40 000	56 601.46	16 601.46	1 000 000.00

(3)2010 年 12 月 31 日计提利息时：

借：财务费用　　　　　　　　　　　　　　　　44 835.60
　　贷：应付债券——应计利息　　　　　　　　40 000.00
　　　　　　　　——利息调整　　　　　　　　 4 835.60

(4)2011 年 12 月 31 日计提利息时：

借：财务费用　　　　　　　　　　　　　　　　47 525.74
　　贷：应付债券——应计利息　　　　　　　　40 000.00
　　　　　　　　——利息调整　　　　　　　　 7 525.74

(5)2014 年 12 月 31 日归还本息时：

借：应付债券——面值　　　　　　　　　　　 800 000
　　　　　　——应计利息　　　　　　　　　 200 000
　　贷：银行存款　　　　　　　　　　　　　1 000 000

2. 可转换债券

可转换债券是指可以在一定期间之后按规定的转换比率或转换价格转换为发行企业股票的债券。因此，从理论上讲，可转换债券的发行价格应由两部分构成：一是债券到期值的现值；二是转换权的价值。

(1)可转换债券的初始计量

可转换债券发行时，需将包含的负债成分和权益成分进行分拆，将负债成分确认为应付债券，将权益成分确认为其他权益工具。处理步骤如下：

第一步，计算负债成分价值：以不附转换权的债券的市场利率为折现率，计算债券的未来现金流量现值；

第二步，计算权益成分价值：用可转换债券的发行价格总额减去负债成分的金额后的余额；

第三步，分摊交易费用：企业发行可转换债券发生的交易费用，应当按照负债成分和权益成分公允价值的比例进行分摊。

借：银行存款
　　贷：应付债券——可转换公司债券　（面值）
　　　　　　——可转换公司债券(利息调整)　（差额，也可能在借）
　　　其他权益工具　（权益成分的公允价值）

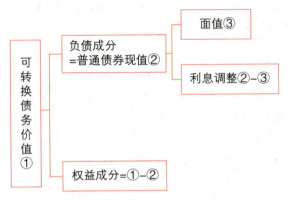

▲可转换债券价值分摊图

(2)可转换债券的后续计量与处置

转换股份前 （处理与普通债券一致）	借：在建工程/制造费用/财务费用 　　应付债券——可转换公司债券(利息调整)(差额，可能在贷) 贷：应付利息（分期付息） 　　应付债券——可转换公司债券(应计利息)(到期一次还本付息)
转换股份时	借：应付债券——可转换公司债券(面值) 　　应付债券——可转换公司债券(利息调整)(可能在贷) 　　其他权益工具(转换部分权益成分的公允价值) 贷：股本（股票面值×转换的股数） 　　资本公积——股本溢价（差额）

【例25·单选·四川大学2017】甲公司以950万元发行面值为1 000万元的可转换公司债券，其中负债成分的公允价值为890万元。不考虑其他因素，甲公司发行该债券应计入所有者权益的金额为(　　)万元。

A.0　　　　　　　B.50　　　　　　　C.60　　　　　　　D.110

【解析】权益成分价值＝可转换债券的发行价格－负债成分价值＝950－890＝60(万元)。发行日会计处理如下(分录金额单位以万元表示)。

借：银行存款　　　　　　　　　　　　　　　　　　　950
　　应付债券——可转换债券(利息调整)　　　　　　110
　　贷：应付债券——可转换债券(面值)　　　　　　　　1 000
　　　　其他权益工具　　　　　　　　　　　　　　　　60

【答案】C

【例 26·业务处理】 甲公司于 2019 年 1 月 1 日发行面值为 300 000 元、票面利率为 4%、5 年期的可转换债券，用于企业经营周转。规定每年 12 月 31 日支付利息。发行 2 年后，可按每 1 000 元面值转换为该企业每股面值为 1 元的普通股 600 股。实际发行价格为 287 013 元，市场利率为 5%。已知不附转换权时该债券的市场利率为 6%。2021 年 1 月 1 日，该债券持有者行使转换权，将 80% 的可转换债券转换为普通股股票。假定没有发生交易费用。该公司采用实际利率法确定债券的摊余成本。$(P/F，6\%，5)=0.747\ 3$，$(P/A，6\%，5)=4.212\ 4$。

(要求计算结果保留整数)
(1) 计算转换权的价值；
(2) 编制 2019 年 1 月 1 日发行债券的分录；
(3) 编制 2019 年 12 月 31 日支付利息时的分录；
(4) 编制 2021 年 1 月 1 日转换股票的分录。

【答案】
(1) 负债成分 $=300\ 000\times(P/F，6\%，5)+300\ 000\times4\%\times(P/A，6\%，5)=274\ 739$(元)
转换权价值 $=287\ 013-274\ 739=12\ 274$(元)
(2) 2019 年 1 月 1 日发行债券时：

借：银行存款　　　　　　　　　　　　　　　　　　　　287 013
　　应付债券——可转换公司债券(利息调整)　　　　　　25 261
　　贷：应付债券——可转换公司债券(面值)　　　　　　　　　300 000
　　　　其他权益工具　　　　　　　　　　　　　　　　　　　12 274

(3) 2019 年 12 月 31 日支付利息时：
票面利息 $=300\ 000\times4\%=12\ 000$(元)
实际利息 $=274\ 739\times6\%=16\ 484$(元)

借：财务费用　　　　　　　　　　　　　　　　　　　　16 484
　　贷：应付利息　　　　　　　　　　　　　　　　　　　　　　12 000
　　　　应付债券——可转换公司债券(利息调整)　　　　　　　4 484

(4)

利息调整摊销表

时间	票面利息	实际利息	利息调整	账面价值(摊余成本)
2019.1.1				274 739
2019.12.31	12 000	16 484	4 484	279 223
2020.12.31	12 000	16 753	4 753	283 976

已转换债券的账面价值 $=283\ 976\times80\%=227\ 181$(元)
已转换债券的未摊销利息调整金额 $=(25\ 261-4\ 484-4\ 753)\times80\%=12\ 819$(元)
已转换的转换权价值 $=12\ 274\times80\%=9\ 819$(元)
转换普通股股数 $=300\ 000\times80\%\div1\ 000\times600=144\ 000$(股)
转换日应编制会计分录如下：

借：应付债券——可转换公司债券（面值）	240 000
其他权益工具	9 819
贷：应付债券——可转换公司债券——利息调整	12 819
股本	144 000
资本公积——股本溢价	93 000

◆ 考点 75 · 长期借款

长期借款是企业从银行或其他金融机构借入的期限超过1年的款项。企业应当设置"长期借款"科目，来核算长期借款的取得和归还，以及利息确认等业务，并设置"本金"和"利息调整"两个明细科目，分别核算长期借款的本金和因实际利率与合同利率不同产生的利息调整额。

情形	会计处理
①借入时	借：银行存款 　贷：长期借款——本金 　　长期借款——利息调整（如有，差额）
②计提利息时	借：财务费用/在建工程（实际利息） 　贷：应付利息（分期付息：应付票面利息） 　　长期借款——应计利息（到期一次还本付息：应付票面利息） 　　长期借款——利息调整（如有，差额）
③分期付息下支付利息时	借：应付利息 　贷：银行存款
④归还借款时	借：长期借款——本金 　　　　　——应计利息（到期一次还本付息：应付票面利息总额） 　　应付利息（分期付息：最后一次利息） 　贷：银行存款

【例27·单选·天津商业2015】到期一次还本付息的长期借款利息，应记入（　　）科目。

A. 长期借款　　　　　　　　　　B. 应付利息
C. 其他业务成本　　　　　　　　D. 其他应付款

【解析】到期一次还本付息的长期借款计提利息时：
借：财务费用/在建工程
　贷：长期借款——应计利息
【答案】A

◆ 考点 76 · 长期应付款

长期应付款，是指企业除长期借款和应付债券以外的其他各种长期应付款项，比如以分期付款方式购入固定资产发生的应付款项等。

企业延期付款购买资产，如果延期支付的购买价款超过正常信用条件，实质上具有融资性质的，所购资产的成本应当以延期支付购买价款的现值为基础确定。实际支付的价款与购买价款的现值之间的差额（未确认融资费用），应当在信用期间内采用实际利率法进行摊销，计入相关资产成本或当期损益。（具体处理方式链接【考点 22】采用分期付款方式购买固定资产）

真题精练

一、单项选择题

1. （西安外国语 2017）企业作为福利为高管人员配备汽车。计提这些汽车折旧时，应编制的会计分录是（　　）。
   A. 借记"累计折旧"科目，贷记"固定资产"科目
   B. 借记"管理费用"科目，贷记"固定资产"科目
   C. 借记"管理费用"科目，贷记"应付职工薪酬"科目，同时借记"应付职工薪酬"科目，贷记"累计折旧"科目
   D. 借记"管理费用"科目，贷记"固定资产"科目，同时借记"应付职工薪酬"科目，贷记"累计折旧"科目

2. 下列各项中，企业应记入"应付职工薪酬"科目贷方的是（　　）。
   A. 支付职工的培训费
   B. 发放职工工资
   C. 确认因解除与职工劳动关系应给予的补偿
   D. 缴存职工基本养老保险费

3. 某企业 2019 年 1 月 1 日以短期租赁方式租入管理用办公设备一批，月租金为 2 000 元（含增值税），每季度末一次性支付本季度租金。不考虑其他因素，该企业 1 月 31 日计提租入设备租金时相关会计科目处理正确的是（　　）。
   A. 贷记"应付账款"科目 2 000 元
   B. 贷记"预收账款"科目 2 000 元
   C. 贷记"其他应付款"科目 2 000 元
   D. 贷记"预付账款"科目 2 000 元

4. 下列各项中，关于制造业企业预提短期借款利息的会计科目处理正确的有（　　）。
   A. 借记"财务费用"科目　　　　　　　B. 借记"制造费用"科目
   C. 贷记"应付账款"科目　　　　　　　D. 贷记"应收利息"科目

5. （四川大学 2017）企业对向职工提供的非货币性福利进行计量时，应选择的计量属性是（　　）。
   A. 现值　　　　　　　　　　　　　　B. 历史成本
   C. 重置成本　　　　　　　　　　　　D. 公允价值

6. (黑龙江八一农垦2022)企业因提前解除与车间职工劳动关系而给予的补偿,应当借记的会计科目是(　　)。
   A. 生产成本　　　　B. 管理费用　　　　C. 制造费用　　　　D. 应付职工薪酬

7. (齐齐哈尔大学2015)2012年1月1日,甲公司发行分期付息、到期一次还本的5年期公司债券,实际收到的款项为18 800万元,该债券面值总额为18 000万元,票面年利率为5%。利息于每年年末支付;实际年利率为4%,2012年12月31日,甲公司该项应付债券的摊余成本为(　　)万元。
   A. 18 000　　　　B. 18 652　　　　C. 18 800　　　　D. 18 948

8. (齐齐哈尔大学2018)如果企业开出的银行承兑汇票到期无力支付票款,应在票据到期并未签发新的票据时,将应付票据账面价值转入(　　)科目。
   A. 短期借款　　　B. 应收账款　　　C. 坏账准备　　　D. 应付账款

二、多项选择题

1. (齐齐哈尔大学2015)长期借款计提利息所涉及的账户有(　　)。
   A. 其他应付款　　B. 财务费用　　　C. 在建工程　　　D. 应付利息

2. (齐齐哈尔大学2018)下列对于应付职工薪酬的表述正确的是(　　)。
   A. 车间管理人员的工资都应该计入当期损益
   B. 车间生产工人的工资应该计入产品成本
   C. 应由在建工程、无形资产开发项目负担的职工薪酬,计入固定资产或无形资产成本
   D. 因解除与职工劳动关系给予的补偿,计入当期损益

3. (兰州理工2023)下列应纳入职工薪酬的有(　　)。
   A. 工资经费　　　　　　　　　　B. 住房公积金
   C. 职工养老保险　　　　　　　　D. 辞退职工经济补偿

三、判断题

(天津大学)一般纳税人企业将自己生产的产品用于对外投资,应视同销售,计算和交纳增值税,但会计核算上不作为销售收入处理。(　　)

四、业务处理题

1. (北京印刷2017、吉林财经2021、新疆农业2017、西安外国语2022、吉林财经2023)2016年1月1日,某企业向银行借入资金600 000元,期限为6个月,年利率为5%,借款利息分月计提,季末交付,本金到期一次归还。
   要求:
   (1)编制2016年企业取得短期借款的分录;
   (2)编制2016年1月31日计提借款利息的分录;
   (3)编制2016年6月30日该企业归还本息时的会计处理。

2. (黑龙江八一农垦2022)某企业以银行存款偿还到期的短期借款30 000元,并支付第二季度借款利息600元(短期借款利息采用按月预提按季结算方式)。请编制相关会计分录。

3. (西藏民族2023)2022年1月1日,某企业向银行借入资金3 000 000元,期限为3个月,年利率为6%,到期一次还本付息。

要求：

(1)编制企业取得短期借款的分录；

(2)编制1月31日计提借款利息的分录；

(3)编制3月31日该企业归还本息时的会计处理。

4.(广西财经学院、天津商业2015&2017、天津财经2017)甲企业2015年7月份应付职工工资总额为703 000元，"工资费用分配汇总表"中列示的产品生产人员工资为480 000元，车间管理人员工资为108 000元，企业行政管理人员工资为95 600元，专设销售机构人员工资为19 400元。根据上述要求，编制甲企业会计分录。

5.(南开大学2020)甲公司为增值税一般纳税人，适用的增值税税率为13%，每月月初发放上月工资，2019年12月1日，"应付职工薪酬"科目贷方余额为33万元，该企业2019年12月5日，结算上月应付职工薪酬33万元。其中代扣代缴职工个人所得税1.5万元，代扣为职工垫付的房租1万元，实际发放职工薪酬30.5万元。

要求：根据上述事项编制该公司结算上月应付职工薪酬的分录。

6.(四川大学2017、吉林财经2021、华北电力(保定)2022、兰州理工2023)甲公司为增值税一般纳税人，销售和进口货物适用的增值税税率为13%。2020年1月甲公司董事会决定将本公司生产的100件产品作为福利发放给公司管理人员。该批产品的单位成本为2 200元，市场销售价格为每件3 000元(不含增值税)，假定不考虑其他因素。

要求：

(1)计算甲公司因该项业务应计入职工薪酬的金额；

(2)编制甲公司该项业务的会计分录。

7.(广东工业2016、湖南理工2020)某股份有限公司于2×15年1月1日发行3年期，每年1月1日付息、到期一次还本的公司债券，债券面值为200万元，票面年利率为5%，实际年利率为6%，发行价格为196.65万元，另支付发行费用2万元。

要求：对债券发行日做出会计处理。

8.(湖北经济、重庆科技2023)甲公司于2×20年1月1日发行3年期，每年1月1日付息、到期一次还本的公司债券。共取得发行收入7 755万元，债券面值8 000万元，票面利率4.5%，市场利率5.65%。

要求：

(1)编制2×20年1月1日发行债券的分录；

(2)编制利息摊销表；

(3)编制2×20年12月31日计提利息的分录；

(4)编制2×21年12月31日计提利息的分录。

9.(安徽工业2023)2×22年1月1日，甲公司经批准发行5年期、面值为1 000万元的债券。债券的票面利率为6%，债券利息于每年12月31日支付。债券到期日为2×27年1月1日，本金于到期日一次偿还。该债券发行时的市场利率为6%。假定公司发行债券筹集的资金专门用于厂房建设，建设期为2×22年1月1日至2×23年12月31日，假定不考虑发行费用。

要求：

(1)编制2×22年1月1日发行债券的分录;

(2)编制2×22年12月31日确认利息费用的分录。

10.(财科所2016)B上市公司刚通过境内发行公司债的方式筹集到10亿元,票面利率为3.5%,发行费用率约为0.5%。请回答以下问题:

(1)如何对B公司此次发行债券筹集资金的交易(事项)进行会计处理?请列出会计分录;

(2)若B公司通过可转债的形式筹集资金,在会计处理上有何差异?为什么?

11.(湖南理工2020)甲公司于2×17年1月1日发行3年期、每年1月1日付息、到期一次还本的可转换债券,面值800万元,票面利率10%,实际取得发行收入839万元,实际利率8%,不附可转换债券的公允价值为824万元。

要求:

(1)计算转换权价值;

(2)计算应计入"应付债券——利息调整"的金额;

(3)编制发行时分录;

(4)编制第一年利息计提分录。

12.(杭州电子科技2018)甲公司2015年年初"短期借款""长期借款""应付债券"科目均无余额,该公司2015年至2016年发生有关经济业务如下:

(1)2015年3月31日,从A银行借入2年期,年利率6%,到期一次还本付息,单利计息的长期借款300万元,当日用于购买一台不需要安装的生产设备。

(2)2016年6月30日,从B银行借入期限为3个月,年利率为3.6%,到期一次还本付息的短期借款200万元。

(3)2016年7月1日,按面值发行500万元的债券,年利率6%,到期一次还本付息,票面利率等于实际利率,发行债券所筹集资金于当日全部支出,用于购买厂房建造所需的工程物资,厂房预计两年后达到预定可使用状态。2016年该债券所产生的实际利息费用符合资本化条件。

(4)2016年9月30日,以银行存款向B银行归还短期借款本息。

(5)2016年11月1日,甲公司发行3年期分期付息到期一次还本债券10万张,面值合计为1 000万元,票面利率为4.8%。实际利率为3%,收到价款1 100万元已存入银行,用于日常生产经营。

要求:根据上述资料,编制相关的会计分录。

(1)甲公司借入长期借款及按月计提利息分录;

(2)甲公司借入短期借款及按月计提利息分录;

(3)2016年7月1日甲公司发行债券及年末计提债券半年利息分录;

(4)2016年9月30日偿还到期短期借款分录;

(5)2016年11月1日甲公司发行债券及年末计息、摊销的分录。(答案中的金额单位用万元表示)

五、名词解释

1.(南京农业2017、沈阳农业2017)辞退福利

2.(南京财经 2015、浙江财经 2021)可转换债券

3.(上国会 2017、江西理工 2018)职工薪酬

4.(上国会 2018)债券

六、简答题

1.(湖北经济 2020、长春工业 2022)简述非流动负债和流动负债的区别。

2.(北京印刷 2020、天津财经 2021&2022)流动负债包括哪些内容?

3.(哈尔滨商业 2021)短期借款是什么?其利息如何计提?

4.(沈阳大学 2020)短期借款期末余额如何计量?

5.(湖南工商 2020、山西财经 2021、吉林财经 2021)简述短期借款的会计处理。

6.(湖南工商 2020)简述应付票据核算的内容。

7.(吉林财经 2021)简述预收账款的会计处理。

8.(上海对外经贸 2020)应付职工薪酬为什么是负债科目?

9.(浙江工商 2017)简述职工薪酬的含义及分类。

10.(湖北经济 2014)简述应付职工薪酬的内容。

11.(吉林财经 2022)职工薪酬的含义是什么?包括哪些内容?

12.(江西理工 2018、郑州航空工业管理 2020、上海对外经贸 2020)简述短期薪酬的主要内容。

13.(黑龙江八一农垦 2022)员工奖金怎么记账?

14.(吉林财经 2021)其他长期职工福利有哪些?如何计量?

15.(新疆农业 2018)什么是视同销售?

16.(桂林电子科技 2020)视同销售的会计处理与一般销售的会计处理有什么区别?

17.(桂林电子科技 2020)外购的商品作为集体福利是否应该作为视同销售行为?为什么?

18.(兰州大学 2023)企业将自己生产的商品作为员工福利分发给员工,应如何进行会计处理?

19.(天津大学 2020)一般纳税人增值税的会计核算有哪些特点?

20.(天津大学)企业发生的长期负债利息费用应如何处理?

21.(山西财经 2021)企业取得长期借款如何进行处理?

22.(北京工商 2017)长期借款的明细科目有哪些?

23.(湖南工商 2020)简述长期借款核算的内容。

24.(西南财经 2020)请说明长期应付款包括哪些内容以及如何进行会计处理。

25.(西南财经 2021、天津财经 2021)简述应付债券的会计处理。

26.(西南民族 2021)简述可转换债券的会计处理。

27.(吉林财经 2021、福建农林 2023)可转换债券是什么?相比普通债券,有什么特点?

七、论述题

(首都经济贸易 2020)试论述会计中消费税应如何进行处理。

09 第九章 所有者权益

考情点拨

大白话解释本章内容
企业的资金来源有两部分：一部分是负债，是借来的"钱"；另一部分是所有者权益，是企业自己的"钱"。所有者权益的内容在总论部分已简单了解，这里主要是详细了解各个科目所代表的具体含义与相应会计处理。
本章难度 ★ **本章重要程度** ★★
本章复习策略
本章内容比较简单，可以说是全书难度最低的部分了。本章出业务处理题的可能性比较低，由于和总论部分的所有者权益要素内容联系紧密，面试及笔试的简答题出题可能性较高，大家需要全面掌握"真题精练"部分的简答题。

考点精讲

第一节 所有者权益概述

所有者权益是指企业资产扣除全部负债后由所有者享有的剩余权益。公司所有者权益又称股东权益，其金额为资产减去负债后的余额。

◆ **考点 77·所有者权益与负债的区别**

企业的所有者和债权人均是企业资金的提供者，因而所有者权益和负债（债权人权益）二者均是对企业资产的要求权，所有者权益与负债都是企业的权益构成，但二者之间又存在着明显的区别。

1. 性质不同

负债是企业对债权人负担的经济责任，债权人有优先获取企业用以清偿债务的资产的要求权；所有者权益则是所有者对剩余资产的要求权，这种要求权在顺序上置于债权人之后。

2. 权利不同

债权人只有获取企业用以清偿债务的资产的要求权，而没有经营决算的参与权和收益分配权；所有者则可以参与企业的经营决策及收益分配。

3. 偿还期限不同

企业的负债通常都有约定的偿还日期；所有者权益在企业的存续期内一般不存在抽回问题，即不存在约定的偿还日期，是企业的一项可以长期使用的资金，只有在企业清算时才予以偿还。

4. 风险不同

债权人获取的利息一般是按一定利率计算、预先可以确定的固定数额，企业不论盈利与否均应按期付息，风险较小；所有者获得多少收益，则视企业的盈利水平及经营政策而定，风险较大。

5. 计量不同

负债必须在发生时按照规定的方法单独予以计量；所有者权益则不必单独计量，而是对资产和负债计量以后形成的结果。

◆ 考点 78 · 不同企业及其所有者权益的特点

要点	独资企业	合伙企业	公司制企业
企业特点	不是独立的法律主体		是独立的法律主体
	对企业债务负有无限责任		以其全部资产对企业的债务承担有限责任
	不是纳税主体		是纳税主体
	有权任意处置股份	抽逃资金或是出资额转让给他人受到合伙人意图的制约	股东持有的公司股份不得抽回但可以转让

续表

要点	独资企业	合伙企业	公司制企业
所有者权益特点	一般不必划分为投入资本、资本公积、其他综合收益和留存收益等，可统称为业主权益；企业赚取得利润视为业主个人所得，可以转为业主权益，无须单独以"未分配利润"项目反映	一般不必划分为投入资本、资本公积、其他综合收益和留存收益，但应按合伙人分别予以反映；合伙人的损益应按照合伙契约中规定的方法进行分配；抽减资金、将出资额转让他人，受到其他合伙人意图的制约	需要划分为投入资本、资本公积、其他综合收益和留存收益；股东持有的公司股份不得抽回但可以转让

◆ 考点 79·（公司制企业）所有者权益的分类

所有者权益按来源可分为实收资本（或股本）、资本公积、其他综合收益、留存收益、其他权益工具、专项储备六部分。

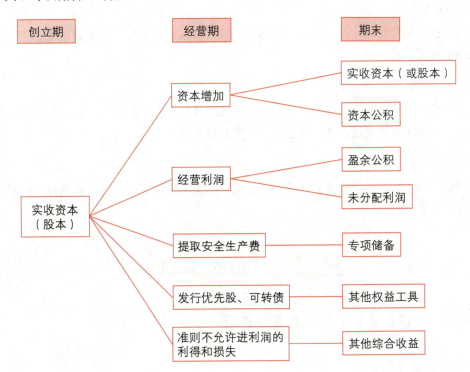

1. 实收资本或股本

实收资本是企业按照章程规定或合同、协议约定，接受投资者投入企业的资本。实收资本的构成比例或股东的股份比例，是确定所有者在企业所有者权益中所占份额的基础，也是企业进行利润或股利分配的主要依据。在股份有限公司，实收资本表现为实际发行股票的面值，也称为股本。

2. 资本公积

指企业收到投资者出资额超过其在注册资本（或股本）中所占份额的部分，以及其他资本公积等。资本公积包括资本溢价（或股本溢价）和其他资本公积等。

形成资本溢价（或股本溢价）的原因有溢价发行股票、投资者超额缴入资本等。其他资本公积是指除资本溢价（或股本溢价）、净损益、其他综合收益和利润分配以外所有者权益的其他变动。比如，企业的长期股权投资采用权益法核算时，因被投资单位除净损益、其他综合收益以及利润分配以外的所有者权益的其他变动，投资企业按应享有份额增加或减少的资本公积，直接计入投资方所有者权益。

3. 其他综合收益

指在企业经营活动中形成的未计入当期损益但归所有者所共有的利得或损失，主要包括其他债权投资和其他权益工具投资公允价值变动、权益法下被投资单位其他综合收益调整、债权投资重分类为其他债权投资公允价值变动以及非投资性房地产转换为投资性房地产转换日公允价值高于账面价值差额等形成的利得或损失。

4. 留存收益

指归所有者所共有的、由利润转化而形成的所有者权益，主要包括法定盈余公积、任意盈余公积和未分配利润。

5. 其他权益工具

指企业发行的除普通股以外的归类为权益工具的各种金融工具，主要包括归类为权益工具的优先股、永续债、认股权、可转换公司债券等金融工具。

6. 专项储备

专项储备用于核算高危行业企业按照规定提取的安全生产费以及维持简单再生产费用等具有类似性质的费用。

第二节　实收资本或股本

◆考点80·实收资本或股本的账务处理

1. 接受现金资产投资

| 股份有限公司以外的企业接受现金资产投资 | 借：银行存款等
　　贷：实收资本（按投资合同或协议约定的份额）
　　　　资本公积——资本溢价（差额） |

		续表
股份有限公司接受现金资产投资/发行股份	发行股份	借：银行存款等 　贷：股本（股票面值1元×股数） 　　　资本公积——股本溢价（差额）
	支付发行费用	借：资本公积——股本溢价 　　盈余公积 　　利润分配——未分配利润 　贷：银行存款　　依次冲减

【注意】公司发行股票，可以按面值发行，也可以溢价发行，但**不得折价发行**。

【例1·分录·黑龙江八一农垦2022】编制下列业务的会计分录：国家对企业投资500 000元，款项存入银行。

【答案】借：银行存款　　　　　　　　　　　　　　　　　　　500 000
　　　　　贷：实收资本——国家资本　　　　　　　　　　　　500 000

【例2·判断】企业收到的投资者超出其在企业注册资本中所占份额的投资，应直接计入当期损益。（　　）

【解析】企业收到的投资者超出其在企业注册资本中所占份额的投资，应计入资本公积——资本溢价中。

【答案】×

【例3·单选·西安石油2017】某上市公司发行普通股1 000万股，每股面值1元，每股发行价格5元，支付手续费20万元，支付咨询费60万元。该公司发行普通股计入股本的金额为（　　）万元。

　　A.1 000　　　　B.4 920　　　　C.4 980　　　　D.5 000

【解析】该公司发行普通股计入股本的金额＝每股面值×普通股股数＝1 000×1＝1 000（万元）。

【答案】A

【例4·单选·四川大学2017】某公司委托证券公司发行普通股400 000股，每股面值为1元，每股发行价格为16元。双方协议约定，证券公司按发行收入的2%收取佣金，并直接从发行收入中扣除。不考虑其他因素，该公司发行股票应计入资本公积的金额为（　　）元。

　　A.6 272 000　　B.5 880 000　　C.5 872 000　　D.6 000 000

【解析】该公司发行股票应计入资本公积的金额＝400 000×16×(1－2%)－400 000＝5 872 000（元）。

【答案】C

2. 接受非现金资产投资

企业接受投资者作价投入的非现金资产，应按投资合同或协议约定价值确定资产入账价值（但投资合同或协议约定价值不公允的除外），按投资合同或协议约定的投资者在注册资本（或股本）中应享有的份额作为实收资本或股本入账价值。如果资产价值超过其在注册资本（或股本）中所占份额的部分，应当计入资本公积（资本溢价或股本溢价）。

借：固定资产、原材料、无形资产　　　　　　　　　　　　（公允价值）
　　应交税费——应交增值税（进项税额）
　贷：实收资本　　　　　　　　　　　　　　　　　　　　（按约定的份额）
　　　资本公积——资本溢价　　　　　　　　　　　　　　　　（差额）

【例5·业务处理·北京航空航天2021、山西师范2021、上海立信】 甲有限责任公司（一般纳税人企业）于设立时收到乙公司作为资本投入的不需要安装的机器设备一台，合同约定该机器设备的价值为2 000 000元，增值税进项税额为260 000元（由投资方支付税款，并提供或开具增值税专用发票）。经约定，甲有限责任公司接受乙公司的投入资本为2 260 000元，全部作为实收资本。合同约定的固定资产价值与公允价值相符，不考虑其他因素。

要求：做出甲公司收到机器设备的会计处理。

【答案】

借：固定资产　　　　　　　　　　　　　　　　　　　　　2 000 000
　　应交税费——应交增值税（进项税额）　　　　　　　　　　260 000
　贷：实收资本——乙公司　　　　　　　　　　　　　　　　2 260 000

3. 实收资本（股本）的增减变动

一般情况下，企业的实收资本应相对固定不变，但在某些特定情况下，实收资本也可能发生增减变化。我国《企业法人登记管理条例施行细则》规定，除国家另有规定外，企业的注册资金应当与实收资本相一致，当实收资本比原注册资金增加或减少超过20%时，应持资金使用证明或者验资证明，向原登记主管机关申请变更登记。如擅自改变注册资本或抽逃资金，要受到工商行政管理部门的处罚。

(1) 实收资本（或股本）的增加

①接受投资者追加投资	借：银行存款 　贷：实收资本/股本 　　　资本公积——资本溢价/股本溢价
②资本公积转增资本	借：资本公积——资本溢价/股本溢价 　贷：实收资本/股本
③盈余公积转增资本	借：盈余公积 　贷：实收资本/股本

【注意】
①资本公积转增资本和盈余公积转增资本时,企业所有者权益总额不发生变化。
②有限责任公司以资本公积转增资本,应当按照原出资者各自出资比例相应增加各出资比例的出资金额。

【例6·分录·沈阳大学2020】甲、乙、丙三人共同投资设立了A有限责任公司,原注册资本为4 000 000元,甲、乙、丙分别出资500 000元、2 000 000元和1 500 000元。为扩大经营规模,经批准,A有限责任公司按照原出资比例将资本公积1 000 000元转增资本。请按上述要求做出A有限责任公司应编制的会计分录(答案金额单位以万元表示)。

【答案】
借:资本公积　　　　　　　　　　　　　　　　　　　　　　　1 000 000
　　贷:实收资本——甲　　　　　　　　　　　　　　　　　　　　125 000
　　　　　　　　——乙　　　　　　　　　　　　　　　　　　　　500 000
　　　　　　　　——丙　　　　　　　　　　　　　　　　　　　　375 000

【例7·业务处理·吉林财经2015】某公司原来由三个投资者组成,每位投资者各投资100万元,共300万元,经营一年后,有另一位投资者欲加入该公司并希望占有25%的股份,经协商该公司将注册资本增加到400万元,但该投资者需缴纳140万元。
要求:根据上述资料,编制相关的会计分录。

【答案】
借:银行存款　　　　　　　　　　　　　　　　　　　　　　　　　140
　　贷:实收资本　　　　　　　　　　　　　　　　　　　　　　　　100
　　　　资本公积——资本溢价　　　　　　　　　　　　　　　　　　40

(2)实收资本(或股本)的减少

非股份有限公司按法定程序报经批准减少注册资本的,按减少的注册资本金额减少实收资本。股份有限公司采用回购本公司股票方式减资的,通过"库存股"科目核算回购股份的金额。

①回购公司股票时	借:库存股(回购价格×股数) 　贷:银行存款(回购价格×股数)	
②注销库存股时	回购价大于回购股份对应的股本时:	回购价小于回购股份对应的股本时:
	借:股本(股票面值1元×股数) 　　资本公积——股本溢价　┐ 　　盈余公积　　　　　　　├依次冲减 　　利润分配——未分配利润┘ 　贷:库存股(回购价格×股数)	借:股本(股票面值1元×股数) 　贷:库存股(回购价格×股数) 　　　资本公积——股本溢价(差额)
	差额依次冲减资本公积——股本溢价、盈余公积、未分配利润	差额全部增加资本公积——股本溢价

【例8·业务处理】A上市公司2019年12月31日的股本为100 000 000元(面值为1元),资本公积(股本溢价)30 000 000元,盈余公积40 000 000元。经股东大会批准,A上市公司以现金回购本公司股票20 000 000股并注销。

要求:做出下列各种情况下的回购股票会计处理。

(1)假定A上市公司按每股2元回购股票;

(2)假定A上市公司按每股3元回购股票;

(3)假定A上市公司按每股0.9元回购股票。

【答案】

(1)库存股成本=20 000 000×2=40 000 000(元)

回购本公司股份时:

借:库存股　　　　　　　　　　　　　　　　　　　　　　40 000 000

　　贷:银行存款　　　　　　　　　　　　　　　　　　　　40 000 000

注销本公司股票时:

借:股本　　　　　　　　　　　　　　　　　　　　　　　20 000 000

　　资本公积——股本溢价　　　　　　　　　　　　　　　20 000 000

　　贷:库存股　　　　　　　　　　　　　　　　　　　　40 000 000

(2)库存股成本=20 000 000×3=60 000 000(元)

回购本公司股票时:

借:库存股　　　　　　　　　　　　　　　　　　　　　　60 000 000

　　贷:银行存款　　　　　　　　　　　　　　　　　　　　60 000 000

注销本公司股票时:

借:股本　　　　　　　　　　　　　　　　　　　　　　　20 000 000

　　资本公积——股本溢价　　　　　　　　　　　　　　　30 000 000

　　盈余公积　　　　　　　　　　　　　　　　　　　　　10 000 000

　　贷:库存股　　　　　　　　　　　　　　　　　　　　60 000 000

(3)库存股成本=20 000 000×0.9=18 000 000(元)

回购本公司股票时:

借:库存股　　　　　　　　　　　　　　　　　　　　　　18 000 000

　　贷:银行存款　　　　　　　　　　　　　　　　　　　　18 000 000

注销本公司股票时:

借:股本　　　　　　　　　　　　　　　　　　　　　　　20 000 000

　　贷:库存股　　　　　　　　　　　　　　　　　　　　18 000 000

　　　　资本公积——股本溢价　　　　　　　　　　　　　2 000 000

【例9·单选】某上市公司经股东大会批准以银行存款回购并注销本公司股票1 000万股,每股面值为1元,回购价为每股1.5元。该公司注销股份时"资本公积——股本溢价"科目余额为 2 000 万元,"盈余公积"科目余额为 800 万元,不考虑其他因素。该公司注销股份的会计科目处理正确的是(　　)。

A. 借记"盈余公积"科目 500 万元
B. 借记"库存股"科目 1 000 万元
C. 借记"股本"科目 1 500 万元
D. 借记"资本公积——股本溢价"科目 500 万元

【解析】(分录金额单位以万元表示)

①回购股票时:

借:库存股　　　　　　　　　　　　　　　　　　　　　1 500
　　贷:银行存款　　　　　　　　　　　　　　　　　　　　1 500

②注销股票时

借:股本　　　　　　　　　　　　　　　　　　　　　　　1 000
　　资本公积——股本溢价　　　　　　　　　　　　　　　　500
　　贷:库存股　　　　　　　　　　　　　　　　　　　　　1 500

【答案】D

第三节　资本公积

◆考点 81 · 资本公积与其他所有者权益的区别

1. 资本公积与实收资本(或股本)的区别

①从来源和性质看。实收资本(或股本)是指投资者按照企业章程或合同、协议的约定,实际投入企业并依法进行注册的资本,它体现了所有者对企业的基本产权关系。资本公积是投资者的出资额超出其在注册资本中所占份额的部分(即资本溢价或股本溢价),以及其他资本公积,它不直接表明所有者对企业的基本产权关系。

②从用途看。实收资本(或股本)的构成比例是确定所有者参与企业财务经营决策的基础,也是企业进行利润分配或股利分配的依据,同时还是企业清算时确定所有者对净资产的要求权的依据。资本公积的主要用途主要是用来转增资本(或股本)。资本公积不体现各所有者的占有比例,也不能作为所有者参与企业财务经营决策或进行利润分配的依据。

2. 资本公积与留存收益的区别

资本公积的来源不是企业实现的利润,而主要来自资本溢价(或股本溢价)等。留存收益是企业从历年实现的利润中提取或形成的留存于企业的内部积累,来源于企业生产经营活动实现的利润。

3. 资本公积与其他综合收益的区别

其他综合收益是指企业根据企业会计准则规定未在当期损益中确认的各项利得和损失。资本公积和其他综合收益都会引起企业所有者权益发生增减变动，资本公积一般不会影响企业的损益，而部分其他综合收益项目则在满足企业会计准则规定的条件时，可以重分类进损益，成为企业利润的一部分。

第四节 其他综合收益

其他综合收益主要是指直接计入所有者权益的利得（或损失）。其他综合收益一般是由特定资产的计价变动而形成的。当处置特定资产时，其他综合收益也应一并处置。因此，其他综合收益不得用于转增资本（或股本）。

◆ 考点 82 · 其他综合收益的分类

其他综合收益包括以后期间不能重分类进损益的其他综合收益和以后会计期间满足规定条件时将重分类进损益的其他综合收益。

分类	具体内容
以后会计期间不能重分类进损益	①重新计量设定受益计划变动额； ②其他权益工具投资公允价值变动额； ③权益法下不能转损益的其他综合收益
以后会计期间满足条件时能重分类进损益	①存货或自用房地产转换为采用公允价值模式计量的投资性房地产公允价值大于原账面价值的差额； ②其他债权投资公允价值的变动额； ③金融资产重分类计入其他综合收益的金额（债权投资转为其他债权投资）； ④其他债权投资信用减值准备； ⑤权益法下能转损益的其他综合收益

【例10·多选·中央财经2017】下列各项中，以后会计期间不能重分类进损益的其他综合收益项目有（   ）。

A. 重新计量设定受益计划净负债或净资产导致的变动
B. 因享有联营企业其他权益工具投资公允价值变动而确认的其他综合收益
C. 其他债权投资公允价值变动形成的其他综合收益
D. 自用房地产转为公允价值模式计量的投资性房地产，转换日公允价值大于账面价值形成的其他综合收益

【解析】选项A，将来该设定受益计划完成时，将其他综合收益结转至未分配利润。选项B，处置该长期股权投资时不得转入投资收益。

【答案】AB

第五节 留存收益

留存收益是指企业从历年实现的利润中提取或形成的留存于企业的内部积累，包括盈余公积和未分配利润两类。

◆ 考点 83 · 盈余公积的管理

盈余公积包括法定盈余公积和任意盈余公积。

1. 法定盈余公积

按照《公司法》的规定，企业根据净利润(减弥补以前年度亏损)和法定比例计提法定盈余公积。法定盈余公积主要用于企业扩大再生产，也可以用于弥补企业亏损或转增资本。当企业计提的法定盈余会积达到注册资本的 50% 时，可以不再提取；超过注册资本 25% 以上的部分，可以用于转增资本。

企业将盈余公积转增资本时，必须经股东大会决议批准。在实际将盈余公积转增资本时，要按股东原有持股比例结转。盈余公积转增资本时，转增后留存的盈余公积的数额不得少于注册资本的 25%。

【例 11 · 填空 · 天津大学】企业盈余公积转增资本后，留存企业的法定盈余公积不得低于注册资本的( )。

【答案】25%

2. 任意盈余公积

企业在计提了法定盈余公积之后，还可以根据企业需要计提任意盈余公积。任意盈余公积的计提比例由企业自行确定。任意盈余公积的用途与法定盈余公积相同，企业在用盈余公积弥补亏损或转增资本时，一般先使用任意盈余公积，在任意盈余公积用完以后，再按规定使用法定盈余公积。

◆ 考点 84 · 未分配利润的管理

未分配利润是指企业实现的净利润经过弥补亏损、提取盈余公积和向投资者分配利润后留存在企业的、历年结存的利润。

1. 利润分配顺序

企业净利润按下列顺序分配：弥补以前年度亏损；提取法定盈余公积；提取任意盈余公积；向投资者分配利润。

【例 12·判断·长沙理工 2016】 股份有限公司利润分配的顺序是：提取法定公积金、提取法定公益金、提取任意公积金、弥补以前年度亏损、向投资者分配利润或股利。（　　）

【答案】 ×

2. 未分配利润的计算

①期末可供分配的利润＝当年实现的净利润（或净亏损）＋年初未分配利润（或－年初未弥补亏损）＋其他转入（盈余公积补亏）

②期末可供投资者分配的利润＝期末可供分配的利润－提取的盈余公积

③期末未分配利润＝期末可供投资者分配的利润－向投资者分配的现金股利或利润、实际发放的股票股利

【注意】 对于未弥补亏损可以用以后年度实现的税前利润进行弥补，但弥补期限不得超过 5 年。超过 5 年后不得用税前利润弥补，只能用税后利润弥补，也可以用盈余公积补亏。

【例 13·计算】 甲公司 2019 年亏损 150 万元，2020 年实现税前利润（纳税调整后所得额）600 万元，适用所得税税率为 25%，不考虑其他相关事项。

要求：

(1) 计算 2020 年应缴纳的企业所得税、期末可供分配的利润；

(2) 假设甲公司 2020 年至 2024 年利润为 0，2025 年实现利润 600 万元。请计算甲公司 2025 年应缴纳的企业所得税、期末可供分配的利润。

【答案】

(1) 2020 年可用税前利润弥补亏损：

应纳企业所得税＝(600－150)×25%＝112.5（万元）

期末可供分配的利润＝600－112.5－150＝337.5（万元）

(2) 由于 2020 年至 2024 年利润为 0，未弥补亏损已超过 5 年，2025 年只能用税后利润弥补 2019 年亏损：

应纳企业所得税＝600×25%＝150（万元）

期末可供分配的利润＝600－150－150＝300（万元）

◆ 考点 85·留存收益的账务处理

情形	会计处理
①结转当期实现的净利润	借：本年利润 　贷：利润分配——未分配利润 （亏损则作相反处理）

续表

情形	会计处理	
②提取盈余公积（当期实现利润时）	借：利润分配——提取法定盈余公积 　贷：盈余公积——法定盈余公积 借：利润分配——未分配利润 　贷：利润分配——提取法定盈余公积	借：利润分配——提取任意盈余公积 　贷：盈余公积——任意盈余公积 借：利润分配——未分配利润 　贷：利润分配——提取任意盈余公积
	【注意】计算提取的盈余公积数额时，不包括年初未分配利润；如以前年度有亏损，先补亏再提取盈余公积	
③分配现金股利或利润	宣告分派时： 借：利润分配——应付现金股利 　贷：应付股利 借：利润分配——未分配利润 　贷：利润分配——应付现金股利 实际支付时： 借：应付股利 　贷：银行存款	
④分配股票股利	宣告股票股利时 **不作会计分录**	**支付股票股利时需作会计分录**： 借：利润分配——转作股本的股利 　贷：股本 借：利润分配——未分配利润 　贷：利润分配——转作股本的股利
⑤盈余公积补亏	借：盈余公积 　贷：利润分配——盈余公积补亏 借：利润分配——盈余公积补亏 　贷：利润分配——未分配利润	

【注意】由于每年净利润都要转入"利润分配——未分配利润"账户，如果此前有未弥补亏损，则转入本年净利前，"利润分配——未分配利润"账户是借方余额，转入本年净利润后，借贷方余额会自动抵消。因此利润弥补亏损无需做额外会计处理。

【例14·分录·太原理工2016、新疆农业2020】乙股份有限公司本年实现净利润为5 000 000元，年初未分配利润为0。经股东大会批准，乙股份有限公司按当年净利润的10%提取法定盈余公积。假定不考虑其他因素。根据上述事项编制乙公司提取盈余公积的分录。

【答案】

应提取的法定盈余公积＝5 000 000×10％＝500 000(元)

借：利润分配——提取法定盈余公积　　　　　　　　　　　500 000
　　贷：盈余公积——法定盈余公积　　　　　　　　　　　　　　500 000
借：利润分配——未分配利润　　　　　　　　　　　　　　500 000
　　贷：利润分配——提取法定盈余公积　　　　　　　　　　　　500 000

【例15·分录·新疆财经2022】甲股份有限公司本年实现净利润为3 000 000元，年初未分配利润借方余额为150 000元。经股东大会批准，甲股份有限公司按当年净利润的10％提取法定盈余公积、按5％提取任意盈余公积。假定不考虑其他因素。计算甲公司提取盈余公积的金额。

【答案】甲公司应提取的法定盈余公积＝(3 000 000－150 000)×10％＝285 000(元)

甲公司应提取的任意盈余公积＝(3 000 000－150 000)×5％＝142 500(元)

【例16·分录·北京工商2017】经股东大会批准，甲股份有限公司用以前年度提取的盈余公积弥补当年亏损，当年弥补亏损的金额为1 000 000元。假定不考虑其他因素，写出甲股份有限公司应编制的分录。

【答案】

借：盈余公积　　　　　　　　　　　　　　　　　　　　1 000 000
　　贷：利润分配——盈余公积补亏　　　　　　　　　　　　　1 000 000
借：利润分配——盈余公积补亏　　　　　　　　　　　　1 000 000
　　贷：利润分配——未分配利润　　　　　　　　　　　　　　1 000 000

【例17·判断·西安石油2017】甲有限责任公司本年实现净利润为1 000 000元。存在年初累计亏损1 200万元，且都是5年前的亏损导致的，则本年按10％比例计提的法定公积金为100万元。

【解析】计算计提的盈余公积数额时，如以前年度有亏损，应先补亏再提取盈余公积。由于年初累计亏损1 200万元，大于本年实现净利润100万元，因此本年不应计提法定盈余公积金。

【答案】×

【例18·单选·天津大学】股份有限公司在实际发放现金股利时的正确会计分录为(　　)。

A. 借：股本　　　贷：库存现金
B. 借：股利　　　贷：应付股利
C. 借：应付股利　贷：银行存款
D. 借：股本　　　贷：银行存款

【答案】C

【例19·分录·浙江工商2017、上海财经】甲股份有限公司2016年度的净利润为2 505 000元。

假定公司按当年净利润的10%提取法定盈余公积,按当年净利润的5%提取任意盈余公积。公司股本(70万股,每股1元)为700 000元,资本公积为300 000元;公司决定按每股0.1元派发现金股利;以现有股本总额为基数,以资本公积(股本溢价)转增股本,每10股转增4股。

要求:

(1)编制甲公司提取盈余公积的会计分录;

(2)编制甲公司宣告现金股利的会计分录;

(3)编制甲公司资本公积转增股本的会计分录。

【答案】

(1)提取盈余公积会计分录:

应提取的法定盈余公积=2 505 000×10%=250 500(元)

应提取的任意盈余公积=2 505 000×5%=125 250(元)

借:利润分配——提取法定盈余公积	250 500
——提取任意盈余公积	125 250
贷:盈余公积——法定盈余公积	250 500
——任意盈余公积	125 250
借:利润分配——未分配利润	375 750
贷:利润分配——提取法定盈余公积	250 500
——提取任意盈余公积	125 250

(2)宣告股利会计分录:

应派发的现金股利=700 000×0.1=70 000(元)

借:利润分配——应付现金股利	70 000
贷:应付股利	70 000
借:利润分配——未分配利润	70 000
贷:利润分配——应付现金股利	70 000

(3)资本公积转增股本:

应转增的股本=700 000÷10×4=280 000(元)

借:资本公积	280 000
贷:股本	280 000

真题精练

一、单项选择题

1.(西安外国语2019)经股东大会或类似机构决议,用资本公积转增资本时,应冲减(   )。

A. 资本公积(资本溢价或股本溢价)   B. 资本公积(其他资本公积)

C. 盈余公积   D. 未分配利润

2.(西安外国语2019)A企业收到B企业出资的设备,该设备的原价为100万元,已提折旧10

万元，投资合同约定该设备价值为80万元（假定是公允的），占注册资本60万元，则A企业的会计处理为（　　）。

A. 借：固定资产　　　　　　　　　　　　　　　　　　　　　　　　　　80
　　　贷：实收资本　　　　　　　　　　　　　　　　　　　　　　　　　80

B. 借：固定资产　　　　　　　　　　　　　　　　　　　　　　　　　　90
　　　贷：实收资本　　　　　　　　　　　　　　　　　　　　　　　　　90

C. 借：固定资产　　　　　　　　　　　　　　　　　　　　　　　　　　100
　　　贷：累计折旧　　　　　　　　　　　　　　　　　　　　　　　　　20
　　　　　实收资本　　　　　　　　　　　　　　　　　　　　　　　　　80

D. 借：固定资产　　　　　　　　　　　　　　　　　　　　　　　　　　80
　　　贷：实收资本　　　　　　　　　　　　　　　　　　　　　　　　　60
　　　　　资本公积　　　　　　　　　　　　　　　　　　　　　　　　　20

3.（西安外国语2017）下列各项业务中，能使企业资产和所有者权益总额同时增加的是（　　）。
　　A. 分派股票股利　　　　　　　　　　　B. 提取盈余公积
　　C. 资本公积转增资本　　　　　　　　　D. 交易性金融资产公允价值增加

4.（西安外国语2017）下列各项业务中，将使企业负债总额减少的是（　　）。
　　A. 计提应付债券利息　　　　　　　　　B. 将债务转为资本
　　C. 长期租入固定资产　　　　　　　　　D. 发行股票

5.（中国石油（北京）2018）下列交易事项中，会导致资产和所有者权益同时增加的是（　　）。
　　A. 资本公积转增资本
　　B. 权益法下长期股权投资确认投资收益
　　C. 用银行存款购置固定资产
　　D. 以银行存款支付原材料采购价款

6.（北京工商2023、暨南大学2023）以下能引起所有者权益总额发生变化的是（　　）。
　　A. 资本公积转增股本　　　　　　　　　B. 提取盈余公积
　　C. 发放股票股利　　　　　　　　　　　D. 宣告发放现金股利

7.（三峡大学2020）A公司委托B证券公司发行股票20 000万股，每股面值1元，每股发行价格1.1元。A公司按发行价格的1‰向B证券公司支付发行费。假设不考虑其他因素，A公司记入"资本公积"科目的金额为（　　）万元。
　　A.1 780　　　　　B.1 800　　　　　C.2 000　　　　　D.2 220

8.（齐齐哈尔大学2015&2018）2013年1月1日，大海公司"实收资本"账户贷方余额为69万元，"资本公积"账户贷方余额为7万元，"盈余公积"账户贷方余额为6万元，"利润分配—未分配利润"账户贷方余额为12万元。2013年实现净利润85万元，提取盈余公积8.5万元，用资本公积2万元转增资本，向投资者分配利润9万元。2013年12月31日，大海公司所有者权益总额应为（　　）。
　　A.161.5万元　　　B.83.5万元　　　C.170万元　　　D.172万元

9.（三峡大学2023）下列各项中，能够引起所有者权益总额变化的是（　　）。

A. 以盈余公积转增资本　　　　　　　　B. 以资本公积转增资本
C. 向股东支付已宣告分配的现金股利　　D. 回购股票

二、多项选择题

1.（长沙理工 2017）会引起企业实收资本金额发生增减变动的是（　　）。
   A. 盈余公积转增资本　　　　　　　　B. 处置长期股权投资
   C. 资本公积转增资本　　　　　　　　D. 对外进行债券投资

2. 下列各项中，属于资本公积来源的有（　　）。
   A. 盈余公积转入　　　　　　　　　　B. 股本溢价
   C. 资本溢价　　　　　　　　　　　　D. 从企业实现的净利润中提取

3. 下列各项中，应计入资本公积的有（　　）。
   A. 交易性金融资产的公允价值变动　　B. 投资者超额投入的资本
   C. 股票发行的溢价　　　　　　　　　D. 交易性金融资产的手续费

4. 下列各项中，应计入资本公积的有（　　）。
   A. 注销的库存股账面余额低于所冲减股本的差额
   B. 投资者超额缴入的资本
   C. 交易性金融资产发生的公允价值变动
   D. 溢价发行股票，超出股票面值的溢价收入

5.（北国会 2012）下列交易事项中，能引起资产和所有者权益同时发生增减变动的有（　　）。
   A. 宣告分配股票股利　　　　　　　　B. 接受现金捐赠
   C. 财产清查中固定资产盘盈　　　　　D. 以银行存款支付原材料采购价款

6.（齐齐哈尔 2018）下列业务不需要进行会计处理的有（　　）。
   A. 盈余公积转增资本　　　　　　　　B. 税后利润弥补亏损
   C. 税前利润弥补亏损　　　　　　　　D. 资本公积转增资本

7.（浙江工商 2023）下列各项中，盈余公积可用于（　　）。
   A. 转增资本公积　　　　　　　　　　B. 转增资本
   C. 弥补亏损　　　　　　　　　　　　D. 发放现金股利或利润

三、业务处理题

1.（北京航空航天 2021）某公司按每 10 股送 1 股的方案用盈余公积派送新股，参照股票市价确定的派送价格为每股 13 元，股票面值为 1 元，派送前的普通股总数为 100 000 000 股，本次派送新股总数为 10 000 000 股。在派送新股所需的资金中，80 000 000 元来源于法定盈余公积，而另 50 000 000 元来源于任意盈余公积。
   要求：根据上述事项作出盈余公积转增资本的会计处理。

2.（四川轻化工 2019、暨南大学 2023）甲企业接受乙企业用固定资产投资，合同中记录了固定资产的账面价值为 3 000 万元、协议价为 3 200 万元、公允价值为 3 400 万元。
   (1)甲企业应该按照哪一个价值入账？请说明理由。
   (2)写出甲企业接受乙企业投资的分录。

3.（华北电力（北京）2021）大丰公司（以下简称公司）为股份有限公司，为增值税一般纳税人，销

售货物适用的增值税税率为 13%。2020 年 12 月 1 日，股东以无形资产对该公司进行投资，不含税的协议价值为 200 万元，增值税为 26 万元。请编制 2020 年 12 月大丰公司相关经济业务的会计分录，会计分录中的金额以万元为单位。

4. (河南财经政法 2011)某企业 2010 年 1 月 1 日所有者权益构成情况如下：实收资本 1 500 万元，资本公积 100 万元，盈余公积 300 万元，未分配利润 200 万元。2010 年度实现利润总额为 600 万元，企业所得税税率为 25%。

要求：假定不存在纳税调整事项及其他因素，计算该企业 2010 年 12 月 31 日可供分配利润。

5. (中南林业科技 2019、广西大学 2020、吉林财经 2021、石河子大学 2021、青岛理工 2022、齐齐哈尔 2022、三峡大学 2023、江西师范 2023)B 公司 2019 年 1 月 1 日的所有者权益为 2 000 万元(其中：股本为 1 500 万元，资本公积为 100 万元，盈余公积为 100 万元，未分配利润为 300 万元)。B 公司 2019 年实现净利润为 200 万元。按实现净利润的 10% 提取法定盈余公积金，按实现净利润的 5% 计提任意盈余公积，按每股 0.1 元分派现金股利，每 10 股分派股票股利 1 股。

要求：

(1)编制甲公司提取法定盈余公积的会计分录；

(2)编制甲公司提取任意盈余公积的会计分录；

(3)编制甲公司宣告分派现金股利的会计分录；

(4)编制甲公司宣告并发放股票股利的会计分录。

6. (吉林财经 2015)秋实公司 2014 年度经股东大会审议，通过向全体股东每股派发 0.6 元的现金股利分配方案。秋实公司总股本为 4 000 万股。

要求：根据上述资料，编制相关的会计分录。

7. (北国会 2012、武汉工程 2023)2011 年 12 月 31 日，B 会计师处理了如下会计事项：

(1)结转企业全年实现的净利润 817 704.85 元。

(2)按净利润的 10% 提取法定盈余公积 81 770.49 元。

(3)经董事会决定向投资者分配股利 400 000 元。

(4)弥补亏损 300 000 元。

要求：根据上述资料，编制相关的会计分录。

四、名词解释

1. (杭州电子科技 2018、浙江工商 2017)留存收益
2. (北国会 2018、财科所 2016&2019)其他综合收益
3. (上国会 2017、江西理工 2018、东北师范 2016)实收资本
4. (湖南理工 2020)所有者权益
5. (武汉科技 2023)资本公积

五、简答题

1. (西安理工 2014、西安交通、天津财经 2021)简述所有者权益的来源及构成。
2. (浙江工商 2021)所有者权益的内容有哪些？请谈谈对其理解。
3. (武汉科技 2020)所有者权益包括哪些内容？试举例说明。

4.(南开大学 2022)怎么理解所有者权益?哪些情况下会导致所有者权益增加,哪些情况会导致所有者权益减少?怎么理解所有者权益是一种剩余权益?

5.(河北大学、东北师范、首经贸 2018、湖南理工 2020、湖南工业 2020、重庆工商 2023、石河子大学 2023、重庆工商 2023)试述所有者权益与负债的区别与联系。

6.(南开大学 2022)简述公司发行股票的会计分录。

7.(广外 2020)公司发行优先股怎么做账?

8.(四川大学 2020)企业接受投资者作价投入的资产,应按照合同或协议价确定其入账价值,但合同或协议价不公允的除外。请判断正误,并说出理由。

9.(北京航空航天 2021)简述盈余公积转增资本分录。

10.(江西理工 2018、南开大学 2022)何谓资本公积?其构成内容如何?

11.(暨南大学 2014、江西理工 2018)什么是资本公积?资本公积包括哪几个明细科目?每个科目的具体核算内容有哪些?

12.(天津大学 2021)简述资本公积的来源。

13.(桂林电子科技 2020)资本公积来源是什么?用途是什么?可不可以用来弥补亏损?

14.(河南财经政法 2017、贵州财经 2020、吉林财经 2021)简述盈余公积的用途。

15.(中国石油(北京)2014、天津财经 2020、华北电力(北京)2020)简述资本公积和盈余公积的区别。

16.(新疆财经 2022、东北师范)简述盈余公积和资本公积的异同。

17.(天津财经 2021)简述留存收益的含义和分类。

18.(沈阳工业 2020、吉林财经 2021)留存收益属于什么会计要素,包括哪些内容?

19.(东北财经 2021)留存收益属于损益还是所有者权益,包括哪些科目?

20.(云南财经 2020)简述留存收益的内容。

21.(安徽财经 2019、重庆大学 2020、东北师范)留存收益是什么?它的来源有哪些?它和投入资本有什么区别?

22.(杭州电子科技 2018)什么是库存股?简述库存股的会计处理。

23.(广东外语外贸 2020)简述库存股的概念,并说明其增减会导致资产和负债发生哪些变化。

24.(广东财经 2020、吉林财经 2021、桂林电子科技 2020、中南财经政法 2020、石河子大学 2021、河南师范 2021、上海大学 2022)简述利润分配顺序。

25.(华侨大学 2018、桂林电子科技 2020、东北林业 2020、昆明理工 2021、新疆大学 2022)企业税后利润应按照怎样的顺序进行分配?

26.(沈阳工业 2020)企业财务成果应如何分配?

27.(北京工商 2020)简述利润分配程序,并说明为什么这样分配。

28.(沈阳化工 2022)利润分配下面的二级科目有哪些?

29.(新疆农业 2020、吉林财经 2022)简述提取盈余公积的会计分录。

30.(陕西师范 2020)计算盈余公积的基础是什么?盈余公积需要交税吗?

31.(华北电力(保定)2021)谈一谈留存收益与净利润的关系。

32.(广东外语外贸 2020、新疆农业 2020)其他综合收益指什么?请举例说明。

33. (南开大学2022、新疆大学2023)其他综合收益是什么？在财务报表中如何列报？其他综合收益是怎么形成的？
34. (中央财经2017)可以重分类进损益的其他综合收益有哪些？
35. (首经贸2015、湖北经济2021)企业发生亏损有哪些弥补方式？会计处理有什么特点？
36. (沈阳农业2017)合伙企业的所有者权益有哪些特点？

第四篇

日常做账之收入、费用和利润篇

第十章 收入、费用和利润

考情点拨

大白话解释本章内容
俗话说，不以赚钱为目的的企业就是耍流氓，资本的本质就是逐利。 本章讲的是企业利润的形成过程，先围绕"收入五步法"模型解决收入的确认和计量问题，再讲企业的费用归类，最后讲企业利润如何层层剥皮，形成净利润。
本章难度 ★★★ 本章重要程度 ★★★
本章复习策略
本章属于重点内容，尤其是收入部分每年必考，各种题型都会涉及。新收入准则五步法模型是根据国际准则做的修订，规定与表达方面比较"西式"，理解起来会非常晦涩。大家学习的时候，切勿死磕原理，而是要牢牢把握五步法模型，结合课上例子与例题掌握相关分录。另外，一定要多做题，即使有些知识点理解得不是很透彻，但是通过题目练习，也能反向推出规律。

考点精讲

◆ 考点 86 · 收入概述

1. 概念

收入是指企业在日常活动中形成的，会导致所有者权益增加的、与所有者投入资本无关的经济利益的总流入。

2. 收入确认的原则

企业应当在履行了合同中的履约义务，即在客户取得相关商品（也包括服务）控制权时确认收入。取得商品控制权包括三个要素：

①能力（现时权利）。即客户拥有现时权利，能够主导该商品的使用并从中获得几乎全部经济利益。

②主导该商品的使用。即客户在其活动中有权使用该商品，或能够允许或阻止其他方使用该商品。

③能够获得几乎全部的经济利益。

◆ 考点87 · 收入确认和计量的步骤——五步法模型

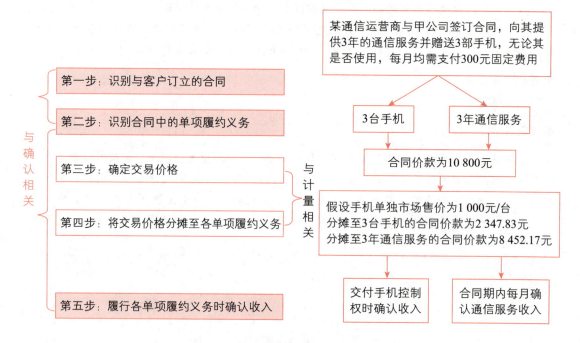

▲收入五步法模型示意图

1. 识别与客户订立的合同

五步法第一步之识别与客户订立的合同	
要点	说明
合同的概念与形式	合同是指双方或多方之间订立有法律约束力的权利义务的协议。合同包括书面形式、口头形式以及其他形式

续表

五步法第一步之识别与客户订立的合同	
要点	说明
收入确认的前提条件	企业与客户之间的合同同时满足下列五项条件的,企业应当在客户取得相关商品控制权时确认收入: (1)合同各方已批准该合同并承诺将履行各自义务; (2)该合同明确了合同各方与所转让商品相关的权利和义务; (3)该合同有明确的与所转让商品相关的支付条款; (4)该合同具有商业实质,即履行该合同将改变企业未来现金流量的风险、时间分布或金额; (5)企业因向客户转让商品而有权取得的对价很可能收回 【注意】不满足上述条件,只能先确认为负债,只有在不再负有向客户转让商品的剩余义务且向客户收取的对价无须退回时,才能确认为收入

2. 识别合同中的单项履约义务

五步法第二步之识别合同中的单项履约义务	
要点	说明
履约义务的定义	履约义务是指合同中企业向客户转让可明确区分商品或服务的承诺。企业为履行合同而应开展的初始活动,通常不构成履约义务,除非该活动向客户转让了承诺的商品
履约义务的内容	①企业向客户转让可明确区分的商品或服务; ②企业向客户转让一系列实质相同且转让模式相同的、可明确区分商品的承诺
判断条件	同时满足: ①商品本身可明确区分(能单独卖); ②商品在合同层面可明确区分(与合同中其他商品无关联) 在合同层面不可明确区分的3种情形: ①提供重大整合服务形成组成产品,例如建造服务; ②需要重大修改或定制,例如销售软件同时定制化安装,使其能够与客户现有的信息系统相兼容; ③与其他商品高度关联,例如设计一种新产品并负责生产样品,企业在生产和测试样品的过程中需要对产品的设计进行不断的修正,导致已生产的样品均可能需要进行不同程度的返工

【例1·单选】 下列各项中，构成企业履约义务的是( )。

A. 甲公司为履约合同而进行的前期客户档案的管理

B. 乙公司销售商品合同中约定保修期为1年

C. 丙公司为履行合同而进行的行政管理工作

D. 丁公司为履行合同而对客户进行会籍管理

【解析】 选项A、C和D为履行合同而应开展的初始活动，所以不构成履约义务。

【答案】 B

【例2·单选题】 甲公司与客户订立一项合同，在客户的场地上为客户建造一栋写字楼，甲公司向客户提供的砖头、水泥、人工等都能够使客户获益，但是企业需提供重大的服务将这些商品进行整合。下列关于甲公司会计处理的说法中，正确的是( )。

A. 向客户提供砖头、水泥构成单项履约义务

B. 向客户提供人工构成单项履约义务

C. 通过重大服务整合成一栋写字楼构成单项履约义务

D. 将砖头、水泥运送至客户场地发生的运输活动构成单项履约义务

【解析】 企业为客户建造写字楼的合同中，企业向客户提供的砖头、水泥、人工等都能够使客户获益，但是企业需提供重大的服务将这些商品进行整合，因此，在该合同中，砖头、水泥和人工等商品彼此之间不能单独区分。企业需提供重大的服务将这些商品进行整合，形成合同约定的一项组合产出(即写字楼)构成单项履约义务。将砖头、水泥运送至客户场地发生的运输活动发生在商品控制权转移给客户之前，不构成单项履约义务。

【答案】 C

3. 确定交易价格

五步法第三步之确定交易价格	
要点	说明
交易价格的定义	交易价格是指企业因向客户转让商品而预期有权收取的对价金额。企业代第三方收取的款项(如增值税)以及企业预期将退还给客户的款项应作为负债处理，不计入交易价格
可变对价	企业与客户的合同中约定的对价金额可能会因折扣(含现金折扣)、价格折让、返利、退款、奖励积分、激励措施、业绩奖金、索赔等因素而变化。合同中存在可变对价的，企业应当按照期望值或最可能发生金额确定可变对价的最佳估计数
合同中存在重大融资成分	原则：区分收入与融资成分，分别处理 收入：在转移商品控制权时确认收入，按单独售价或公允价值计量 融资成分：先发货后收款，摊销未实现融资收益；先收款后发货，摊销未确认融资费用

续表

| \multicolumn{2}{c}{五步法第三步之确定交易价格} ||
要点	说明
非现金对价	客户支付非现金对价的，通常情况下，企业应当按照非现金对价在合同开始日的公允价值确定交易价格。非现金对价公允价值不能合理估计的，企业应当参照其承诺向客户转让商品的单独售价间接确定交易价格
应付客户对价	①应当将应付对价冲减交易价格，但应付客户对价是为了自客户取得其他可明确区分商品的除外； ②企业应当在确认相关收入与支付客户对价的孰晚时点冲减当期收入

4. 将交易价格分摊至各单项履约义务

| \multicolumn{2}{c}{五步法第四步之分摊交易价格至各单项履约义务} ||
要点	说明
分摊原则	合同中包含两项或多项履约义务的，企业应在合同开始日，按照各单项履约义务所承诺商品的单独售价的相对比例，将交易价格分摊至各单项履约义务
单独售价	单独售价，是指企业向客户单独销售商品的价格。单独售价无法直接获得的，企业应当采用市场调整法、成本加成法、余值法等方法合理估计单独售价

【例3·单选】甲公司与客户签订合同，向其销售A、B两件产品，合同价款为9 000元。A、B产品的单独售价分别为6 000元和4 000元，合计10 000元。上述价格均不包含增值税。不考虑其他因素，A产品应当分摊的交易价格为（　　）元。

A. 6 000　　　　B. 4 000　　　　C. 5 400　　　　D. 3 600

【解析】根据上述交易价格分摊原则，A产品应当分摊的交易价格为＝9 000×6 000/10 000＝5 400（元）。

【答案】C

5. 履行每一单项履约义务时确认收入

| \multicolumn{2}{c}{五步法第五步之履行每一单项履约义务时确认收入} ||
要点	说明
确认原则	企业应当在履行了合同中的履约义务，即客户取得相关商品控制权时确认收入
在某一时段内履行的履约义务	①按照履约进度分期确认收入 ②履约进度的估计：产出法、投入法
在某一时点履行的履约义务	在转移商品控制权时确认收入

【注意】一般而言，确认和计量任何一项合同收入应考虑全部的五个步骤。但履行某些合同义务确认收入不一定都经过五个步骤，如企业按照第二步确定某项合同仅为单项履约义务时，可以从第三步直接进入第五步确认收入，不需要第四步(分摊交易价格)。

◆考点88·收入核算应设置的会计科目

科目名称	核算内容
主营业务收入（损益类）	本科目核算企业确认的销售商品、提供服务等主营业务的收入
其他业务收入（损益类）	本科目核算企业确认的除主营业务活动以外的其他经营活动实现的收入
主营业务成本（损益类）	本科目核算企业确认销售商品、提供服务等主营业务收入时应结转的成本
其他业务成本（损益类）	本科目核算企业确认的除主营业务活动以外的其他经营活动所形成的成本，包括销售材料的成本、出租固定资产的折旧额、出租无形资产的摊销额、出租包装物的成本或摊销额等
合同取得成本（资产类）	本科目核算企业取得合同发生的、预计能够收回的增量成本。本科目期末借方余额，反映企业尚未结转的合同取得成本
合同履约成本（资产类）	核算企业为履行当前或预期取得的合同所发生的、不属于其他企业会计准则规范范围且按照收入准则应当确认为一项资产的成本。该科目可按合同分别"服务成本""工程施工"等进行明细核算
合同资产（资产类）	核算企业已向客户转让商品而有权收取对价的权利，且该权利取决于时间流逝之外的其他因素 【注意】如果仅仅取决于时间流逝因素，则为无条件收款权，即应收款项
合同负债（负债类）	核算企业已收或应收客户对价而应向客户转让商品的义务(与预收账款类似)

◆考点89·合同成本

企业在与客户之间建立合同关系过程中发生的成本主要有合同取得成本和合同履约成本。

1. 合同取得成本

企业为取得合同发生的增量成本预期能够收回的，应当作为合同取得成本确认为一项资产。增量成本是指企业不取得合同就不会发生的成本，如销售佣金等。资产摊销期限不超过一年的，可以在发生时直接计入当期损益。

企业为取得合同发生的、除预期能够收回的增量成本之外的其他支出（如无论是否取得合同均会发生的差旅费、投标费和为准备投标资料发生的相关费用等），应当在发生时计入当期损益，但是，明确由客户承担的除外。

情形	业务处理
支付相关费用时	借：合同取得成本（增量成本） 　　管理费用等（差旅费、尽职调查费用等） 　贷：银行存款等
确认收入时摊销合同取得成本	借：销售费用等 　贷：合同取得成本

【例4·多选】企业为取得销售合同而发生的由企业承担的下列各项支出中，应在发生时计入当期损益的有（　　）。

A. 投标活动交通费　　　　　　　　B. 招标文件购买费
C. 尽职调查发生的费用　　　　　　D. 投标文件制作费

【解析】上述为取得销售合同而发生的支出均属于预期能够收回的增量成本之外的其他支出，应在发生时直接计入当期损益。

【答案】ABCD

2. 合同履约成本

合同履约成本指企业为履行当前或预期取得合同所发生的各种成本。同时满足下列条件的，应当作为合同履约成本确认为一项资产。

①该成本与一份当前或预期取得的合同直接相关，包括直接人工、直接材料、制造费用或类似费用（如与组织和管理生产、施工、服务等活动发生的费用等）、明确由客户承担的成本以及仅因该合同而发生的其他成本。

②该成本增加了企业未来用于履行（或持续履行）履约义务的资源。

③该成本预期能够收回。

情形	业务处理
发生相关支出时	借：合同履约成本 　贷：原材料/应付职工薪酬/银行存款等
结转成本时	借：主营业务成本 　贷：合同履约成本

◆ 考点 90 · 在某一时段履行履约义务确认收入

1. 某一时段内履行的履约义务确认收入应满足的条件

满足下列条件之一的,属于在某一时段内履行的履约义务;否则,属于在某一时点履行履约义务。

履约义务	举例
条件一:客户在企业履约的同时即取得并消耗企业履约所带来的经济利益	咨询服务、话费
条件二:客户能够控制企业履约过程中在建的商品	在客户场地上建造资产、装修
条件三:企业履约过程中所产出的商品具有不可替代用途,且该企业在整个合同期间内有权就累计至今已完成的履约部分收取款项	定制设备

条件三补充解释:

①具有不可替代用途,是指因合同限制或实际可行性限制,企业不能轻易地将商品用于其他用途。

②有权就累计至今已完成的履约部分收取款项,是指在由于客户或其他方原因终止合同的情况下,企业有权就累计至今已完成的履约部分收取能够补偿其已发生成本和合理利润的款项,并且该权利具有法律约束力。

2. 确认收入的方法

企业应当考虑商品的性质,采用实际测量的完工进度,评估已实现的结果,时间进度,已完工或交付的产品等产出指标,或采用投入的材料数量,花费的人工工时、机器工时,发生的成本和时间进度等投入指标确定恰当的履约进度。

本期确认收入=合同的交易价格总额×履约进度-以前期间已确认收入

【例5·单选】甲公司为增值税一般纳税人。2019 年 12 月 1 日,与乙公司签订了一项为期 6 个月的咨询合同,合同不含税总价款为 60 000 元,当日收到总价款的 50%,增值税税额为 1 800 元。截至年末,甲公司累计发生服务成本 6 000 元,估计还将发生服务成本 34 000 元,履约进度按照已发生的成本占估计总成本的比例确定。2019 年 12 月 31 日,甲公司应确认该项服务的收入为( )元。

A. 9 000   B. 30 000   C. 6 000   D. 40 000

【解析】履约进度按照已发生的成本占估计总成本的比例确定,履约进度=6 000÷(6 000+34 000)×100%=15%,所以应确认的收入=60 000×15%=9 000(元)。

【答案】A

3. 账务处理

情形	会计处理
预收款项时	借：银行存款 　　贷：合同负债
实际发生服务成本时	借：合同履约成本 　　贷：银行存款、应付职工薪酬等
确认服务收入并结转服务成本时	借：合同负债、银行存款等 　　贷：主营业务收入 　　　　应交税费——应交增值税（销项税额） 借：主营业务成本 　　贷：合同履约成本

【例6·业务处理】甲公司为增值税一般纳税人，装修服务适用增值税税率为9%。2×19年12月1日，甲公司与乙公司签订一项为期3个月的装修合同，合同约定装修价款为500 000元，增值税税额为45 000元，装修费用每月末按完工进度支付。2×19年12月31日，经专业测量师测量后，确定该项劳务的完工程度为25%；乙公司按完工进度支付价款及相应的增值税款，截至2×19年12月31日，甲公司为完成该合同累计发生劳务成本100 000元（假定均为装修人员薪酬），估计还将发生劳务成本300 000元。

假定该业务属于甲公司的主营业务，全部由其自行完成；该装修服务构成单项履约义务，并属于在某一时段内履行的履约义务；甲公司按照实际测量的完工进度确定履约进度。

要求：编制甲公司2×19年与该项装修合同有关的会计分录。

【答案】

(1)实际发生劳务成本100 000元：

借：合同履约成本　　　　　　　　　　　　　　　　　　　　　　　　100 000
　　贷：应付职工薪酬　　　　　　　　　　　　　　　　　　　　　　　100 000

(2)2×19年12月31日确认劳务收入并结转劳务成本：

2×19年12月31日确认的劳务收入＝500 000×25%－0＝125 000（元）

2×19年12月31日应确认的销项税＝125 000×9%＝11 250（元）

借：银行存款　　　　　　　　　　　　　　　　　　　　　　　　　　136 250
　　贷：主营业务收入　　　　　　　　　　　　　　　　　　　　　　　125 000
　　　　应交税费——应交增值税（销项税额）　　　　　　　　　　　　　11 250

借：主营业务成本　　　　　　　　　　　　　　　　　　　　　　　　100 000
　　贷：合同履约成本　　　　　　　　　　　　　　　　　　　　　　　100 000

【例7·业务处理】接上例，2×20年1月31日，经专业测量师测量后，确定该项劳务的完工程度为70%；乙公司按完工进度支付价款同时支付对应的增值税款。2×20年1月，为完成该合同发生劳务成本 180 000 元(假定均为装修人员薪酬),为完成该合同估计还将发生劳务成本 120 000 元。

要求:编制甲公司 2×20 年 1 月与该项装修合同有关的会计分录。

【答案】

(1)实际发生劳务成本 180 000 元:

借:合同履约成本　　　　　　　　　　　　　　　　　　　　　　180 000
　　贷:应付职工薪酬　　　　　　　　　　　　　　　　　　　　　180 000

(2)2×20 年 1 月 31 日确认劳务收入并结转劳务成本:

2×20 年 1 月 31 日确认的劳务收入=500 000×70%−125 000=225 000(元)

2×20 年 1 月 31 日应确认的销项税=225 000×9%=20 250(元)

借:银行存款　　　　　　　　　　　　　　　　　　　　　　　　245 250
　　贷:主营业务收入　　　　　　　　　　　　　　　　　　　　　225 000
　　　　应交税费——应交增值税(销项税额)　　　　　　　　　　　20 250
借:主营业务成本　　　　　　　　　　　　　　　　　　　　　　　180 000
　　贷:合同履约成本　　　　　　　　　　　　　　　　　　　　　180 000

【例 8·业务处理】2018 年 10 月,甲公司与客户签订合同,为客户装修一栋办公楼并安装一部电梯,合同总金额为 100 万元。甲公司预计的合同总成本为 80 万元,其中包括电梯的采购成本 30 万元(假定无毛利)。

2018 年 12 月,甲公司将电梯运达施工现场并经过客户验收,客户已取得对电梯的控制权,但是根据装修进度,预计到 2019 年 2 月才会安装该电梯。

截至 2018 年 12 月,甲公司累计发生成本 40 万元,其中包括支付给电梯供应商的采购成本 30 万元以及因采购电梯发生的运输和人工等相关成本 5 万元。

假定该装修服务(包括安装电梯)构成单项履约义务,并属于在某一时段内履行的履约义务,甲公司是主要责任人,但不参与电梯的设计和制造;甲公司用成本法确定履约进度。上述金额均不含增值税。要求:计算截至 2018 年 12 月应确认的收入和成本。

【解析】截至 2018 年 12 月,甲公司发生成本 40 万元(包括电梯采购成本 30 万元以及因采购电梯发生的运输和人工等相关成本 5 万元),由于甲公司已发生的成本和履约进度不成比例,因此需要对履约进度计算做出调整,将电梯的采购成本排除在已发生成本和预计总成本之外。在该合同中,该电梯不构成单项履约义务,其成本相对于预计总成本而言是重大的。

甲公司是主要负责人,但是未参与该电梯的设计和制造,客户先取得了电梯的控制权,随后才接受与之相关的安装服务,因此,甲公司在客户取得该电梯控制权时,按照电梯采购成本的金额确认转让电梯产生的收入。

【答案】2018 年 12 月,该合同履约进度=(40−30)÷(80−30)=20%

应确认的收入=(100−30)×20%+30=44(万元)

应确认的成本=(80−30)×20%+30=40(万元)

◆ **考点 91 · 在某一时点履行履约义务确认收入**

对于在某一时点履行的履约义务，企业应当在客户**取得相关商品控制权**时点确认收入。在判断客户是否已取得商品控制权时，企业应当综合考虑下列**迹象**：

①企业就该商品享有现时收款权利，即客户就该商品负有现时付款义务；

②企业已将该商品的**法定所有权**转移给客户，即客户已拥有该商品的法定所有权；

③企业已将该商品实物转移给客户，即客户已占有该商品实物；

④企业已将该商品所有权上的主要风险和报酬转移给客户，即客户已取得该商品所有权上的主要风险和报酬；

⑤客户已接受该商品；

⑥其他表明客户已取得商品控制权的迹象。

1. 一般销售商品业务收入的账务处理

确认收入并结转成本时	借：银行存款/应收账款/合同资产/应收票据/合同负债等 　　贷：主营业务收入/其他业务收入 　　　　　应交税费——应交增值税（销项税额） 借：主营业务成本/其他业务成本 　　存货跌价准备（已销售商品所对应的存货跌价准备） 　　贷：库存商品/原材料
代垫运费时	借：应收账款 　　贷：银行存款

【**例 9 · 业务处理**】甲公司（一般纳税人企业）向乙公司销售商品一批，开具的增值税专用发票上注明售价为 400 000 元，增值税税额为 52 000 元；甲公司收到乙公司开出的不带息银行承兑汇票一张，票面金额为 452 000 元，期限为 2 个月；甲公司以银行存款支付代垫运费，增值税专用发票上注明运输费 2 000 元，增值税税额为 180 元，所垫运费尚未收到；该批商品成本为 320 000 元；乙公司收到商品并验收入库。

要求：

(1)判断本题发生的销售业务是否属于在某一时点履行的履约义务？

(2)编制甲公司销售商品的会计分录。

【答案】

(1)本例中甲公司已经收到乙公司开出的不带息银行承兑汇票，客户乙公司收到商品并验收入库，因此，销售商品为单项履约义务且属于在某一时点履行的履约义务。

(2)①确认收入时：

借：应收票据　　　　　　　　　　　　　　　　　　　　　　　　452 000

　　贷：主营业务收入　　　　　　　　　　　　　　　　　　　　400 000

　　　　应交税费——应交增值税（销项税额）　　　　　　　　　　52 000

借：主营业务成本		320 000
贷：库存商品		320 000

②代垫运费时：

借：应收账款		2 180
贷：银行存款		2 180

2. 已发出商品但不能确认收入的账务处理

发出商品时	借：发出商品 　　贷：库存商品（成本价）
纳税义务发生时	借：应收账款 　　贷：应交税费——应交增值税（销项税额）（售价×适用税率）
满足收入确认条件时	借：应收账款等 　　贷：主营业务收入 同时： 借：主营业务成本 　　贷：发出商品

3. 商业折扣和现金折扣发生时的账务处理

（见【考点43】应收账款初始确认及计量）

4. 销售退回

销售退回是指企业售出的商品由于质量、规格等方面不符合销售合同规定条款的要求等原因而发生的退货。企业销售商品发生退货，表明企业履约义务的减少和客户商品控制权及其相关经济利益的丧失。

(1)尚未确认销售收入的售出商品发生销售退回

收回发出商品	借：库存商品 　　贷：发出商品
冲销税费	借：应交税费——应交增值税（销项税额） 　　贷：银行存款等

(2)已确认销售收入的售出商品发生销售退回

情形一：当年确认收入当年退回

冲销收入	借：主营业务收入 　　　应交税费——应交增值税（销项税额） 　　贷：银行存款
冲销成本	借：库存商品 　　贷：主营业务成本

情形二：收入确认与退回时点不在一个年度内

如果已售商品退回时点与收入确认时点不在一个年度内，应遵循资产负债表日后事项相关处理原则，将此前年度已确认的收入、结转的成本，冲减当年的期初留存收益。

【例10·业务处理·江西理工2014(改编)】 甲公司(一般纳税人企业)在2012年10月18日向乙公司销售一批商品，开出的增值税专用发票上注明的销售价格为1 000 000元，增值税税额为130 000元，该批商品成本为600 000元。乙公司在2012年11月27日支付货款。该项业务属于在某一时点履行的履约义务并确认销售收入。

(1)假设2012年12月5日，该批商品因质量问题被乙公司全部退回，甲公司当日支付有关款项。假定甲公司已取得税务机关开具的红字增值税专用发票。

(2)假设2013年1月25日，该批商品因质量问题被乙公司全部退回，甲公司当日支付有关款项。假定甲公司已取得税务机关开具的红字增值税专用发票。甲公司于2013年3月20日完成2012年所得税汇算清缴，按净利润的10%提取盈余公积，所得税税率25%。

要求：

(1)对甲公司赊销及收款业务做出相应的会计处理；

(2)对甲公司2012年12月5日销售退回做出相应的会计处理；

(3)对甲公司2013年1月25日销售退回做出相应的会计处理。

【答案】

(1)2012年10月18日确认收入时：

借：应收账款　　　　　　　　　　　　　　　　　　　　　　　　　1 130 000
　　贷：主营业务收入　　　　　　　　　　　　　　　　　　　　　　1 000 000
　　　　应交税费——应交增值税(销项税额)　　　　　　　　　　　　　130 000
借：主营业务成本　　　　　　　　　　　　　　　　　　　　　　　　600 000
　　贷：库存商品　　　　　　　　　　　　　　　　　　　　　　　　　600 000

2012年11月27日收到货款时：

借：银行存款　　　　　　　　　　　　　　　　　　　　　　　　　1 130 000
　　贷：应收账款　　　　　　　　　　　　　　　　　　　　　　　　1 130 000

(2)2012年12月5日销售退回时：

借：主营业务收入　　　　　　　　　　　　　　　　　　　　　　　1 000 000
　　应交税费——应交增值税(销项税额)　　　　　　　　　　　　　　130 000
　　贷：银行存款　　　　　　　　　　　　　　　　　　　　　　　　1 130 000
借：库存商品　　　　　　　　　　　　　　　　　　　　　　　　　　600 000
　　贷：主营业务成本　　　　　　　　　　　　　　　　　　　　　　　600 000

(3)2013年1月25日销售退回时：

借：以前年度损益调整　　　　　　　　　　　　　　　　　　　　　1 000 000
　　应交税费——应交增值税(销项税额)　　　　　　　　　　　　　　130 000
　　贷：银行存款　　　　　　　　　　　　　　　　　　　　　　　　1 130 000
借：库存商品　　　　　　　　　　　　　　　　　　　　　　　　　　600 000

贷：以前年度损益调整		600 000
借：应交税费——应交所得税		100 000
贷：以前年度损益调整		100 000
借：利润分配——未分配利润		270 000
盈余公积——法定盈余公积		30 000
贷：以前年度损益调整		300 000

◆考点92·关于特定交易的会计处理

1. 附有销售退回条款的销售

对于附有销售退回条款的销售，企业应当在客户取得相关商品控制时，按照因向客户转让商品而**预期有权收取的对价金额**（即不包含预期因销售退回将退还的金额）**确认收入**，按照预期因销售退回将退还的金额确认负债；同时，按预期将退回商品转让时的账面价值，扣除收回该商品预计发生的成本（包括退回商品的价值减损）后的余额，确认为一项资产，**按照所转让商品转让时的账面价值，扣除上述资产成本的净额结转成本**。

每一资产负债表日，企业都应当重新估计未来销售退回情况，如有变化，应当作为会计估计变更进行会计处理。

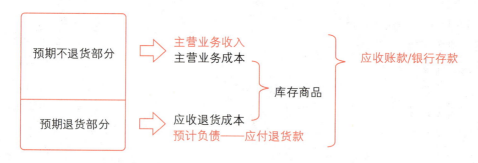

【例11·单选·天津商业2015】销售合同中规定了由于特定原因买方有权退货的条款，而企业又不能确定退货的可能性，收入确认时点为（　　）。

A. 签订合同　　　　B. 发出商品　　　　C. 收到货款　　　　D. 退货期满时

【解析】对于附有销售退回条款的商品销售，企业如果无法确定退货的可能性，则应全部确认为应收退货成本，于退货期满时确认营业收入。

【答案】D

【例12·业务处理·西安石油2015、武汉纺织2023、内蒙古大学2023】甲公司是一家健身器材销售公司，为增值税一般纳税人，适用增值税税率为17%。2014年1月1日，甲公司向乙公司销售5 000件健身器材，单位销售价格为1 000元，单位成本为800元，开出的增值税专用发票上注明的销售价格为500万元，增值税税额为85万元。协议约定，乙公司应于2月1日之前支付货款，在6月30日之前有权退还健身器材。健身器材已经发出，款项尚未收到。假定甲公司根据过去的经验，估计该批健身器材退货率为10%；实际发生销售退回时有关的增值税税额允许冲回。

要求：

(1)编制甲公司发出健身器材、月末估计销售退回及2月1日前收到货款的会计分录；

(2)假定6月30日发生销售退回，实际退货量为500件，款项已经支付，编制与退货有关的会计分录；

(3)假定6月30日发生销售退回，实际退货量为400件，款项已经支付，编制与退货有关的会计分录；

(4)假定6月30日发生销售退回，实际退货量为600件，款项已经支付，编制与退货有关的会计分录；

(5)假定甲公司无法根据过去的经验，估计该批健身器材的退货率。编制甲公司发出健身器材的会计分录。

【答案】

(1)发出健身器材确认收入时：

借：应收账款	5 850 000
贷：主营业务收入	4 500 000
预计负债——应付退货款	500 000
应交税费——应交增值税(销项税额)	850 000
借：主营业务成本	3 600 000
应收退货成本	400 000
贷：库存商品	4 000 000
借：银行存款	5 850 000
贷：应收账款	5 850 000

(2)实际退货量为500件时：

借：预计负债——应付退货款	500 000
应交税费——应交增值税(销项税额)	85 000
贷：银行存款	585 000
借：库存商品	400 000
贷：应收退货成本	400 000

(3)实际退货量为400件时：

借：预计负债——应付退货款	500 000
应交税费——应交增值税(销项税额)	68 000
贷：银行存款	468 000
主营业务收入	100 000
借：库存商品	320 000
主营业务成本	80 000
贷：应收退货成本	400 000

(4)实际退货量为600件时：

借：预计负债	500 000
主营业务收入	100 000

```
        应交税费——应交增值税(销项税额)              102 000
    贷：银行存款                                     702 000
借：库存商品                                         480 000
    贷：应收退货成本                                 400 000
        主营业务成本                                  80 000
```

(5)无法估计退货量时：

```
借：应收账款                                       5 850 000
    贷：预计负债                                   5 000 000
        应交税费——应交增值税(销项税额)              850 000
借：应收退货成本                                   4 000 000
    贷：库存商品                                   4 000 000
```

2. 附有质量保证条款的销售

对于附有质量保证条款的销售，企业应当评估该质量保证是否在向客户保证所销售商品符合既定标准之外提供了一项单独的服务。

要点	不构成单独服务(保证类质保)	构成单独服务(服务类质保)
定义	为了向客户保证所销售的商品符合既定标准的保证	在向客户保证所销售的商品符合既定标准之外提供一项单独的服务
特征	不可单独购买；法定要求；保证期限短(1年)	可单独购买；非法定要求；保证期限长(超过1年)
会计处理	按照或有事项的要求进行会计处理	应当作为单项履约义务，按照收入准则进行会计处理

3. 主要责任人和代理人

类别	判断要点	收入确认
主要责任人	向客户转让商品前拥有对该商品的控制权	总额法：全额确认收入
代理人	向客户转让商品前不拥有对该商品的控制权	净额法：只确认有权收取的佣金和手续费为收入

【例13·案例分析·重庆大学2020、西南财经2023 改编】甲公司是一家经营高端品牌的百货公司，采用自主选择品牌直营模式。2019年12月，甲公司根据品牌定位，挑选某高端品牌乙公司作为其供应商之一，乙公司提供约定品牌商品，并与其他品牌同类商品统一摆放在甲公司指定位置。甲公司委派营业员销售该品牌商品，并负责专柜内的商品保管、出售、调配或下架，承担丢失和毁损风险，拥有未售商品的所有权。甲公司对百货公司内商品统一定价，统一收款。如果需办理退换货的，甲公司可自行决定为客户办理退换货、赔偿等事项，如属商品质

量问题,可向乙公司追偿。

2020年2月,甲公司改变了与乙公司的合作方式,由乙公司在甲公司指定区域设立专柜(或专卖店)提供约定品牌商品,并委派营业员销售商品,假定本案例不包含租赁。乙公司负责专柜内的商品保管、出售、调配或下架,承担丢失和毁损风险,拥有未售商品的所有权。乙公司负责实际定价销售,甲公司负责对百货公司内销售的商品统一收款,开具发票。甲公司将收到客户款项扣除10%后支付给乙公司。

请回答以下问题:
(1)2019年12月甲公司应采用什么方式确认收入?
(2)2020年2月甲公司应采用什么方式确认收入?
(3)将总额法换成净额法对百货公司有什么影响?

【答案】

(1)企业应当根据其在向客户转让商品前是否拥有对该商品的控制权,来判断其从事交易时的身份是主要责任人还是代理人。本题中,在客户付款购买商品之前,甲公司能够主导商品的使用,例如出售、调配或下架,并从中获得其几乎全部的经济利益,拥有对该商品的控制权,是主要责任人,在客户取得商品控制权时采用总额法确认收入。

(2)企业应当根据其在向客户转让商品前是否拥有对该商品的控制权,来判断其从事交易时的身份是主要责任人还是代理人。本题中,甲公司在商品转移给客户之前,不能自行或者要求乙公司把这些商品用于其他用途,因此,甲公司没有获得对该商品的控制权,只是负责协助乙公司进行商品销售,是代理人,按照净额法确认收入。

(3)该项变化将导致百货商场2020年度的收入、成本较以前年度有较大减少,但对公司当期及前期的营业毛利、净利润、总资产、净资产均不会产生重大影响。

4. 附有客户额外选择权的销售

定义	指销售商品时给予的销售激励、客户奖励积分、未来购买商品的折扣券以及合同续约选择权等	
基本原则	①对于附有客户额外购买选择权的销售,企业应评估选择权是否向客户提供了一项重大权利; ②若提供的选择权向客户提供了重大权利的,应作为单项履约义务	
是否提供重大权利的判断	同时满足以下两个条件,即构成提供重大权利: ①客户只有在订立了合同的前提下才取得额外购买选择权; ②客户行使该选择权购买额外商品时,能够享受到超过其他同类客户的折扣	
会计处理	向客户提供一项重大权利	应当作为单项履约义务,将交易价格分摊至该单项履约义务: ①客户行使选择权前,要计入合同负债; ②客户行使选择权时或选择权过期时确认收入
	向客户提供一项非重大权利	不单独确认选择权,销售商品时即确认全部收入

【例14·计算分析】2×17年12月10日,甲公司董事会批准了管理层提出的客户忠诚度计划。该客户忠诚度计划:从2×18年1月1日起,每10元兑换1个积分,每个积分可在未来3年内购买产品时按1元的折扣兑现。2×18年1月1日,客户购买了100 000元的产品,获得可在未来购买时兑现的10 000个积分。对价是固定的,并且已购买的产品的单独售价为100 000元。甲公司预计将有9 500个积分被兑现。基于兑换的可能性估计每个积分的单独售价为1元。

2×18年度,有4 500个积分被兑换,并且甲公司预计将有9 600个积分被兑换。

2×19年度,累计有8 500个积分被兑换。预计将有9 700个积分被兑换。

2×20年12月31日,授予的奖励积分剩余部分失效。

假定不考虑相关税费等因素的影响。

要求:

(1)计算甲公司2×18年1月1日授予奖励积分的公允价值、因销售商品应当确认的销售收入,并编制相关会计分录;

(2)计算甲公司2×18年度因客户使用奖励积分应当确认的收入,并编制相关会计分录;

(3)计算甲公司2×19年度因客户使用奖励积分应当确认的收入,并编制相关会计分录;

(4)计算甲公司2×20年度因奖励积分失效应当确认的收入,并编制相关会计分录(本题答案中金额单位用元表示,计算结果保留整数)。

【解析】①年末合同负债分摊计入收入的金额=奖励积分公允价值×累计兑换部分/预计将被兑换总数—上一年已经分摊的金额;

②奖励积分失效时,应将合同负债余额一次性确认为当期收入。

【答案】

(1)2×18年1月1日奖励积分公允价值=100 000×9 500/109 500=8 676(元)

应确认收入=100 000×100 000/109 500=91 324(元)

借:银行存款　　　　　　　　　　　　　　　　　100 000

　　贷:主营业务收入　　　　　　　　　　　　　　91 324

　　　　合同负债　　　　　　　　　　　　　　　　8 676

(2)2×18年度甲公司确认奖励积分的收入=8 676×4 500/9 600=4 067(元)

借:合同负债　　　　　　　　　　　　　　　　　4 067

　　贷:主营业务收入　　　　　　　　　　　　　　4 067

(3)2×19年度甲公司确认奖励积分的收入=8 676×8 500/9 700−4 067=3 536(元)

借:合同负债　　　　　　　　　　　　　　　　　3 536

　　贷:主营业务收入　　　　　　　　　　　　　　3 536

(4)2×20年度甲公司确认奖励积分的收入=8 676−4 067−3 536=1 073(元)

借:合同负债　　　　　　　　　　　　　　　　　1 073

　　贷:主营业务收入　　　　　　　　　　　　　　1 073

【例15·判断】企业提供的额外购买选择权构成单项履约义务的,企业应当按照交易价格分摊的相关原则,将交易价格分摊至该项履约义务。(　　)

【答案】√

5. 附有售后回购条件的商品销售

售后回购，是指企业销售商品的同时承诺或有权选择日后再将该商品（包括相同或几乎相同的商品，或以该商品作为组成部分的商品）购回的销售方式。对于不同类型的售后回购交易区分以下两种情形进行处理。

情形		原理	会计处理
企业因存在与客户的远期安排而负有回购义务或企业享有回购权利		合理预计将回购，控制权未发生转移	回购价格＜原售价的，应当视为租赁交易
			不确认收入
企业负有应客户要求回购商品义务	客户有行使该权利的重大经济动因（回购价＞回购时市价）		回购价格≥原售价的，应当视为融资交易
	客户不具有行使该权利的重大经济动因（回购价＜回购时市价）	不能合理预计将回购，控制权已发生转移	确认收入	视同附有销售退回条款的销售交易进行会计处理

【例16·单选】下列关于售后回购交易的会计处理，不符合企业会计准则规定的是（　　）。

A. 企业负有应客户要求回购商品义务的，客户不具有行使该要求权重大经济动因的，应当将其作为附有销售退回条款的销售交易

B. 企业到期未行使回购权利的，应当在该回购权利到期时终止确认金融负债，同时确认收入

C. 企业负有应客户要求回购商品义务的，客户具有行使该要求权重大经济动因的，企业应当将售后回购作为租赁交易或融资交易

D. 企业因存在与客户的远期安排而负有回购义务或企业享有回购权利的，应当作为融资交易进行相应的会计处理

【解析】企业因存在与客户的远期安排而负有回购义务或企业享有回购权利的，表明客户在销售时点并未取得相关商品控制权，企业应当作为租赁交易或融资交易进行相应的会计处理。其中，回购价格低于原售价的，应当作为租赁交易，选项D不正确。

【答案】D

6. 客户未行使权利

企业收到的预收款项，一般应确认为合同负债，在履行相关单项履约义务时才能确认收入。但如果预收款项无需退回，且客户放弃合同权利，企业预期能够获取相关权利金额：

①能够合理估计客户放弃金额：按照客户行使权利的模式按比例确认收入。

②不能合理预计：企业只有在客户要求其履行剩余义务的可能性极低时，才能确认收入。

③法律规定转交给其他方：企业不应将其确认为收入。

第二节 费用和利润

◆ 考点 93 · 营业成本

营业成本是指企业为生产产品、提供服务等发生的可归属于产品成本、服务成本等的费用，应当在确认销售商品收入、提供服务收入等收入时，将已销售商品、已提供服务的成本等计入当期损益。营业成本包括主营业务成本和其他业务成本。

科目	核算内容	举例
主营业务成本（搞主业）	核算企业确认销售商品、提供服务等主营业务收入时应结转的成本	制造业企业销售库存商品(产成品)、服务业企业提供劳务的成本
其他业务成本（搞副业）	核算企业确认的除主营业务活动以外的其他经营活动所形成的成本	制造业企业出租固定资产的折旧额、出租无形资产的摊销额、出租包装物的成本或摊销额、销售材料的成本

【例17·多选】下列各项中应列入利润表"营业成本"项目的有（　　）。

A. 随同商品出售不单独计价的包装物成本

B. 商品流通企业销售外购商品的成本

C. 随同商品出售单独计价的包装物成本

D. 销售材料的成本

【解析】随同商品出售不单独计价的包装物，应计入销售费用，选项A不正确；选项B计入主营业务成本；选项CD计入其他业务成本。

【答案】BCD

【例18·单选·西藏民族2023】下列各项中，制造业企业应计入其他业务成本的是（　　）。

A. 出租固定资产的折旧费

B. 存货盘亏净损失

C. 地震造成的财产净损失

D. 捐赠支出

【解析】选项B，存货盘亏净损失计入管理费用或营业外支出，不计入营业成本；选项CD，自然灾害原因导致的财产损失和捐赠支出计入营业外支出。

【解题技巧】"营业成本"和"营业收入"相对应，所以计入"营业成本"的部分，应该是"有收有得"的业务。

【答案】A

【例19·单选·黑龙江八一农垦2022】随同产品出售并单独计价的包装物,其成本应计入( )。

A. 生产成本　　　　　　　　　　B. 制造费用
C. 销售费用　　　　　　　　　　D. 其他业务成本

【解析】随同产品出售并单独计价,表明企业可以取得相应的收入,但这种收入对于一般制造业企业来说显然是一种"副业",所以计入其他业务收入,那么相应的"成本"也应该计入其他业务成本。

【解题技巧】包装物成本总结

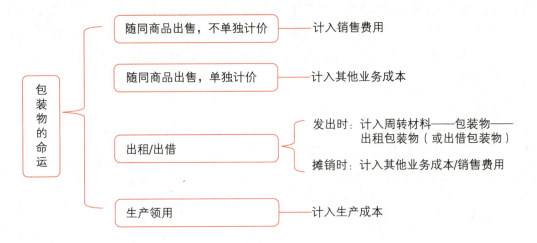

【答案】D

◆ 考点94 · 税金及附加

税金及附加是指企业经营活动应负担的相关税费,包括消费税、城市维护建设税、资源税、房产税、车船税、城镇土地使用税、印花税和教育费附加等。

记忆要点:除了增值税、所得税,其他税种都可能在此科目核算。

【例20·单选】某企业生产资源税应税项目产品用于销售,应交资源税借记( )。

A. 管理费用　　　　　　　　　　B. 营业外支出
C. 税金及附加　　　　　　　　　D. 生产成本

【解析】借记"税金及附加"科目,贷记"应交税费——应交资源税"科目。

【答案】C

【例21·单选·四川大学2017】2017年12月份,某公司发生相关税金及附加如下:城市维护建设税为3.5万元,教育费附加为1.5万元,房产税为20万元,车船税为3万元,不考虑其他因素,2017年12月份利润表"税金及附加"项目本期金额为( )万元。

A. 25　　　　　B. 23　　　　　C. 28　　　　　D. 5

【解析】税金及附加包括消费税、城市维护建设税、教育费附加、资源税、房产税、车船税、城镇土地使用税、印花税等。2017年12月份利润表"税金及附加"项目本期金额＝3.5＋1.5＋20＋3＝28(万元)。

【答案】C

◆考点95·期间费用

期间费用是企业日常活动中所发生的经济利益的流出，通常不计入特定的成本核算对象，是因为期间费用是企业为组织和管理整个经营活动所发生的费用，与可以确定特定成本核算对象的材料采购、产成品生产等没有直接关系，因而期间费用不计入有关核算对象的成本，而是直接计入当期损益。期间费用包括销售费用（selling expense）、管理费用（administrative expense）和财务费用（financing expense）。

1. 销售费用

销售费用是指企业销售商品和材料、提供服务的过程中发生的各种费用。

情形	贷方科目
①在销售商品过程中发生的保险费、包装费、展览费和广告费、运输费、装卸费、商品维修费	银行存款、应付账款
②预计产品质量保证损失	预计负债
③专设的销售机构的职工薪酬、业务费、折旧费、固定资产修理费用等经营费用	应付职工薪酬、累计折旧、银行存款

【例22·单选】下列各项中，企业应计入销售费用的是(　　)。

A. 随同商品出售单独计价的包装物成本

B. 预计产品质量保证损失

C. 因产品质量原因给予客户的销售折让

D. 行政管理部门人员报销的差旅费

【解析】选项A计入其他业务成本；选项C冲减当期销售商品收入；选项D计入管理费用。

【答案】B

【例23·多选】下列各项中，企业应计入销售费用的有(　　)。

A. 随同商品销售不单独计价的包装物成本

B. 销售过程中代客户垫付的运输费

C. 预计产品质量保证损失

D. 已售商品的成本

【解析】选项B，销售过程中代客户垫付的运输费计入应收账款；选项D，已售商品的成本计入主营业务成本。

【答案】AC

2. 财务费用

财务费用是指企业为筹集生产经营所需资金等而发生的筹资费用。另外，财务费用除了核算企业发生的筹资支出外，还可能进行冲减处理，比如企业获得的利息收入。

情形	贷方科目
利息支出	应付利息
申请银行承兑汇票的手续费	银行存款
商业汇票贴现发生的贴现利息	应收票据

【例24·多选】2018年8月31日，某企业发生有关经济业务如下，书立销售合同支付印花税0.1万元，支付商品展览费4万元，支付销售商品保险费1.06万元，不考虑其他因素，下列各项中，该企业相关会计科目处理正确的有（　　）。

A. 借记"税金及附加"科目0.1万元

B. 借记"销售费用"科目5.06万元

C. 借记"销售费用"科目5.07万元

D. 借记"管理费用"科目1.06万元

【解析】企业支付的印花税计入税金及附加，选项A正确；支付的商品展览费以及销售商品保险费计入销售费用，所以计入销售费用的金额＝4＋1.06＝5.06(万元)，选项B正确。

【答案】AB

【例25·多选·太原理工2016改编】下列各项中，属于"财务费用"科目核算内容的有（　　）。

A. 支付公开发行普通股的佣金

B. 支付的银行承兑汇票手续费

C. 确认的财务部门人员薪酬

D. 确认的生产经营用短期借款利息费用

【解析】选项A，冲减资本公积。选项C计入管理费用。选项D，因为筹建期间企业尚未开始运营，若属于在筹建期间发生的不符合资本化条件的利息费用，计入管理费用；而正常经营期间发生的不可以资本化的利息费用，计入财务费用。

【答案】BD

3. 管理费用

管理费用是指企业为组织和管理生产经营发生的各种费用。

情形	贷方科目
在**筹建期间**内发生的开办费	银行存款
董事会和行政管理部门在企业的经营管理中发生的以及应由企业统一负担的公司经费(包括行政管理部门职工薪酬、物料消耗、低值易耗品摊销、办公费和差旅费、**固定资产修理费**)	应付职工薪酬、原材料、周转材料、银行存款、其他应收款
研究费用	研发支出——费用化支出

【例26·单选·中央财经2017、西安外国语2019】甲公司生产车间发生设备大修理费用145 000元,更新改造支出240 000元(该支出符合固定资产确认条件),行政管理部门发生设备日常修理费用10 000元,销售部门发生设备日常修理费用35 000元,应计入管理费用的金额为( )。

A. 10 000元
B. 430 000元
C. 190 000元
D. 155 000元

【解析】行政管理部门发生设备日常修理费用计入管理费用,金额为10 000元。

【答案】A

【例27·单选】某企业6月份赊购10 000元办公用品交付使用,预付第三季度办公楼租金45 000元,支付第二季度短期借款利息6 000元,其中4月至5月已累计计提利息4 000元,不考虑其他因素,该企业6月份应确认的期间费用为( )元。

A. 10 000
B. 6 000
C. 12 000
D. 55 000

【解析】期间费用包括管理费用、销售费用和财务费用。该企业6月份应确认的期间费用＝10 000＋(6 000－4 000)＝12 000(元)。

【答案】C

【例28·业务处理·首经贸2014】2013年7月25日,甲公司发生业务招待费6 000元,支付银行手续费700元,印花税4 000元,产品展览费14 000元,广告费5 000元(均已用银行存款支付)。

要求:请编制甲公司上述业务的会计分录。

【答案】

借:管理费用	6 000
财务费用	700
税金及附加	4 000
销售费用	19 000
贷:银行存款	29 700

◆ 考点 96 · 营业外收支

1. 营业外收入

营业外收入主要包括非流动资产毁损报废收益、与企业日常活动无关的政府补助、盘盈利得（现金盘盈）、捐赠利得等。

2. 营业外支出

营业外支出是指企业发生的与其日常活动无直接关系的各项损失，主要包括非流动资产毁损报废损失、捐赠支出、盘亏损失（存货、固定资产）、非常损失、罚款支出等。

【例29·多选·黑龙江八一农垦2022】企业下列活动形成的经济利益流入中，不应列入当期营业外收入的是（　　）。

A. 接受捐赠　　　　　　　　B. 固定资产盘盈

C. 债务重组利得　　　　　　D. 库存现金盘盈

【解析】固定资产盘盈通过"以前年度损益调整"转入留存收益；新准则变更后债务重组利得一般记入"投资收益"或"其他收益"科目。

【答案】BC

【例30·单选·西安外国语2018】下列原材料相关损失项目，应计入营业外支出的是（　　）。

A. 意外灾害造成的原材料损失

B. 人为造成的原材料损失

C. 运输途中发生的合理损耗

D. 计量差错引起的材料盘亏

【解析】B、D项属于人为原因导致的损失，应计入管理费用；C项计入存货成本。

【答案】A

◆ 考点 97 · 所得税费用

企业的所得税费用包括当期所得税和递延所得税两部分。

(1) 当期所得税

当期所得税也就是当期应交所得税，是指企业按照企业所得税法规定计算确定的针对当期发生的交易和事项，应交纳给税务部门的所得税金额。

$$应交所得税 = 应纳税所得额 \times 适用税率$$

$$应纳税所得额 = 税前会计利润 + 纳税调整增加额 - 纳税调整减少额$$

(2) 递延所得税

递延所得税费用是指由于暂时性差异的发生或转回而确认的所得税费用。

递延所得税＝(当期递延所得税负债的增加额－当期递延所得税负债的减少额)
－(当期递延所得税资产的增加额－当期递延所得税资产的减少额)

【例31·计算分析·广东财经2022】甲企业年初未分配利润借方余额为1 000万元(假设为5年内的亏损)，本年利润为3 800万元，有一笔业务招待费为700万元，税法只允许抵扣500万元。该企业按10％提取法定盈余公积。

要求：(1)计算当期应交所得税；

(2)计算应计提的盈余公积金额，并编制相应分录(分录金额单位以万元表示)。

【答案】

(1)当期应交所得税＝[3 800＋(700－500)－1 000]×25％＝750(万元)

(2)应计提的盈余公积＝(3 800－1 000－750)×10％＝205(万元)

借：利润分配——提取法定盈余公积	205
贷：盈余公积——法定盈余公积	205
借：利润分配——未分配利润	205
贷：利润分配——提取法定盈余公积	205

◆ 考点98 · 利润的构成

利润是指企业在一定会计期间的经营成果。利润包括收入减去费用后的净额、直接计入当期利润的利得和损失等。直接计入当期利润的利得和损失，是指应当计入当期损益、会导致所有者权益发生增减变动、与所有者投入资本或者向所有者分配利润无关的利得和损失。

营业利润	营业利润＝营业收入－营业成本－税金及附加－销售费用－管理费用－研发费用－财务费用＋其他收益＋投资收益(－投资损失)＋净敞口套期收益(－净敞口套期损失)＋公允价值变动收益(－公允价值变动损失)－信用减值损失－资产减值损失＋资产处置收益(－资产处置损失)
利润总额	利润总额＝营业利润＋营业外收入－营业外支出
净利润	净利润＝利润总额－所得税费用

【例32·单选·西安外国语2019】甲公司为增值税一般纳税人，销售货物适用的税率为17％。甲公司随销售商品出租一批包装物，收到租金收入5 850元(含税收入)，该批包装物成本为3 000元，采用一次摊销法结转包装物成本。该项业务影响利润的金额为(　　)。

A．2 850元   B．2 000元   C．5 850元   D．3 000元

【解析】销售包装物取得收入计入"其他业务收入"，结转包装物的成本计入"其他业务成本"，均属于损益类科目，会影响利润，影响利润的金额为5 850/(1＋17％)－3 000＝2 000(元)

【答案】B

【例33·单选·天津商业2015】2012年3月某企业开始自行研发一项非专利技术,至2012年12月31日研发成功并达到预定可使用状态,累计研究支出为260万元,累计开发支出为500万元(其中符合资本化条件的支出为400万元)。该非专利技术使用寿命不能合理确定,假定不考虑其他因素,该业务导致企业2012年度利润总额减少( )万元。

A. 500
B. 360
C. 260
D. 760

【解析】对于无形资产研发费用,研究阶段和开发阶段费用化支出计入当期损益,影响利润总额。该业务导致的企业2012年度利润总额减少额=260+(500-400)=360(万元)。

【答案】B

【例34·单选】下列各项中,不属于利润表"利润总额"项目的内容的是( )。

A. 确认的资产减值损失
B. 无法查明原因的现金溢余
C. 确认的所得税费用
D. 收到政府补助确认的其他收益

【解析】净利润=利润总额-所得税费用,计算利润总额时不需要考虑所得税费用,计算净利润时需要考虑。

【答案】C

◆考点99·本年利润

企业的净利润一般通过"本年利润"科目核算。会计期末结转本年利润的方法有表结法和账结法两种。

①表结法下,各损益类科目每月末**只需结计出本月发生额和月末累计余额**,不结转到"本年利润"科目。只有年末才将所有损益类科目的余额转入"本年利润"科目。

②账结法下,**每月末均需编制转账凭证**,将在账上结计出的各损益类科目的余额结转至"本年利润"科目。

③结转本年利润的会计处理如下:

第一步:将各项收入、利得类科目余额转入"本年利润"的贷方;
第二步:将各项费用、损失类科目余额转入"本年利润"的借方;
第三步:结转所得税费用,转入"本年利润"的借方;
第四步:年度终了将"本年利润"的本年累计余额(当年净利润或净亏损)结转至"利润分配——未分配利润"科目。

	本年利润	
费用类	主营业务成本 其他业务成本 税金及附加 管理费用 销售费用 财务费用 资产减值损失 信用减值损失 营业外支出 所得税费用 投资收益（损失） 公允价值变动损益（损失） 资产处置损益（损失）	主营业务收入 其他业务收入 营业外收入 投资收益（收益） 公允价值变动损益（收益） 资产处置损益（收益） 其他收益	收入类

【例35·判断】表结法下，各损益类科目每月月末需编制转账凭证，将在账上结计出的各损益类科目本月发生额和月末累计余额结转入"本年利润"科目。（   ）

【解析】在账结法下，每月月末损益类科目结转入"本年利润"科目。

【答案】×

【例36·判断·天津大学】企业年终结账后，"本年利润"账户应无余额。（   ）

【解析】由于企业需要核算本年度实现的净利润，企业应将"本年利润"账户的累计余额转入"利润分配——未分配利润"账户，结转后，本年利润应无余额。

【答案】√

【例37·业务处理·长沙理工2016】假设本月产品销售收入26万元，产品销售成本10万元，营业外收入800元，销售费用1 000元，财务费用400元，其他销售收入2 000元，其他销售成本费用1 200元，管理费用25 000元，营业外支出600元，所得税44 410元。

要求：根据上述资料，编制利润结转会计分录。

【答案】

借：主营业务收入	260 000
营业外收入	800
其他业务收入	2 000
贷：主营业务成本	100 000
其他业务成本	1 200
销售费用	1 000
财务费用	400
管理费用	25 000

营业外支出	600
所得税费用	44 410
本年利润	90 190

借：本年利润　　　　　　　　　　　　　　　　　　　　　　　90 190
　　贷：利润分配——未分配利润　　　　　　　　　　　　　　90 190

【例38·分录·浙江工商2017、上海财经】 甲股份有限公司2016年1—11月份累计实现利润总额为3 000 000元，所得税税率为25%，不存在纳税调整事项，应交所得税为750 000元。12月末结账前，12月有关损益类科目的年末余额如下(单位：元)：

科目名称	结账前余额	科目名称	结账前余额
主营业务收入	900 000	税金及附加	10 000
其他业务收入	250 000	销售费用	60 000
投资收益	150 000	管理费用	210 000
营业外收入	25 000	财务费用	150 000
主营业务成本	350 000	营业外支出	55 000
其他业务成本	150 000		

要求：
(1)截至2016年11月，甲公司实现的净利润是多少？
(2)编制甲公司12月份结转利润的会计分录；
(3)计算甲公司2016年度实现的净利润。

【答案】
(1)2016年1—11月的净利润=3 000 000-750 000=2 250 000(元)
(2)2016年12月份结转损益的会计分录：

借：主营业务收入　　　　　　　　　　　　　　　　　　　　900 000
　　其他业务收入　　　　　　　　　　　　　　　　　　　　250 000
　　投资收益　　　　　　　　　　　　　　　　　　　　　　150 000
　　营业外收入　　　　　　　　　　　　　　　　　　　　　 25 000
　　贷：主营业务成本　　　　　　　　　　　　　　　　　　350 000
　　　　其他业务成本　　　　　　　　　　　　　　　　　　150 000
　　　　税金及附加　　　　　　　　　　　　　　　　　　　 10 000
　　　　销售费用　　　　　　　　　　　　　　　　　　　　 60 000
　　　　管理费用　　　　　　　　　　　　　　　　　　　　210 000
　　　　财务费用　　　　　　　　　　　　　　　　　　　　150 000
　　　　营业外支出　　　　　　　　　　　　　　　　　　　 55 000
　　　　本年利润　　　　　　　　　　　　　　　　　　　　340 000

12月应交企业所得税＝340 000×25％＝85 000(元)

借：本年利润　　　　　　　　　　　　　　　　　　　　　　　85 000
　　贷：所得税费用　　　　　　　　　　　　　　　　　　　　　　85 000
借：本年利润　　　　　　　　　　　　　　　　　　　　　　　255 000
　　贷：利润分配——未分配利润　　　　　　　　　　　　　　　255 000

(3)2016年度的净利润(未分配前的"利润分配——未分配利润")＝2 250 000＋255 000＝2 505 000(元)

【例39·单选·长沙理工2016】 年末结转后，"利润分配"账户的贷方余额表示(　　)。

A. 利润实现额　　　　　　　　　　　　B. 利润分配额

C. 未分配利润　　　　　　　　　　　　D. 未弥补亏损

【解析】 年末结转后，"利润分配"账户的贷方余额表示未分配利润，借方余额表示未弥补亏损。

【答案】 C

真题精练

一、单项选择题

1. 甲公司与客户订立一项合同，约定转让软件许可证、实施安装服务并在2年期间内提供未明确规定的软件更新和技术支持(通过在线和电话方式)。合同明确规定，作为安装服务的一部分，软件将作重大定制以增添重要的新功能，从而使软件能够与客户使用的其他定制软件应用程序相对接。下列项目表述中错误的是(　　)。

   A. 软件更新构成单项履约义务

   B. 技术支持构成单项履约义务

   C. 软件许可证构成单项履约义务

   D. 定制安装服务(包括软件许可证)属于单项履约义务

2. 2×19年7月1日，甲公司与客户签订不可撤销的合同，两年内在客户需要时为其提供保洁服务。合同价款包括两部分：一是每月5万元的固定对价；二是最高金额为40万元的奖金。甲公司预计可以计入交易价格的可变对价金额为30万元。甲公司按照时间进度确定履约进度。假定不考虑增值税等相关税费，甲公司2×19年应确认的收入为(　　)万元。

   A. 40　　　　　B. 37.5　　　　　C. 30　　　　　D. 60

3. 甲公司为增值税一般纳税人，提供服务适用的增值税税率为6％。2019年12月1日，甲公司为乙公司开发产品提供技术援助服务，服务期限为2个月，约定服务费为100万元(不含税)，在服务结束时乙公司一次性支付。甲公司根据历史数据表明，乙公司会按约定支付服务费。假定截至12月31日甲公司的履约进度为50％，乙公司同时受益。不考虑其他因素，则甲公司在2019年12月31日应确认的收入为(　　)万元。

   A. 100　　　　　B. 50　　　　　C. 106　　　　　D. 53

4. 甲公司经营连锁面包店。2×19年，甲公司向客户销售了10 000张储值卡，每张卡的面值为100元，总额为1 000 000元。客户可在甲公司经营的任何一家门店使用该储值卡进行消费。根据历史经验，甲公司预期客户购买的储值卡中将有大约相当于储值卡面值金额5%（即50 000元）的部分不会被消费。截至2×19年12月31日，客户使用该储值卡消费的金额为400 000元。甲公司为增值税一般纳税人，销售商品适用的增值税税率为13%，在客户使用该储值卡消费时发生增值税纳税义务。上述金额均为含税价，不考虑除增值税外的其他税费，则甲公司2×19年应确认收入为(　　)元。(计算结果保留整数)

  A.400 000   B. 372 613   C. 344 828   D. 1 000 000

5. (天津大学)下列材料耗用，不得列入产品成本，也不得列入期间费用的是(　　)。

  A. 管理部门领用材料

  B. 辅助生产车间为管理部门维修设备领用材料

  C. 基建部门改建房屋领用材料

  D. 车间设备维修而耗用的辅助材料

6. (太原理工2016)已知某企业商品销售利润480万元，管理费用120万元，财务费用8万元，销售费用42万元，营业外收入12万元，则营业利润是(　　)。

  A.310万元   B. 350万元   C. 322万元   D. 298万元

7. (南京财经2020)固定资产盘亏，报经批准后应计入(　　)。

  A. 管理费用   B. 营业外支出

  C. 留存收益   D. 待处理财产损溢

8. (南京财经2022)专设销售部门的支出计入(　　)。

  A. 管理费用   B. 财务费用   C. 销售费用   D. 生产成本

二、多项选择题

1. (西安外国语2018改编)下列各项中，影响营业利润的项目有(　　)。

  A. 已销商品销售成本   B. 原材料销售收入

  C. 出售固定资产净收益   D. 转让交易性金融资产净收益

2. 关于收入的确认，下列表述中正确的有(　　)。

  A. 企业应当在履行了合同中的履约义务，相关商品主要风险和报酬转移时确认收入

  B. 没有商业实质的非货币性资产交换，不确认收入

  C. 企业因向客户转让商品对价不是很可能收回，应当将已收取的对价部分确认为收入

  D. 企业因向客户提供服务的对价不是很可能收回，企业只有在不再负有向客户提供服务的剩余义务，且已向客户收取的对价无需退回时，才能将已收取的对价确认为收入

3. 下列项目中，属于在某一时段内履行的履约义务的有(　　)。

  A. 客户在企业履约的同时即取得并消耗企业履约所带来的经济利益

  B. 客户能够控制企业履约过程中在建的商品

  C. 企业履约过程中所产出的商品具有不可替代用途，且该企业在整个合同期间内有权就累计至今已完成的履约部分收取款项

  D. 销售商品收到现金

4.(齐齐哈尔大学2018)在对小企业的经营情况进行分析时,如果其销售毛利率同比上升5%,而销售净利润率下降了5%,企业可能有以下情况(　　)。

A. 企业期间费用开支加大　　　　　B. 企业虚列了营业外支出

C. 企业少缴了税收　　　　　　　　D. 企业多缴了税收

三、判断题

1. 企业未满足销售收入确认条件的售出商品发生销售退回时,应借记"库存商品"科目,贷记"主营业务成本"科目。(　　)

2.(天津大学)对于销售退回的产品,不论是本年度还是以前年度销售的,一律冲减本年度的销售收入与销售成本。(　　)

3. 企业为取得合同发生的增量成本预期能够收回的,应作为合同取得成本确认为一项资产。(　　)

4.(河北经贸2015)制造费用作为期间费用,应该在月末将其作为发生额转入本年利润,以实现与收入的配比,计算出利润。(　　)

5. 企业因未及时缴纳企业所得税而支付税款滞纳金时,应借记"所得税费用"科目。(　　)

6. 企业提供质量保证的期限越长,越有可能表明企业向客户提供了保证商品符合既定标准之外的服务,该质量保证越有可能构成单项履约义务。(　　)

7. 一系列实质相同且转让模式相同的、可明确区分的商品,应作为单项履约义务。(　　)

8. 债券利息在所得税前扣除,股利在税后发放。(　　)

四、业务处理题

1.(首经贸2015、四川轻化工2019)甲公司自20×7年4月1日起为乙公司开发一项系统软件。合同的约定工期为两年,合同总收入为100 000元,20×7年4月1日乙公司支付项目价款50 000元,余款于软件开发完成时收取。4月1日,甲公司收到乙公司支付的该项目价款50 000元并存入银行。该项目预计总成本为40 000元。已知20×7年12月31日、20×8年12月31日、20×9年4月1日甲公司累计实际发生成本分别为16 000元、34 000元、41 000元,开发程度分别为40%、85%、100%。该项目于20×9年4月1日完成并交付给乙公司,但余款尚未收到。甲公司按开发程度确定该项目的完工程度,假定为该项目发生的实际成本均用银行存款支付。

要求:编制甲公司20×7年至20×9年与开发此项目有关的会计分录。(答案中的金额单位用元表示)

2.(江汉大学2020、中南财经政法2021、厦门大学2023)光明公司(一般纳税人企业)2019年发生以下销售业务:

(1)2月3日与华为公司签订一项机器设备和备用零部件的销售、机器设备的安装和后续技术服务合同,该合同规定:光明公司必须在4月3日之前交付机器设备,4月20日之前完成机器设备的安装调试,并交付备用零部件,经检验合格后合同才能生效,5月至6月提供相关技术服务,上述项目不含增值税的总价为1 100万元,适用增值税税率为13%。华为公司应在收到机器设备时支付全部价款。光明公司以往单独销售机器设备的价格为900万元,单独销售备用零部件的价格为100万元,单独提供安装服务的价格为220万元,单独提供2个月的技术服务的价格为 80 万元,合计 1 300 万元(以上价格均不含增值税)。

(2)4 月 1 日光明公司向华为公司交付机器设备,成本为 700 万元。光明公司收到华为公司以银行存款支付的价款 1 100 万元,增值税 143 万元,光明公司开出增值税专用发票。

(3)4 月 15 日光明公司完成机器设备安装调试工作,并交付备用零部件,经华为公司验收合格。备用零部件成本为 60 万元。

(4)5 月和 6 月光明公司完成了相关技术服务工作。

要求:

(1)确定合同中的单项履约义务;

(2)确定各单项履约义务的交易价格;

(3)编制 4 月 1 日的会计分录;

(4)编制 4 月 15 日的会计分录;

(5)编制 5 月 31 日的会计分录;

(6)编制 6 月 30 日的会计分录。

3.(重庆大学 2023)甲公司向乙公司购买一台设备,该设备的售价为 95 万元。由于甲公司是长期合作伙伴,乙公司赠送了甲公司市场价 5 万元的培训操作费。请分析上述合同中有几项履约义务并分摊交易价格、编制会计分录。

4.(湖北经济 2022)甲公司销售货物收到 100 万元,假设不考虑增值税,货物成本 80 万元,估计货物退货率 10%,请写出相关分录。

5.(辽宁石油化工 2022)甲公司、乙公司均为增值税一般纳税人,适用增值税税率为 13%,2022 年发生下列业务:

(1)3 月 1 日,甲公司向乙公司销售一批商品 200 件,单价 10 万元,单位成本为 5 万元,开出的增值税专用发票上标明的销售价格为 2 000 万元,增值税税额为 260 万元,协议约定乙公司在 2022 年 6 月 30 日之前有权退回商品,商品已经发出,款项已经收到,甲公司根据过去的经验,估计该批商品退货率约为 5%。

(2)3 月 31 日,甲公司对退货率进行重新估计,将该批商品退货率调整为 10%。

(3)4 月 30 日前,发生销售退回 5 件,商品已经入库,并已开出红字增值税专用发票。

(4)6 月 30 日前,再次发生销售退回 20 件,商品已经入库,并已开出红字增值税专用发票。

要求:根据上述资料,做出账务处理,答案金额单位用万元表示。

6.(吉林财经 2017、桂林电子科技 2017)B 公司 2016 年 12 月发生下列业务:

(1)计算出当月应交房产税 20 万元。

(2)支付当月招待费 5 万元。

(3)支付当月负担的广告费 10 万元。

(4)向红十字会捐赠现金 5 万元。

(5)结转本年的各损益账户的期末余额,其中:主营业务收入 600 万元,其他业务收入 150 万元,主营业务成本 420 万元,其他业务成本 90 万元,税金及附加 60 万元,资产减值损失 12 万元,管理费用 68 万元,销售费用 22 万元,财务费用 18 万元,营业外收入 8 万元,投资净损失 8 万元。

(6)提取盈余公积 20 万元。

(7)计算出应付现金股利 30 万元。

(8)将资本公积转增资本 20 万元。

要求:为以上业务编制会计分录。

7.(沈阳大学 2017、河北经贸 2019)A 公司 2017 年度取得主营业务收入 6 000 万元,其他业务收入 1 500 万元,投资收益 1 800 元,营业外收入 300 元,发生主营业务成本 4 000 万元,其他业务成本 1 000 万元,税金及附加 200 万元,销售费用 950 万元,管理费用 650 万元,财务费用 300 万元,营业外支出 900 万元,所得税费用 520 万元,按本年度实现净利润的 10% 提取法定盈余公积,股东大会决定 2017 年度向股东分配股利 300 万元。

要求:

(1)做出结转损益类科目余额的会计处理;

(2)做出结转净利润的会计处理;

(3)做出提取法定盈余公积的会计处理;

(4)做出宣告分配现金股利的会计处理;

(5)计算 A 公司 2017 年度营业利润、利润总额、净利润。

五、名词解释

1.(广东工业 2016)营业利润

2.(中国矿业 2017)营业外收入

3.(南京财经 2015、天津工业 2020、天津理工 2022)收入

4.(山西财经 2023)合同资产

5.(山西财经 2023)合同负债

六、简答题

1.(中南大学 2011、东北石油 2021、山东农业 2020)简述收入的定义及特征。

2.(天津商业 2015、哈尔滨商业 2021)收入的定义及确认条件是什么?

3.(江西理工 2014、山西财经 2017、吉林财经 2021、西安外国语 2018)销售商品收入的确认应同时满足哪些条件?

4.(北国会 2017、南京大学 2018、江西理工 2014、江汉大学 2020、南京财经 2020、武汉科技 2020、西安财经 2020、上海理工 2021、南京理工 2021、上海大学 2021、天津财经 2020&2021、河北经贸 2022、北京物资 2022)简述收入确认条件。

5.(河科大 2016、吉林财经 2015&2017&2021)销售商品收入确认的条件有哪些?

6.(南京财经 2020、江汉大学 2020、天津财经 2020、西安理工 2020)简述收入确认的前提条件。

7.(郑州航空工业管理学院 2020)新会计准则下,在满足什么条件下时,供货商才能确认收入?

8.(浙江大学 2020、北京交通 2023)什么是收入?当合同满足何种条件时确认收入?

9.(江西师范 2023)取得商品控制权包括的要素有哪些?

10.(山东工商 2019、杭州电子科技 2021、东北石油 2021)简述收入五步法模型。

11.(湖南大学 2020、天津商业 2020、上国会 2020、浙江财经 2020、广东财经 2021、河南财经 2020&2022、西安交通 2022、上海大学 2022、北京物资 2022)简述收入确认五步法。

12. (河南财经政法 2020、北京印刷 2022、中国传媒 2022)如何确认收入?
13. (河南科技 2020、天津财经 2023)什么是收入?什么是收入确认和计量的五步法模型?
14. (上国会 2020)瑞幸咖啡造假是通过点击量而不是实际交易量确认收入,你怎么看待?应该用哪几个数字确认收入?
15. (宁夏大学 2020)交易价格如何确定?
16. (北京交通 2020)新收入准则下,确定交易价格需要考虑哪些因素?
17. (新疆农业 2020&2022)什么是某一时点确认收入?什么是某一时段确认收入?
18. (湖南工商 2020、北京第二外国语 2022)简述新修订的收入准则内容。
19. (广西财经 2020、中国石油(北京)2022)新收入准则相比旧准则发生了哪些变化?/简述 2017 年新的收入会计准则与 2006 年相比有哪些变化。
20. (湖北民族 2020)简述合同资产。
21. (中南财经政法 2021)什么是合同资产,什么是应收款项,怎么确认?
22. (湖北民族 2020、广东财经 2020、中国农业 2022、中央财经 2022)合同资产与应收账款的区别?为什么会有这种区别?
23. (重庆工商 2020)什么是合同负债?简述合同负债与应付账款的区别。
24. (广西财经 2020)由预收账款转为合同负债对企业有什么影响?
25. (沈阳农业 2021)简述销售原材料的账务处理。
26. (山西师范 2021)简述企业销售自产产品的账务处理。
27. (北方工业 2022)附有销售退回条款的销售怎么确认收入?
28. (广东财经 2020、上海对外经贸 2020)简述销售退回的会计处理。
29. (西南财经 2021)简述产品质量保证的处理过程。
30. (天津财经 2023)附有质量保证条款的销售,法定义务和非法定义务分别怎么处理?
31. (海南大学 2021、天津财经 2021、西安外国语 2019、新疆农业 2020、天津财经 2022)简述成本和费用的区别与联系。
32. (东北师范、湖北民族 2023)简述成本、费用、支出的关系。
33. (安徽财经 2021)你是如何理解成本、费用和损失的,它们有何区别和联系?说说期间成本和产品成本的区别和联系?
34. (浙江工商 2017)简述费用的含义和费用的相关分类。
35. (沈阳大学 2020、南京财经 2021、吉林财经 2021、新疆农业 2020)期间费用是什么?包括哪些内容?
36. (南京信息工程 2023)制造费用和研发费用是期间费用吗?为什么?请解释说明。
37. (西安理工 2020、山西师范 2021)有哪些项目计入管理费用?
38. (北京信息科技 2022)简述广告费的会计处理。
39. (青海民族 2020)简述广告费用对企业利润的影响。
40. (安徽财经 2022)企业为公众号买粉丝花了 1 000 万元,你认为这 1 000 万元应该计入什么科目?为什么?
41. (南京财经 2021)研发费用属于费用吗?为什么?

42.(上海对外经贸 2020)简述期间费用，并说说中美贸易中中方出口商品的关税是否计入销售费用，并说明原因。

43.(沈阳农业、广外 2020、哈尔滨商业 2021、武汉纺织 2022)营业收入包括什么？

44.(新疆农业大学 2020&2022)营业外收入是收入吗？

45.(吉林财经 2021)营业外收入、营业外支出包括哪些内容？

46.(吉林财经 2017、西南财经 2021)营业外收入的内容包括哪些？

47.(江西理工 2018)什么是营业外支出？营业外支出主要包括哪些内容？

48.(华北电力 2020)简述滞纳金的会计处理。

49.(南开大学 2020)有哪些税计入税金及附加？

50.(东北财经 2022)利润表的所得税费用与本期的所得税费用是一样的吗？

51.(首经贸 2015&2014)写出营业利润、利润总额和净利润的计算公式。

52.(天津大学 2020)营业利润的计算公式是什么？

53.(西安理工 2021)会计中的净利润怎么计算？

54.(天津科技 2021)营业利润是什么？利润表里如何计算营业利润？

55.(东北大学 2018)写出营业利润公式，并简述利润分配顺序。

56.(武汉科技 2020)什么是"利润总额"？怎么计算？

57.(浙江工商 2020)以营业收入为起点，如何得到利润？

58.(新疆农业 2022)收入增加一定会影响利润吗？

59.(新疆农业 2020&2022)营业外收支影响利润总额吗？

60.(中央民族 2022)什么是营业利润？什么是利润总额？什么是净利润？

61.(青岛理工 2022)所得税影响的是净利润还是利润总额？

62.(中南财经政法 2020)企业利润由哪几部分组成？

63.(西北师范 2020)利润由哪几部分构成？怎么计算？

64.(河科大 2016、石河子大学 2022)利润的来源有哪些？

65.(对外经贸 2018)利润包含哪些内容？这些内容有什么不同？

66.(长江大学 2020)请简述利润的影响因素及确认利润的条件。

67.(安徽财经 2022)营业利润、利润总额、净利润有什么区别？哪一个更能体现公司经营业绩？

68.(山东农业 2020)简要说明账结法和表结法。

69.(上海财经)简述利润的两种结算方法，并说明哪种更合适。为什么？

70.(北工商 2020)简述结转利润的两种处理方法。

第五篇

期末
编表篇

第十一章 财务报告

考情点拨

大白话解释本章内容
所谓财务报告就是企业财务工作的阶段性成果。虽然平常财务小姐姐记了很多了,但各种凭证、账簿过于分散,无法集中反映企业的财务情况。财务报告使用者无法直接利用这些分散的信息做出正确的决策,为此就有必要定期地将日常会计核算资料加以分类调整、汇总,按照一定的形式编制财务报告,总括、综合地反映企业的经济活动过程和结果。
本章难度 ★★ **本章重要程度** ★★
本章复习策略
本章内容有一定难度,毕竟在企业担此重任的总账会计,也是需要一定的资历和经验的。但大家请放心,本章难点在于整个报表的编制过程,而复试仅考查报表部分项目的填写及概念。本章主要以简答题、案例题的形式进行考查,大家需要根据本书梳理的各报表逻辑层次,理解记忆报表内容、结构与编制方法。

考点精讲

第一节 财务报表概述

　　财务报告,是指企业对外提供的反映企业某一特定日期的财务状况和某一会计期间的经营成果、现金流量等会计信息的文件。财务报告包括财务报表和其他应当在财务报告中披露的相关信息和资料。

◆ 考点 100 · 财务报表的定义、构成和作用

1. 定义和构成

财务报表（financial statement）也称会计报表，是指企业对外提供的、以日常会计核算资料为主要依据，反映企业某一特定日期财务状况（financial position）和某一会计期间经营成果（operating results）、现金流量（cash flows）的文件。

财务报表分为年度、半年度、季度、月度财务报表。半年度、季度和月度财务报表统称为中期财务报表。

企业的财务报表至少应当包括资产负债表（balance sheet）、利润表（income statement）、现金流量表（cash flow statement）、所有者权益（股东权益）变动表（statement of changes in owners' equity）和附注。

2. 财务报表的作用

链接【考点 2 财务会计报告目标】

提供企业一定时期的财务状况、经营成果和现金流量信息，帮助不同财务报告使用者做出决策。

◆ 考点 101 · 财务报表列报的基本要求

①依据各项会计准则确认和计量的结果编制财务报表。

②以持续经营作为列报基础：企业管理层应当利用其所有可获得信息来评价企业自报告期末起至少 12 个月的持续经营能力。

③除现金流量表按照收付实现制编制外，企业应当按照权责发生制编制其他财务报表。

④遵循列报的一致性：财务报表项目的列报应当在各个会计期间保持一致，不得随意变更。

⑤依据重要性原则单独或汇总列报项目。

⑥财务报表项目应当以总额列报，资产和负债、收入和费用、直接计入当期利润的利得和损失项目的金额不能相互抵销，即不得以净额列报，但企业会计准则另有规定的除外。

⑦比较信息的列报：企业至少应当提供所有列报项目上一个可比会计期间的比较数据，以及与理解当期财务报表相关的说明，目的是提高信息在会计期间的可比性。

⑧财务报表表首的列报：企业应当在表首部分概括说明下列基本信息：企业名称、资产负债表日、会计期间、货币名称与单位，合并财务报表的还应当进行标明。

⑨报告期间：企业至少应当按年编制财务报表，存在年度报表涵盖期间短于一年的，应当披露原因。

第二节 资产负债表

资产负债表是反映企业在**某一特定日期的财务状况**的会计报表，是企业经营活动的**静态**反映。

通过资产负债表，可以反映企业在某一特定日期所拥有或控制的经济资源、所承担的现时义务和所有者对净资产的要求权，帮助财务报表使用者全面了解企业的财务状况、分析企业的偿债能力等情况，从而为其做出经济决策提供依据。

◆考点102·资产负债表的结构

我国企业的资产负债表采用**账户式结构**，分为左右两方。

根据资产负债表列报准则的规定，资产负债表上资产和负债应当按照流动性分别分为流动资产(current assets)和非流动资产(non-current assets)、流动负债(current liabilities)和非流动负债(non-current liabilities)。所有者权益则按其永久性递减的顺序排列，即先实收资本，再其他权益工具、资本公积、其他综合收益、盈余公积，最后是未分配利润。

所谓流动性，通常按照资产的变现或耗用时间长短或者负债的偿还时间长短来确定。

1. 资产的流动性划分

资产满足下列条件之一的，应当归纳为流动资产：
①预计在一个正常营业周期中变现、出售或耗用(如存货)；
②主要为交易目的而持有(如交易性金融资产)；
③预计在资产负债表日起一年内(含一年，下同)变现(如持有待售资产)；
④自资产负债表日起一年内，交换其他资产或清偿负债的能力不受限制的现金或现金等价物(如货币资金)。

流动资产以外的资产应当归纳为非流动资产。

2. 负债的流动性划分

负债满足下列条件之一的，应当归纳为流动负债：
①预计在一个正常营业周期中清偿(如短期借款)；
②主要为交易目的而持有(如交易性金融负债)；
③自资产负债表日起一年内到期应予以清偿(如应交税费)；
④企业无权自主地将清偿推迟至资产负债表日一年以上。但是企业正常营业周期中的经营性负债项目即使在资产负债表日后超过一年才予清偿的，仍应划分为流动负债。

【注意】划分为持有待售的非流动资产(比如固定资产、无形资产、长期股权投资等)，应当归纳为流动资产；划分为持有待售的处置组中的与转让资产相关的负债，应当归纳为流动负债。

资产负债表

年　月　日　　　　　　　　　　　　　　　　　　　　　　　　　　　　单位：元

资产	期末余额	上年年末余额	负债和所有者权益（或股东权益）	期末余额	上年年末余额
流动资产：			流动负债：		
货币资金			短期借款		
交易性金融资产			交易性金融负债		
衍生金融资产			衍生金融负债		
应收票据			应付票据		
应收账款			应付账款		
应收款项融资			预收款项		
预付款项			合同负债		
其他应收款			应付职工薪酬		
存货			应交税费		
合同资产			其他应付款		
持有待售资产			持有待售负债		
一年内到期的非流动资产			一年内到期的非流动负债		
其他流动资产			其他流动负债		
流动资产合计			流动负债合计		
非流动资产：			非流动负债：		
债权投资			长期借款		
其他债权投资			应付债券		
长期应收款			其中：优先股		
长期股权投资			永续债		
其他权益工具投资			租赁负债		
其他非流动金融资产			长期应付款		
投资性房地产			预计负债		
固定资产			递延收益		
在建工程			递延所得税负债		
生产性生物资产			其他非流动负债		

续表

资产	期末余额	上年年末余额	负债和所有者权益（或股东权益）	期末余额	上年年末余额
油气资产			非流动负债合计		
使用权资产			负债合计		
无形资产			所有者权益（或股东权益）：		
开发支出			实收资本（或股本）		
商誉			其他权益工具		
长期待摊费用			其中：优先股		
递延所得税资产			永续债		
其他非流动资产			资本公积		
非流动资产合计			减：库存股		
			其他综合收益		
			专项储备		
			盈余公积		
			未分配利润		
			所有者权益（或股东权益）合计		
资产总计			负债和所有者权益（或股东权益）总计		

【例1·单选·广东工业2016】下列各项中，不属于流动负债的是（　　）。

A. 应付票据　　　　　　　　B. 应付账款
C. 应付债券　　　　　　　　D. 应付职工薪酬

【解析】在我国，债券的期限均在一年以上。应付债券是企业因发行债券筹措资金而形成的非流动负债。

【答案】C

◆考点 103·资产负债表填列方法

资产负债表各项目均需填列"期末余额"和"上年年末余额"两栏。

1. "上年年末余额"填列方法

资产负债表的"上年年末余额"栏内各项数字，应根据上年年末资产负债表的"期末余额"栏内所列数字填列。

如果上年度资产负债表规定的各个项目的名称和内容与本年度不相一致,应按照本年度的规定对上年年末资产负债表各项目的名称和数字进行调整,填入本表"上年年末余额"栏内。

2. "期末余额"填列方法

方式	详细内容
根据总账科目余额填列	(1)根据总账科目的期末余额直接填列,如"短期借款""资本公积"等项目 (2)根据几个总账科目的期末余额计算填列,如"货币资金"项目,需根据"库存现金""银行存款""其他货币资金"三个总账科目的期末余额合计数填列;"其他应付款"项目,需根据"其他应付款""应付利息""应付股利"三个总账科目的期末余额合计数填列
根据明细账科目余额分析计算填列	(1)"应付账款"项目,需要根据"应付账款"和"预付账款"科目所属各明细科目的期末贷方余额合计数填列 (2)"预收款项"项目,需要根据"预收账款"和"应收账款"科目所属各明细科目的期末贷方余额合计数填列 (3)"开发支出"项目,需要根据"研发支出"科目中所属的"资本化支出"明细科目期末余额计算填列 (4)"未分配利润"项目,需要根据"利润分配"科目中所属的"未分配利润"明细科目期末余额填列
根据总账科目和明细账科目余额分析计算填列	"长期借款"项目,需要根据"长期借款"总账科目余额扣除"长期借款"科目所属的明细科目中将在一年内到期且企业不能自主地将清偿义务展期的长期借款后的金额计算填列
根据有关科目余额减去其备抵科目余额后的净额填列	(1)资产负债表中"长期应收款"应当根据"长期应收款"科目的期末余额减去"坏账准备""未确认融资收益"等备抵科目余额后的净额填列 (2)"固定资产"项目,应当根据"固定资产"科目的期末余额,减去"累计折旧""固定资产减值准备"等备抵科目的期末余额,以及"固定资产清理"科目期末余额后的净额填列 (3)"无形资产"项目,应当根据"无形资产"科目的期末余额,减去"累计摊销""无形资产减值准备"等备抵科目余额后的净额填列 (4)"在建工程"项目,应当根据"在建工程"科目的期末余额,减去"在建工程减值准备"科目的期末余额,加上"工程物资"科目的期末余额,减去"工程物资减值准备"科目期末余额后的金额填列

续表

方式	详细内容
综合运用上述填列方法分析填列	(1)"存货"项目，需要根据"原材料""库存商品""委托加工物资""周转材料""材料采购""在途物资""发出商品""材料成本差异"等总账科目期末余额的分析汇总数(借方余额相加，贷方余额相减)，再减去"存货跌价准备"科目余额后的净额填列 (2)"预付款项"项目，需要根据"预付账款"和"应付账款"科目所属各明细科目的期末借方余额减去"坏账准备"科目中相关坏账准备期末余额后的金额填列 (3)"应收账款"项目，应根据"应收账款"和"预收账款"科目所属各明细科目的期末借方余额，减去"坏账准备"科目中相关坏账准备期末余额后的金额分析填列 (4)"其他应收款"项目，应根据"其他应收款""应收利息""应收股利"科目的期末余额合计数，减去"坏账准备"科目中相关坏账准备期末余额后的金额填列

【例 2·判断·南京财经 2020】"实收资本"项目期末余额是根据明细账汇总而成的。（　　）

【解析】"实收资本"项目期末余额是根据总账科目余额直接填列的。而总账与明细账之间是平行登记的关系，并不是汇总的关系。

【答案】×

【例 3·计算】2019 年 12 月 31 日，甲公司有关科目余额如下："发出商品"科目借方余额为 800 万元，"生产成本"科目借方余额为 300 万元，"原材料"科目借方余额为 100 万元，"委托加工物资"科目借方余额为 200 万元，"材料成本差异"科目的贷方余额为 25 万元，"存货跌价准备"科目贷方余额为 100 万元，"受托代销商品"科目借方余额为 400 万元，"受托代销商品款"科目贷方余额为 400 万元，则 2019 年 12 月 31 日，甲公司资产负债表中"存货"项目"期末余额"栏的列报金额是多少？

【答案】"存货"项目"期末余额"栏的列报金额＝800＋300＋100＋200－25－100＋400－400＝1 275(万元)。

【例 4·单选】某企业采用实际成本法核算存货。年末结账后，该企业"原材料"科目借方余额为 80 万元。"工程物资"科目借方余额为 16 万元。"在途物资"科目借方余额为 20 万元。不考虑其他因素。该企业年末资产负债表"存货"项目的期末余额为(　　)万元。

A. 100　　　　　　B. 116　　　　　　C. 96　　　　　　D. 80

【解析】该企业年末资产负债表"存货"项目的期末余额＝"原材料"科目借方余额＋"在途物资"科目借方余额＝80＋20＝100(万元)。"工程物资"不属于存货，应在"在建工程"下列示。

【答案】A

【例 5·单选·中国石油(华东)】2018 年 12 月 31 日,某公司下列会计科目余额如下:"固定资产"科目借方余额 1 000 万元,"累计折旧"科目贷方余额 400 万元,"固定资产减值准备"科目贷方余额 80 万元,"固定资产清理"科目借方余额 20 万元。2018 年 12 月 31 日,该公司资产负债表中"固定资产"项目期末余额应列报的金额为(　　)万元。

　　A. 540　　　　　　B. 600　　　　　　C. 520　　　　　　D. 620

【解析】"固定资产"项目期末应根据"固定资产"科目的期末余额,减去"累计折旧"和"固定资产减值准备"科目的期末余额后的金额,以及"固定资产清理"科目的期末余额填列,所以本题中"固定资产"项目期末余额应列报的金额=1 000-400-80+20=540(万元),选项 A 正确。

【答案】A

【例 6·多选·天津商业 2015、齐齐哈尔 2015&2018】某小企业 2013 年 3 月 1 日资产总额 400 万元,负债总额 200 万元。2013 年 3 月,资产增加 150 万元,减少 140 万元;负债减少 30 万元;收入实现 35 万元。关于 2013 年 3 月 31 日几个指标的表述,正确的有(　　)。

A. 资产总额 410 万元　　　　　　　　B. 所有者权益增加 40 万元
C. 负债总额 170 万元　　　　　　　　D. 所有者权益增加 35 万元

【解析】期末资产总额=400+150-140=410(万元),期末负债总额=200-30=170(万元),期末所有者权益总额=期末资产总额-负债总额=410-170=240(万元)。期初所有者权益总额=期初资产总额-期初负债总额=400-200=200(万元)。所有者权益增加额=240-200=40(万元)。

【答案】ABC

第三节　利润表

考点 104·利润表的编制

利润表,又称损益表,是反映企业在一定会计期间的经营成果的报表。

我国企业的利润表采用多步式格式。多步式利润表,将不同性质的收入和费用进行对比,从而可以得出一些中间性的利润数据,便于使用者理解企业经营成果的不同来源。

利润表

编制单位:　　　　　　　　　20××年度　　　　　　　　　单位:元

项目	本期金额	上期金额
一、营业收入		
减：营业成本		
税金及附加		
销售费用		

续表

项目	本期金额	上期金额
管理费用		
研发费用		
财务费用		
加：其他收益		
投资收益（损失以"－"填列）		
公允价值变动收益（损失以"－"填列）		
信用减值损失（损失以"－"填列）		
资产减值损失（损失以"－"填列）		
资产处置收益（损失以"－"填列）		
二、营业利润（损失以"－"填列）		
加：营业外收入		
减：营业外支出		
三、利润总额（损失以"－"填列）		
减：所得税费用		
四、净利润（损失以"－"填列）		
五、其他综合收益的税后净额		
六、综合收益总额		
七、每股收益		

1. **编制步骤**

第一步，以营业收入为基础，减去营业成本、税金及附加、销售费用、管理费用、研发费用、财务费用，加上其他收益、投资收益（或减去投资损失）、净敞口套期收益（或减去净敞口套期损失）、公允价值变动收益（或减去公允价值变动损失）、信用减值损失（负数）、资产减值损失（负数）、资产处置收益（或减去资产处置损失），计算出营业利润。

第二步，以营业利润为基础，加上营业外收入，减去营业外支出，计算出利润总额。

第三步，以利润总额为基础，减去所得税费用，即计算出净利润（或净亏损）。

第四步，以净利润为基础，加上其他综合收益的税后净额，计算出综合收益总额。

其中，其他综合收益包括以后会计期间不能重分类进损益的其他综合收益项目，和以后会计期间在满足规定条件时将重分类进损益的其他综合收益项目两类。

		编制利润表的起点 ↓	
营业利润=	营业收入	−营业成本−税金及附加−管理费用−研发费用−财务费用	
		+其他收益+投资收益+净敞口套期收益+公允价值变动收益−信用减值损失−资产减值损失+资产处置收益	
利润总额=	营业利润		+营业外收入−营业外支出
净利润=	利润总额		−所得税费用

2. 利润表的填列

利润表中的"上期金额"栏应根据上年同期利润表"本期金额"栏内所列数字填列。如果上年同期利润表规定的项目名称和内容与本期不一致，应对上年同期利润表各项目名称和金额按照本期的规定进行调整。

利润表中的"本期金额"栏一般应根据损益类科目和所有者权益类有关科目的发生额填列。特殊项目填列说明如下。

管理费用	"管理费用"科目发生额减去"研发费用"明细科目发生额减去自行研发无形资产的"无形资产摊销"明细科目发生额
研发费用	根据"管理费用"科目下的"研发费用"明细科目的发生额，以及"管理费用"科目下的自行研发无形资产的"无形资产摊销"明细科目的发生额分析填列
公允价值变动收益（损失以"−"号填列）	"公允价值变动损益"科目发生额 贷方发生额为正数，借方发生额为负数
资产处置收益（损失以"−"号填列）	"资产处置损益"科目发生额 贷方发生额为正数，借方发生额为负数

【例7·单选·南京财经2020】 下列各项中，属于制造业企业的"营业收入"的是（　　）。

A. 出租包装物实现的收入

B. 出售固定资产取得的收入

C. 交易性金融资产公允价值变动收入

D. 出售长期股权投资取得的收入

【解析】 选项A通过"其他业务收入"科目核算，属于"营业收入"；B项，出售固定资产取得的收入应计入"固定资产清理"，净损益计入"资产处置损益"，不属于营业收入；C项，交易性金融资产公允价值变动收入应计入"公允价值变动损益",不属于营业收入;D项,出售长期股权投资净损益应计入"投资收益",不属于营业收入。

【答案】A

【例8·单选】2018年10月,某企业"主营业务收入"科目贷方发生额为2 000万元,"其他业务收入"科目贷方发生额为500万元,"其他收益"科目贷方发生额为300万元,本月在结转本年利润前上述科目均没有借方发生额。不考虑其他因素。该企业2018年10月利润表中"营业收入"项目"本期金额"的列报金额为(　　)万元。

A. 800　　　　　　B. 2 800　　　　　　C. 2 500　　　　　　D. 2 000

【解析】"营业收入"项目,应根据"主营业务收入"和"其他业务收入"科目的发生额分析填列。该企业2018年10月利润表中"营业收入"项目"本期金额"的列报金额＝主营业务收入＋其他业务收入＝2 000＋500＝2 500(万元)。

【答案】C

【例9·单选】某企业2018年发生短期借款利息120万元,取得银行存款利息收入30万元。2018年该企业列入利润表"财务费用"项目的本期金额应为(　　)万元。

A. 80　　　　　　B. 100　　　　　　C. 150　　　　　　D. 90

【解析】2018年该企业列入利润表"财务费用"项目的本期金额＝120－30＝90(万元),选项D正确。

【答案】D

【例10·单选】下列各项中,影响企业利润表"利润总额"项目的是(　　)。

A. 向投资者分配的现金股利　　　　　　B. 向灾区捐款发生的支出
C. 收到投资者超过注册资本份额的出资　　D. 确认的所得税费用

【解析】选项A计入应付股利,不影响利润总额;选项B计入营业外支出,影响利润总额;选项C计入资本公积——资本溢价,不影响利润总额;选项D计入所得税费用,不影响利润总额,影响净利润。

【答案】B

第四节　所有者权益变动表

◆考点105·所有者权益变动表的结构

所有者权益变动表是反映构成所有者权益各组成部分当期增减变动情况的报表。在所有者权益变动表上,企业至少应当单独列示反映下列信息的项目:

①综合收益总额;
②会计政策变更和差错更正的累积影响金额;

③所有者投入资本和向所有者分配利润等；

④提取的盈余公积；

⑤实收资本、其他权益工具、资本公积、其他综合收益、专项储备、盈余公积、未分配利润的期初和期末余额及其调节情况。

所有者权益表

编制单位： 　　　　　　　　年度 　　　　　　　　　　单位：万元

项目	本年金额						上年金额		
	实收资本（或股本）	资本公积	其他综合收益	盈余公积	未分配利润	所有者权益合计	……	……	……
一、上年年末余额									
加：会计政策变更 前期差错更正 其他									
二、本年年初余额									
三、本年增减变动余额									
（一）综合收益总额									
（二）所有者投入和减少资本									
（三）利润分配									
（四）所有者权益内部结转									
四、本年年末余额									

◆ 考点 106 · 所有者权益变动表的编制

所有者权益变动表各项目均需填列"本年金额"和"上年金额"两栏。

所有者权益变动表"上年金额"栏内各项数字，应根据上年度所有者权益变动表"本年金额"栏内所列数字填列。上年度所有者权益变动表规定的各个项目的名称和内容同本年度不一致的，应对上年度所有者权益变动表各项目的名称和数字按照本年度的规定进行调整，填入所有者权益变动表的"上年金额"栏内。

【例11·多选】下列各项中，企业应当在所有者权益变动表中单独列示反映的信息有(　　)。

A. 所有者投入资本　　　　　　　　B. 综合收益总额

C. 向所有者(或股东)分配利润　　　D. 提取的盈余公积

【解析】在所有者权益变动表上,企业至少应当单独列示的项目包括:①综合收益总额;②会计政策变更和差错更正的累积影响金额;③所有者投入资本和向所有者分配利润等;④提取的盈余公积;⑤实收资本、其他权益工具、资本公积、其他综合收益、专项储备、盈余公积、未分配利润的期初和期末余额及其调节情况。

【答案】ABCD

【例 12·判断】所有者权益变动表中"综合收益总额"项目,反映净利润和其他综合收益扣除所得税影响后的净额相加后的合计金额。(　　)

【答案】√

【例 13·判断·齐齐哈尔大学 2015】所有者权益变动表"未分配利润"栏目的本年年末余额应当与本年资产负债表"未分配利润"项目的年末余额相等。(　　)

【答案】√

第五节 现金流量表

现金流量表是反映企业在一定会计期间现金和现金等价物流入和流出的报表。

现金流量表

编制单位:　　　　　　　　　　20××年度　　　　　　　　　　单位:元

项目	本期金额	上期金额
一、经营活动产生的现金流量		
销售商品、提供劳务收到的现金		
收到的税费返还		
收到其他与经营活动有关的现金		
经营活动现金流入小计		
购买商品、接受劳务支付的现金		
支付给职工以及为职工支付的现金		
支付的各项税费		
支付其他与经营活动有关的现金		
经营活动现金流出小计		
经营活动产生的现金流量净额		
二、投资活动产生的现金流量		
收回投资收到的现金		

续表

项目	本期金额	上期金额
取得投资收益收到的现金		
处置固定资产、无形资产和其他长期资产收回的现金净额		
收到其他与投资活动有关的现金		
投资活动现金流入小计		
购建固定资产、无形资产和其他长期资产支付的现金		
投资支付的现金		
取得子公司及其他营业单位支付的现金净额		
支付其他与投资活动有关的现金		
投资活动现金流出小计		
投资活动产生的现金流量净额		
三、筹资活动产生的现金流量：		
吸收投资收到的现金		
取得借款收到的现金		
收到其他与筹资活动有关的现金		
筹资活动现金流入小计		
偿还债务支付的现金		
分配股利、利润或偿付利息支付的现金		
支付其他与筹资活动有关的现金		
筹资活动现金流出小计		
筹资活动产生的现金流量净额		
四、汇率变动对现金及现金等价物的影响		
五、现金及现金等价物净增加额		
加：期初现金及现金等价物余额		
六、期末现金及现金等价物余额		

◆ **考点 107 · 现金流量表的作用**

现金流量表按照收付实现制原则编制，将权责发生制下的盈利信息调整为收付实现制下的

现金流量信息,便于信息使用者了解企业净利润的质量。报表使用者利用这些信息,可以评估企业以下几个方面的事项:

①企业在未来会计期间产生净现金流量的能力;

②企业偿还债务及支付企业所有者的投资报酬(如股利)的能力;

③企业的利润与经营活动所产生的净现金流量产生差异的原因;

④会计年度内影响或不影响现金的投资活动与筹资活动。

◆考点 108 · 现金流量表的编制基础

现金流量表以现金为基础,按照收付实现制原则编制。现金流量表所指的现金是广义的现金概念,包括库存现金、可以随时用于支付的存款以及现金等价物。

现金等价物是指企业持有的期限短、流动性强、易于转换为已知金额现金、价值变动风险很小的投资。现金等价物通常包括购买日起三个月内到期或清偿的债券投资,比如国库券、商业本票。

企业在现金流量表中,现金及现金等价物被视为一个整体,现金和现金等价物之间的互换不属于现金流量的内容。

【例14·判断·四川大学2017】企业取得的拟在三个月内出售的股票投资视为现金等价物。( )

【解析】现金等价物通常指投资日起三个月到期或清偿的国库券、商业本票等,不包括股票。

【答案】×

◆考点 109 · 现金流量的分类

现金流量是指某一段时间内企业现金和现金等价物的流入和流出数量,可以分为三类,即经营活动产生的现金流量、投资活动产生的现金流量和筹资活动产生的现金流量。

1. 经营活动产生的现金流量(cash flow from operating activities)

经营活动是指企业投资活动和筹资活动以外的所有交易和事项。

各类企业由于行业特点不同,对经营活动的认定存在一定差异。对于工商企业而言,经营活动主要包括销售商品、提供劳务、购买商品、接受劳务、支付职工薪酬、支付税费等。

2. 投资活动产生的现金流量(cash flow from investing activities)

投资活动是指企业长期资产的购建和不包括在现金等价物范围内的投资及其处置活动。长期资产是指固定资产、无形资产、在建工程、其他资产等持有期限在一年或一个营业周期以上的资产。这里所讲的投资活动,既包括实物资产投资,也包括金融资产投资。

3. 筹资活动产生的现金流量(cash flow from financing activities)

筹资活动是指导致企业资本及债务规模和构成发生变化的活动。这里所说的资本既包括实收资本(股本),也包括资本溢价(股本溢价);这里所说的债务,指对外举债,包括向银行借款、发行债券以及偿还债务等。通常情况下,应付账款、应付票据等商业应付款等属于经营活动,不属于筹资活动。

4. 现金流量分类的判断方法

①判断时遵循"相关性原则"。筹资过程中支付的佣金属于筹资活动;对于自然灾害损失和保险赔款,如果能够确指属于流动资产损失,应当列入经营活动产生的现金流量;属于固定资产损失,应当列入投资活动产生的现金流量。

②对于混合型的现金流量,判断时遵循筹资＞投资＞经营的优先原则。支付的为构建固定资产发生的借款,分类为筹资活动;支付在建工程人员工资,分类为投资活动。

特殊的现金流量分类

情形	现金流量分类
银行承兑汇票到期兑现	经营活动
不附追索权的银行承兑汇票贴现	经营活动
附追索权的银行承兑汇票贴现	筹资活动
附追索权的应收账款保理	筹资活动

【例15·单选·厦国会2018】甲公司2015年发生以下有关现金流量的交易或事项:(1)当期销售产品收回现金36 000万元,以前期间销售产品收回现金20 000万元;(2)购买原材料支付现金16 000万元;(3)取得以前期间已交增值税返还款2 400万元;(4)将当期销售产品收到的工商银行承兑汇票贴现,该贴现不附追索权取得现金8 000万元;(5)购买国债支付2 000万元。不考虑其他因素,甲公司2015年经营活动产生的现金流量净额为(　　)万元。

A. 40 000　　　　B. 50 400　　　　C. 42 400　　　　D. 48 400

【解析】事项(1)、(2)、(3)和(4)均属于经营活动产生的现金流量;事项(5)属于购入现金等价物。甲公司2015年经营活动产生的现金流量净额＝36 000＋20 000－16 000＋2 400＋8 000＝50 400(万元)。

【答案】B

【例16·单选·财科所2017】下列经济业务所产生的现金流量中,应列入现金流量表中"经营活动产生的现金流量"项目的是(　　)。

A. 变卖固定资产收回的现金
B. 取得银行借款收到的现金
C. 取得投资收益收到的现金

D. 支付经营租赁费用付出的现金

【解析】A、C项属于投资活动产生的现金流量；B项属于筹资活动产生的现金流量。

【答案】D

【例17·多选·央财2017】下列交易或事项会引起筹资活动现金流量发生变化的有（   ）。

A. 出售其他债权投资收到的现金

B. 为购建固定资产发生的借款

C. 向投资者分配现金股利

D. 从银行取得短期借款资金

E. 处置固定资产收到现金

【解析】筹资活动是指导致企业资本及债务规模和构成发生变化的活动。这里所说的资本既包括实收资本（股本），也包括资本溢价（股本溢价）；这里所说的债务，指对外举债，包括向银行借款、发行债券以及偿还债务等。AE项属于投资活动产生的现金流量。

【答案】BCD

【例18·单选·西安外国语2016】下列各项中，不属于现金流量表"筹资活动产生的现金流量"的是（   ）。

A. 取得借款收到的现金

B. 吸收投资收到的现金

C. 处置固定资产收回的现金

D. 分配股利、利润或偿付利息支付的现金

【解析】处置固定资产收回的现金属于投资活动产生的现金流量。

【答案】C

◆考点 110·现金流量表的编制

编制现金流量表时，列报经营活动现金流量的方法有两种：直接法和间接法。我国企业会计准则规定企业应当采用直接法编报现金流量表，同时要求在附注中采用间接法提供以净利润为基础调节到经营活动现金流量的信息。

1. 直接法与间接法

要点	直接法	间接法
含义	按现金收入和现金支出的主要类别直接反映企业经营活动产生的现金流量的方法。一般以利润表中的营业收入为起点，调整与经营活动有关项目的增减变动，从而计算出经营活动产生的现金流量	指以净利润为起点，调整不涉及现金的收入、费用、营业外收支等有关项目，剔除投资活动、筹资活动对现金流量的影响，据此计算出经营活动产生的现金流量

续表

要点	直接法	间接法
应用	现金流量表	现金流量表补充资料（附注）
作用	便于分析企业经营活动产生的现金流量的来源和用途，预测企业现金流量的未来前景	便于将净利润与经营活动产生的现金流量净额进行比较，了解净利润与经营活动产生的现金流量差异的原因，从现金流量角度分析净利润的质量

2. 间接法具体计算

现金流量表补充资料

补充资料	本期金额	上期金额
1. 将净利润调节为经营活动现金流量：		
净利润		
加：资产减值准备		
信用损失准备		
固定资产折旧、油气资产折耗、生产性生物资产折旧		
无形资产摊销		
长期待摊费用摊销		
处置固定资产、无形资产和其他长期资产的损失（收益以"—"号填列）		
固定资产报废损失（收益以"—"号填列）		
净敞口套期损失（收益以"—"号填列）		
公允价值变动损失（收益以"—"号填列）		
财务费用（收益以"—"号填列）		
投资损失（收益以"—"号填列）		
递延所得税资产减少（增加以"—"号填列）		
递延所得税负债增加（减少以"—"号填列）		
存货的减少（增加以"—"号填列）		
经营性应收项目的减少（增加以"—"号填列）		

续表

补充资料	本期金额	上期金额
经营性应付项目的增加（减少以"—"号填列）		
其他		
经营活动产生的现金流量净额		
2. 不涉及现金收支的重大投资和筹资活动：		
债务转为资本		
一年内到期的可转换公司债券		
融资租入固定资产		
3. 现金及现金等价物净变动情况：		
现金的期末余额		
减：现金的期初余额		
加：现金等价物的期末余额		
减：现金等价物的期初余额		
现金及现金等价物净增加额		

采用间接法列报经营活动产生的现金流量时，需要对四大类项目进行调整：实际没有支付现金的费用；实际没有收到现金的收益；不属于经营活动的损益；经营性应收应付项目的增减变动。

调节项目	具体内容
利润表调节项目	没有发生现金支出的损失：调增 ①资产减值损失、信用减值损失 ②折旧、摊销费用
	不属于经营活动的费用或损失：调增（收益则以"—"号填列） ①资产减值损失 ②投资损失 ③财务费用 ④公允价值变动损失

续表

调节项目	具体内容
资产负债表调节项目	资产的减少：调增（资产增加则调减） ①递延所得税资产减少 ②存货的减少 ③经营性应收项目减少
	负债的增加：调增（负债减少则调减） ①递延所得税负债的增加 ②经营性应付项目的增加

【例19·单选·西安外国语2016】在采用间接法将净利润调节为经营活动的现金流量时，下列各调整项目中，属于调减项目的是(　　)。

A. 存货的减少　　　　　　　　　　B. 投资收益

C. 经营性应收项目的减少　　　　　D. 公允价值变动损失

【解析】A项存货的减少，说明本期销售的存货中有一部分属于期初已购进的货物，实际本期购货支出小于营业成本金额，应该调增；B项属于投资活动带来的收益，属于调减项目；C项经营性应收项目减少，说明本期从客户处收到的现金大于利润表中确认的销售收入，应该进行调增；D项属于投资活动带来的损失，属于调增项目。

【答案】B

第六节　附注

附注是对在资产负债表、利润表和现金流量表和所有者权益变动表等报表中列示项目的文字描述或明细资料，以及对未能在这些报表中列示项目的说明等。

◆考点111·附注的主要内容

附注应当按照如下顺序至少包括下列内容：
①企业的基本情况；
②财务报表的编制基础；
③遵循企业会计准则的声明；
④重要会计政策和会计估计；
⑤会计政策和会计估计变更以及差错更正的说明；
⑥报表重要项目的说明；
⑦其他需要说明的重要事项；

⑧有助于财务报告使用者评价企业管理资本的目标、政策以及程序的信息。

【例 20·单选·广东工业 2016】 下列关于财务报告的表述中，错误的是(　　)。

A. 财务报告除了包括财务报表之外，还包括其他应当在财务报告中披露的相关信息与资料

B. 财务报告应当反映企业整体的财务状况、经营成果和现金流量，向使用者提供决策有用的信息

C. 财务报告反映会计要素确认与计量的最终结果，是沟通企业管理层和信息使用者之间的桥梁与纽带

D. 财务报告除了应当由单位负责人签字外，还应当由注册会计师签字

【解析】 财务报告不应当由注册会计师签字，注册会计师只在审计报告上签字。

【答案】 D

真题精练

一、单项选择题

1.（四川轻化工 2020）资产负债表中，所有者权益项目里，流动性最强的是(　　)。
   A. 实收资本(股本)　　　　　　　　B. 资本公积
   C. 其他权益工具　　　　　　　　　D. 未分配利润

2.（四川轻化工 2020）依据现行准则，利润表中不会影响营业利润的项目是(　　)。
   A. 研发费用　　　　　　　　　　　B. 其他收益
   C. 信用减值损失　　　　　　　　　D. 其他综合收益

3.（西安外国语 2017）某企业 2009 年 12 月 31 日"无形资产"科目余额为 800 万元，"研发支出"科目余额为 500 万元，"累计摊销"科目余额为 250 万元，"无形资产减值准备"科目余额为 65 万元。该企业 2009 年 12 月 31 日资产负债表中的"无形资产"项目金额为(　　)。
   A. 485 万元　　　B. 550 万元　　　C. 800 万元　　　D. 985 万元

4.（西安外国语 2017）利润表是反映企业一定期间(　　)的会计报表。
   A. 财务状况　　　B. 经营成果　　　C. 现金流量　　　D. 资本变化

5.（西安外国语 2017）"预付账款"科目所属各明细科目期末贷方余额，应在资产负债表(　　)项目内填列。
   A. 预付款项　　　B. 应付账款　　　C. 应收账款　　　D. 预收款项

6.（西安外国语 2017）下列各项中，不属于资产负债表项目的是(　　)。
   A. 货币资金　　　B. 累计折旧　　　C. 预收款项　　　D. 应付账款

7.（西安外国语 2018）下列各项中，不应包括在资产负债表"存货"项目的有(　　)。
   A. 工程物资　　　　　　　　　　　B. 委托加工物资
   C. 正在加工中的在产品　　　　　　D. 发出展览的商品

8. (中国石油 2022)2019 年 12 月 31 日"生产成本"借方余额 500 万元,"原材料"借方余额 300 万元,"材料成本差异"贷方余额 20 万元,"存货跌价准备"贷方余额 10 万元,"工程物资"借方余额 200 万元。资产负债表中"存货"项目金额为(　　)万元。
   A. 970　　　　　　　B. 770　　　　　　　C. 780　　　　　　　D. 790

9. (西安外国语 2016)某企业本期销售商品取得 20 万元,出租厂房收取租金 5 万元,出售不再使用的机器设备取得 8 万元,出售原材料取得 3 万元,转让商标使用权取得 15 万元,则企业本期应确认的营业收入金额为(　　)万元。
   A. 43　　　　　　　B. 51　　　　　　　C. 28　　　　　　　D. 23

10. 某企业 2018 年度实现营业收入 3 000 万元,发生营业成本 2 000 万元,管理费用 150 万元,销售费用 200 万元,税金及附加 60 万元,取得投资收益 100 万元。不考虑其他因素,该企业 2018 年利润表"营业利润"项目"本期金额"的列报金额为(　　)万元。
    A. 590　　　　　　　B. 690　　　　　　　C. 650　　　　　　　D. 750

11. (中央财经 2022)下列属于经营活动现金流量的是(　　)。
    A. 支付在建工程人员工资　　　　　　B. 发放现金股利
    C. 支付租入包装物租金　　　　　　　D. 支付长期借款利息

12. (北国会 2015)下列各科目的期末余额,不应在资产负债表"存货"项目列示的是(　　)。
    A. 库存商品　　　　　　　　　　　　B. 生产成本
    C. 工程物资　　　　　　　　　　　　D. 材料成本差异

二、多项选择题

1. (西安外国语 2016)以下事项中,不属于营业收入的是(　　)。
   A. 出售商品　　　　　　　　　　　　B. 出售长期股权投资
   C. 出售无形资产　　　　　　　　　　D. 出售投资性房地产

2. (北国会 2013)以下哪项计入资产负债表?(　　)
   A. 其他业务收入　　B. 应收账款　　C. 投资性房地产　　D. 盈余公积

3. 下列各项中,制造业企业应计入其他业务成本的有(　　)。
   A. 销售外购原材料结转的成本
   B. 出租无形资产计提的摊销额
   C. 结转随同商品出售不单独计价的包装物的实际成本
   D. 对外进行公益性捐赠发生的支出

4. 下列各项中,应列入利润表"资产处置收益"项目的有(　　)。
   A. 出售原材料取得的收入　　　　　　B. 出售专利权取得的收益
   C. 出售包装物取得的收入　　　　　　D. 出售生产设备取得的收益

5. 下列各项中,属于企业利润表中列报的项目有(　　)。
   A. 每股收益　　　B. 其他收益　　　C. 综合收益总额　　　D. 信用减值损失

6. (齐齐哈尔大学 2015)下列各项中,属于现金流量表"筹资活动产生的现金流量"的有(　　)。
   A. 吸收投资收到的现金　　　　　　　B. 分配利润支付的现金
   C. 取得借款收到的现金　　　　　　　D. 投资收到的现金股利

三、案例分析题

1. (河南财经政法 2020)宏达电子是一家电子元件生产企业,其投资人兼总经理李明创办该企业已经三年,年营业规模已经达 3 000 万元,公司基本走上正轨,为进一步扩大规模,他计划未来三年内在深市中小板发行股票筹集资金。为了达到上市条件,他很关注公司利润的增长和净资产报酬率的提升。2018 年 7 月初,李明要求会计主管余伟将 2018 年上半年报表(截至 2018 年 6 月 30 日的经济业务)呈报给自己,发现利润并不如他想象的那么理想,提出以下疑问:

(1)公司于 1 月份开始研发一种新型电子产品生产工艺,目前已经进入开发阶段,预计开发成功后的产品市场前景非常可观,但是针对 1 月份在研究阶段以银行存款支付的调研费用 200 万元计入期间费用非常不解,产品很快就要研发成功,可以申请专利了,为何不将其随同其他开发支出资本化计入无形资产中?

(2)公司于 6 月 10 日已经收到甲企业采购货物款项 500 万元,并且 7 月 10 日已经向对方提交货物并开具发票,为什么没有将这 500 万元计入利润表?

(3)6 月份的全体销售员工薪酬共计 60 万元,预计 7 月 20 日才会实际支付,为什么尚未支付就已经作为费用计入了利润表?

要求:

(1)如果你是会计主管余伟,该如何解答上述疑问?请一一作答。

(2)为 1 月发生的研发调研费 200 万元(假定银行存款支付)、6 月 10 日预收到销货款 500 万元(假定收到的是银行存款)、6 月份尚未实际支付的销售员工薪酬 60 万元这三项业务,编制相应的会计分录,并回答上述会计分录最终应该分别在什么报表及报表项目得到体现。

2. (云南师范 2017、三峡大学 2022、广东金融 2023)甲公司为有限责任公司,属于一般纳税人企业,某会计期间发生下列经济业务。请根据下列经济业务运用借贷记账法编制会计分录并编制该期损益表(简要)。

(1)甲公司收到长林集团投资的设备一台,该设备在长林集团原值 100 万元,双方协议作价 80 万元。

(2)甲公司从 A 工厂购进材料一批,发票注明价款 250 万元,增值税 40 万元,货款尚未支付;支付相关运费 10 万元,增值税 1 万元。

(3)结转本期应付给职工的工资为 98 万元,其中:生产工人工资为 43 万元,车间管理人员的工资为 5 万元,公司行政管理人员的工资为 20 万元,销售人员工资 30 万元。

(4)甲公司支付本期水电费 24 万元,相关增值税 2.64 万元。公司行政管理用 1 万元,生产部门用 21 万元,食堂用 2 万元。

(5)甲公司支付公司聘请律师费用 5 万元。

(6)根据材料领用汇总表,本期材料耗用情况如下:生产车间为制造产品 45 万元,生产部门一般耗用 2 万元,行政耗用材料 0.5 万元,销售部门耗用 1 万元,工程建设 2 万元。

(7)支付公司广告费 30 万元。

(8)甲公司按照规定的折旧率,计提本期固定资产的折旧费为 20 万元,其中车间使用的固定资产应提 18 万元,公司行政管理部门应提 2 万元。

(9)结转应由本期负担的流动资产借款利息 15 万元。

(10)汇总结转本期产品销售收入 900 万元,增值税 144 万元,其中收款 70%,其余赊销。

(11)结转本期产品销售成本 360 万元。

(12)计提本期应交城市维护建设税 6.86 万元,教育费附加 2.94 万元。

(13)计提本期应交所得税 61 万元。

(14)股东会决定本期向投资者分配股利 100 万元。

3.(中央财经 2022)请回答:以下三笔业务,分别涉及资产负债表哪些项目?

(1)销售货物 1 000 万元,增值税税率为 13%,同时代垫运费 1 万元;

(2)在建固定资产完工;

(3)清查发现存货毁损,残料 10 万元入库。

4.(中南财经政法 2016)甲公司 2015 年有关资料如下:

(1)本期产品销售收入 80 000 元;应收账款期初余额 10 000 元,期末余额 34 000 元;本期预收的货款 4 000 元。

(2)本期用银行存款支付购买原材料货款 40 000 元;用银行存款支付工程用物资货款 81 900 元;本期购买原材料预付货款 15 000 元。

(3)本期从银行提取现金 33 000 元,用于发放工资。

(4)本期实际支付工资 30 000 元,各种奖金 3 000 元。其中经营人员工资 18 000 元,奖金 2 000 元,在建工程人员工资 12 000 元,奖金 1 000 元。

(5)期初未交所得税为 1 600 元,本期发生的应交所得税 6 600 元,期末未交所得税为 600 元。

要求:根据上述资料,计算甲公司现金流量表中下列项目的金额,并列出计算过程(不考虑增值税):

(1)"销售商品、提供劳务收到的现金"项目;

(2)"购买商品、接受劳务支付的现金"项目;

(3)"支付给职工以及为职工支付的现金"项目;

(4)"支付的各种税费"项目;

(5)"购建固定资产、无形资产和其他长期资产所支付的现金"项目。

5.(沈阳大学 2016)某企业 2015 年 4 月 30 日有关余额如下:应收账款借方余额 65 000 元,坏账准备账户贷方余额 500 元,预付账款账户借方余额 30 000 元,原材料账户借方余额 34 000 元,生产成本账户借方余额 56 000 元,库存商品账户借方余额 85 000 元,利润分配账户借方余额 172 500 元,本年利润账户贷方余额 210 000 元。请根据上述资料计算下列资产负债表相关项目期末余额:

(1)应收账款项目的净额;

(2)存货项目的数额;

(3)未分配利润项目的数额。

四、名词解释

1.(江西理工 2014、辽宁石油化工 2020)现金等价物

2. (浙江工商2017、湖南科技2017)现金流量表
3. (吉林财经2016、哈尔滨商业2017)资产负债表
4. (吉林财经2016、沈阳农业2017)利润表
5. (华侨大学2018、北京物资学院2020、吉林财经2021、浙江财经2022)财务报告
6. (财科所2020)综合收益

五、简答题

1. (南京财经2015)简述财务报表的构成及编制要求。具体来说,财务报表的作用主要表现在哪些方面?
2. (北京工商2020)简述财务报表的内容构成与作用。
3. (东北财经2018、新疆农业2020、青海民族2022、新疆财经2022)简述财务报告的内容。
4. (沈阳建筑2020)说说财务报告的组成部分,以及你对它们的理解。
5. (江西理工、内蒙古大学、暨南大学2014、首经贸2017、太原理工2020、山东农业大学2020、北京物资学院2020、北华大学2021、吉林财经2021、新疆财经2022)什么是财务报表?财务报表具体包括哪些报表?各反映什么内容?
6. (中央民族2022)财务报表有哪些?简要介绍一下。
7. (新疆大学2022)财务报表是什么?并谈谈财务报表的定义与分类。
8. (西藏民族2022)谈谈财务报表的分类、特点以及作用。
9. (南华大学2020)财务报表有哪些?内容是什么?作用是什么?
10. (上海对外经贸2022)我国会计准则中所描述的财务报表的定义和作用是什么?
11. (西安交通2022)请你介绍一下财务报表。
12. (山东财经2022)"四表一附"是什么?包括哪些?
13. (江西理工2018)通用财务报告应当提供哪些信息?
14. (江西理工2014、哈尔滨商业2021)财务报告列报的基本要求有哪些?
15. (天津财经2020)财务报告和财务报表的区别是什么?
16. (华东理工2020)权责发生制和收付实现制及其对应的报表有哪些?
17. (太原理工2020、哈尔滨师范2022)财务报告里的基础性报表是哪三张?为什么?
18. (华东理工2020)你认为投资者最看中资产负债表、所有者权益表及利润表中的哪一个?
19. (中国石油(华东)2020、青岛理工2020)你认为三大报表中哪张表最重要?请回答并阐述理由。
20. (山东财经2022)哪两个报表最重要?
21. (中南财经政法2020、武汉纺织2022)资产负债表的编制基础是什么?
22. (沈阳建筑2020)谈谈对财务报告的理解。
23. (浙江工商大学2020)简述资产的分类。
24. (浙江工商2017)简述流动资产的特点。
25. (长安大学2014、西安理工2021)资产负债表中的流动资产包括什么?
26. (暨南大学2020、吉林财经2021、新疆大学2022)什么是资产负债表?反映了企业的哪些信息?

27. (江西理工2018、杭州电子科技2018、内蒙古农业2022、郑州轻工业2022)简述资产负债表的作用及局限性。
28. (西安交通2022)简述资产负债表的组成。
29. (广东财经2020、吉林财经2021)简述资产负债表的结构。
30. (沈阳大学2020)如何理解资产负债表,结构是什么?
31. (南京信息工程2017、新疆农业2018、暨南大学2020、青海民族2020、吉林财经2021、云南民族2022)简述资产负债表期末余额列示方法。
32. (东华大学2020、华北电力2021)在建工程、固定资产在报表中如何填列?
33. (天津财经2023)应收账款、固定资产、预收账款、长期应付款项目在资产负债表中分别如何进行填列?
34. (贵州财经2023)应收账款和应收票据是否完全等同?在资产负债表上分别如何列示?二者最本质的区别在哪里?
35. (首都经济2020、西安理工2020、西安外国语2020)简述存货如何在资产负债表中列示。
36. (东北电力2020)对于尚未清理完的固定资产,应该如何登记?
37. (华北电力2021)"其他综合收益"在报表上如何列示?并分析其原因。
38. (山东师范2021)资产负债表下资金应该列什么项目?
39. (山西财经2021)银行存款都可以在资产负债表中记作"货币资金"吗?
40. (沈阳建筑2022)什么是货币资金?从财务报表的编制角度谈谈你的理解。
41. (昆明理工2021)在资产负债表中,交易性金融资产的价值如何体现?
42. (哈尔滨商业2021)交易性金融负债如何列报?
43. (桂林电子科技2020)你认为资产负债表能否反映企业的市场价值?为什么?
44. (湖南农业2020、华北电力2020、桂林电子科技2020、吉林财经2021)简述利润表的构成。
45. (北京物资2022)利润表的构成项目有哪些?为什么其他综合收益要并入利润表?
46. (安徽财经2022)简述其他综合收益的内容,其他综合收益与收益总额的关系。
47. (云南师范2017)简述企业利润表的格式及编制步骤。
48. (北京交通2015、北国会2018)简述利润的计算过程及利润表的编制方法,并说明企业利润是否可以作为对公司管理层人员进行业绩评价的指标。
49. (云南民族2022)简述利润表的填列方法。
50. (河南农业2022)利润表为什么采用多步法?
51. (暨南大学2020)利润表反映实账户还是虚账户?
52. (武汉科技2020)简述利润表的优缺点。
53. (云南师范2017)论述利润表的作用。
54. (华东理工2020)有哪些项目可以计入投资收益?
55. (兰州财经2022)营业收入和投资收益有什么区别?
56. (天津大学2020)谈谈信用减值损失和公允价值变动损益。
57. (中国石油(北京)2022)研发费用为什么要在报表中单独列示?这样做有什么意义?
58. (成都理工2023)简述研发费用在利润表中单独列示的利弊。

59. (云南大学2023)简述损益满计观和当期营业观。
60. (央财2018、沈阳工业2020&2021、浙江工商2018、沈阳工业2021、中南财经政法大学2020、佳木斯大学2022、哈尔滨商业2021)简述现金流量表的含义及其内容。
61. (沈阳化工2020、吉林财经2021)简述现金流量表的基本结构和主要构成项目。
62. (上海理工2021、北京信息科技2022、北京科技2022)现金流量活动包括哪几个?
63. (江西理工2018)投资活动现金流量主要包括哪些项目?
64. (浙江财经2018)哪些业务活动涉及经营活动现金流量?
65. (重庆理工2020、桂林电子科技2020)简述现金等价物的含义及内容。
66. (中央民族2020)现金和现金等价物是什么?
67. (长沙理工2020)狭义的现金包括哪些内容?
68. (延安大学2023)现金流量表的现金和日常生活中所说的现金有什么区别?
69. (浙江工商2018&2021、沈阳工业2020&2021、中南财经政法2020)简述现金流量表的作用。
70. (东北师范2015)企业编制了资产负债表和利润表,为什么还要编制现金流量表?
71. (南京审计2020)现金流量表直接法和间接法有什么区别?
72. (浙江工商2021)如何编制现金流量表?
73. (广东财经2016)简述用间接法计算经营活动现金流的原理。
74. (北京工商2020)简述现金流量的类别以及经营活动现金流量的列报。
75. (长沙理工2020)什么是经营活动产生的现金流量?
76. (桂林电子科技2020)企业利润表上显示企业有很多钱,为何企业却缺钱?
77. (中国人民大学2017)说明净利润与经营活动产生的现金流量净额存在差异的原因。
78. (广东财经2018)采用间接法将净利润调节为经营活动的现金流量净额时,主要调整哪些项目?
79. (河南理工2020)固定资产的累计折旧影响现金流量表、利润表吗?为什么?
80. (中南财经政法2020)资产负债表中的货币资金项目指什么?现金流量表中的现金项目指什么?二者在有无交易性金融资产的情况下有怎样的等式关系?
81. (沈阳工业大学2020)谈谈对现金流量表的理解。
82. (沈阳大学2020)什么是所有者权益变动表?包含哪些项目?
83. (福州大学2016)简述所有者权益变动表的内容和结构。
84. (深圳大学2020)所有者权益变动表的含义是什么?表中有哪些单独列示的项目?
85. (新疆农业2022)在资产负债表中,已有关于所有者权益的相关信息,你认为还有必要编制所有者权益变动表吗?
86. (首经贸2018)什么是财务报表附注?举例说明财务报表附注的表达方式。
87. (北京交通2017、首经贸2018、沈阳工业2018、西藏民族2020)简述财务报表附注定义及其内容。
88. (沈阳工业2018、新疆农业2020、桂林电子科技2020)简述财务报表附注编制意义。
89. (天津大学2020)会计报表有哪几种?表格分别按什么方式排列?利润表能提供什么信息,

是静态的还是动态的?

90. (西南财经 2022)谈谈对会计报表和附注的理解。

91. (延安大学 2021、北华大学 2021、云南大学 2022、长沙理工 2022)简述资产负债表、现金流量表与利润表三者之间的勾稽关系。

92. (武汉科技 2020、桂林电子科技 2020、山东工商 2022、新疆大学 2022)资产负债表、利润表、现金流量表与所有者权益变动表这四大报表之间有什么联系?

93. (海南大学 2020、北京交通 2015、华北电力大学 2017、湖南科技 2017、河南理工大学 2020、中国矿业(北京)2020、河南理工 2020)简述资产负债表的内容以及与其他报表的勾稽关系。

94. (安徽财经 2022)简述资产负债表和利润表的勾稽关系。

95. (北京交通 2017)财务报表项目哪些以净额列示?

96. (云南财经 2020)谈一谈现金流和利润之间的勾稽关系。

第六篇

特殊
事项篇

第十二章 或有事项

考情点拨

大白话解释本章内容

所谓或有事项就是可能发生也可能不发生的事项。基于谨慎性的原则,一个优秀的会计当然要未雨绸缪,及时地将这一事项反映在财务报告里,可能性大就确认在报表里,可能性小就只是披露。

本章难度 ★
本章重要程度 ★★

本章复习策略

本章内容比较简单,没有什么新的概念,会计处理也都是前面章节已经学习过的"通用思维"。但值得注意的是,本章近两年在主观题中考频逐年上升。本章主要考查形式是主观题,常考或有资产、或有负债、预计负债的定义、区别与联系,大家需要根据本书总结的逻辑层次图加以区分与记忆。

考点精讲

◆ 考点 112 · 或有事项概述

或有事项是指过去的交易或者事项形成的,其结果须由某些未来事项的发生或不发生才能决定的不确定事项。

常见的或有事项:未决诉讼或仲裁、债务担保、产品质量保证、亏损合同、重组义务、环境污染整治。

1. 或有负债

或有负债是指过去的交易或事项形成的潜在义务,其存在须通过未来不确定事项的发生或不发生予以证实;或过去的交易或事项形成的现时义务,履行该义务不是很可能导致经济利益流出企业或该义务的金额不能可靠计量。

或有负债不符合负债的确认条件，因而不能在财务报表中予以确认，但应按相关规定在财务报表附注中披露相关信息。

2. 或有资产

或有资产是指过去的交易或事项形成的潜在资产，其存在须通过未来不确定事项的发生和不发生予以证实。

或有资产不符合资产的确认条件，不能确认为资产，不能在财务报表中予以确认。企业通常不应当披露或有资产，但或有资产很可能为企业带来经济利益的，应当披露其形成原因、预计产生的财务影响。

项目	发生的概率区间
基本确定	95%＜发生的可能性＜100%
很可能	50%＜发生的可能性≤95%
可能	5%＜发生的可能性≤50%
极小可能	0%＜发生的可能性≤5%

◆考点 113·或有事项的确认

企业应当对或有负债的义务与或有资产的权利进行评估，分析判断其是否符合确认条件，如果符合，相应地应确认为负债和资产。

1. 或有事项确认为负债（预计负债）

基于负债的定义和确认条件，与或有事项相关的义务同时满足下列条件的，应当确认为预计负债：该义务是企业承担的现时义务；履行该义务很可能导致经济利益流出企业；该义务的金额能够可靠地计量。

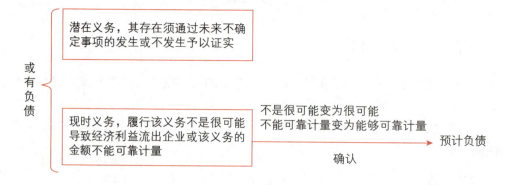

▲或有负债 VS 预计负债图

2. 或有事项确认为资产

或有事项形成的或有资产只有在企业基本确定能够收到且金额能够可靠计量的情况下，才转变为真正的资产（其他应收款），从而予以确认。

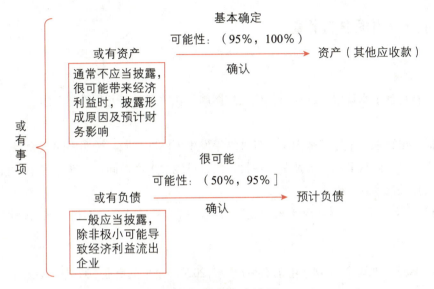

▲或有事项的确认图

【例1·单选·北国会2014&2015】下列各项中，正确的有（   ）。

A. 或有负债只能是潜在义务
B. 或有事项必然形成或有负债
C. 或有事项的结果可能会产生预计负债、或有负债或者或有资产
D. 或有资产在很可能导致经济利益流入企业时应确认为资产

【解析】或有事项是指过去的交易或者事项形成的不确定事项，该事项的结果须由未来事项的发生或不发生才能决定，这种不确定事项可能对应预计负债、或有负债、或有资产三种情形，C项正确，B项错误。或有负债涉及两类义务：一类是潜在义务，一类是现时义务，A项错误。或有资产在导致经济利益流入企业基本确定时才确认为资产，D项错误。

【答案】C

【例2·多选·北国会2013】下列或有资产披露的处理，不正确的有（   ）。

A. 或有资产是企业的潜在资产，不能确认为资产，一般应在会计报表附注中披露
B. 企业通常不应当披露或有资产，但或有资产很可能会给企业带来经济利益的，应当披露其形成的原因、预计产生的财务影响等
C. 对于有可能取得的或有资产，一般应做出披露
D. 当或有资产转化为很可能收到的资产时，应该确认

【解析】企业通常不应当披露或有资产，但或有资产很可能给企业带来经济利益，应当披

露其形成的原因以及预计产生的财务影响，B 选项正确，C 选项错误；或有资产在基本可能(95%，100%)时才予以确认，A、D 选项错误。

【答案】ACD

◆ 考点 114 · 预计负债的计量

1. 初始计量

我国现行会计准则规定，预计负债应当按照履行相关现时义务所需支出的**最佳估计数**进行初始计量。

①所需支出存在一个连续范围，且各种结果发生可能性相同，按照中间值确定；

②如果不存在连续范围，涉及单个项目，按最可能发生金额确定；涉及多个项目，按各种可能结果及相关概率计算确定。

【注意】涉及补偿金额时，应单独通过"其他应收款"科目核算，不得冲减"预计负债"的账面价值。

【例 3 · 单选 · 北国会 2014、中国石油(华东)2020、哈尔滨商业 2021】甲公司于 2015 年 12 月收到法院通知，被告知乙公司状告甲公司侵犯专利权，要求甲公司赔偿 100 万元。甲公司根据法律诉讼的进展情况以及专业人士的意见，认为对原告进行赔偿的可能性在 80% 以上，最有可能发生的赔偿金额为 70 至 80 万元之间，并承担诉讼费用 3 万元。为此，甲公司应在 2015 年年末确认的预计负债是(　　)。

A. 75 万元　　　　B. 63 万元　　　　C. 80 万元　　　　D. 78 万元

【解析】赔偿金额存在一个连续范围，且各种结果发生可能性相同，按照中间值确定，即 75 万元。预计负债＝赔偿金额＋承担的诉讼费用＝75＋3＝78(万元)。

【答案】D

【例 4 · 单选 · 川大 2017、云南师范 2018】2015 年 12 月 31 日，甲公司涉及一项未决诉讼，预计很可能败诉。甲公司若败诉，需承担诉讼费 10 万元并支付赔偿 300 万元，但基本确定可从保险公司获得 60 万元的补偿。2015 年 12 月 31 日，甲公司因该诉讼应确认预计负债的金额为(　　)万元。

A. 240　　　　B. 250　　　　C. 300　　　　D. 310

【解析】或有事项涉及单个项目，最佳估计数按最有可能发生的金额确定(300＋10＝310)。预期可能获得的补偿，只有在补偿能够基本确定时，才能单独作为资产确认，不能冲减预计负债的金额，而且单独确认资产的金额不应超过预计负债的金额。

【答案】D

【例 5 · 单选】甲公司 2017 年度共销售 3 000 件产品。2017 年 12 月 31 日甲公司根据以往经验进行评估，估计其中 5% 很可能发生较大的质量问题，此时每件产品将承担 2 000 元的维修费;有10%很可能发生较小的质量问题,此时每件产品将承担500元的维修费用。2017年12月31日,甲公司因该产品质量保证应确认预计负债的金额为(　　)。

A. 150　　　　　　　　　　　　B. 3 750 000
C. 450 000　　　　　　　　　　D. 450

【解析】该产品质量保证涉及多个事件(既有大质量问题,又有较小质量问题),属于涉及多个项目的情形,最佳估计数按各种可能发生额及发生概率加权计算确定,即 3 000×5%×2 000+3 000×10%×500=450 000(元)。

【答案】C

2. 后续计量

企业应当在资产负债表日对账面价值进行复核。有确凿证据表明该账面价值不能真实反映当前最佳估计数的,应当按照当前最佳估计数对该账面价值进行调整。

3. 会计处理

情形	会计处理
产品质量保证形成的预计负债	企业应于期末根据可能发生的质量保证费用确认为预计负债: 借:销售费用 　贷:预计负债——产品质量保证
未决诉讼、债务担保形成的预计负债	借:营业外支出(赔偿金) 　　管理费用(诉讼费) 　贷:预计负债——未决诉讼
亏损合同形成的预计负债	(1)亏损合同是指履约成本超过预期经济利益的合同。亏损合同确认的预计负债应当反映企业退出该合同的最低净成本,即履行该合同的成本与未能履行该合同而发生的补偿成本或处罚金额两者之间的较低值; (2)企业拥有合同标的资产的,应当先对标的资产进行减值测试并按规定确认减值损失,如预计亏损超过该减值损失,应将超过部分确认为预计负债: ①存在标的资产时: 借:资产减值损失 　贷:存货跌价准备 借:营业外支出 　贷:预计负债 ②不存在标的资产: 借:营业外支出 　贷:预计负债

续表

情形	会计处理
固定资产弃置义务	①购置固定资产时： 借：固定资产 　　贷：在建工程/银行存款 　　　　预计负债——固定资产弃置义务 ②分期确认利息： 借：财务费用 　　贷：预计负债——固定资产弃置义务
重组义务	重组是指企业制定和控制的，将显著改变企业组织形式、经营范围或经营方式的计划实施行为。企业应当按照与重组有关的直接支出确定该预计负债金额。直接支出包括自愿遣散、强制遣散、不再使用的厂房的租赁撤销费。重组义务涉及的员工遣散费，其性质为预计负债，但因与企业员工相关，应通过"应付职工薪酬"科目核算 借：管理费用 　　贷：应付职工薪酬 借：营业外支出 　　贷：预计负债

佳姐翻译

重组义务中确认的预计负债与计入"预计负债"科目是一回事吗？

不是一回事。重组义务中确认的预计负债是指应确认的与重组直接支出相关的估计金额。而重组义务中涉及的员工遣散费，虽为重组直接支出，但因其职工薪酬属性，应计入"应付职工薪酬"，不计入"预计负债"科目。因此前者的范围大于后者的范围。

【例6·业务处理·新疆农业2017】甲公司因违约而被乙公司起诉，截至2021年12月31日法院尚未做出判决。甲公司法律顾问预计甲公司很可能需要赔偿，赔偿金额在200万元至300万元之间，并且这个区间每个金额发生的可能性都大致相同。请编制2021年12月31日甲公司对上述事项处理的分录(答案金额单位以万元表示)。

【答案】

借：营业外支出　　　　　　　　　　　　　　　　　　　　　　　　　250
　　贷：预计负债　　　　　　　　　　　　　　　　　　　　　　　　250

【例7·业务处理·华北电力(北京)2021】大丰公司(以下简称公司)为股份有限公司，为增值税一般纳税人。2020年12月5日因劳动合同纠纷被职工起诉。2020年12月31日还未接到法院判决。法律顾问认为该起诉讼很可能对公司不利,如果败诉估计赔偿金额为20万元至30万元,而且这个区间每个金额的可能性都大致相同,其中诉讼费2万元。请编制2020年12月公司相关经济业务的会计分录,并写出必要的计算过程。会计分录中的金额以万元为单位。

【答案】大丰公司因未决诉讼确认的预计负债金额＝25＋2＝27(万元)

借：营业外支出　　　　　　　　　　　　　　　　　　　　　　　25
　　管理费用　　　　　　　　　　　　　　　　　　　　　　　　2
　　贷：预计负债　　　　　　　　　　　　　　　　　　　　　　　27

【例8·单选】2019年12月1日,甲公司与乙公司签订一项不可撤销的产品销售合同,合同规定：甲公司于5个月后提交乙公司一批新品,合同价格(不含增值税额)为100万元,如甲公司违约,将支付违约金45万元。至2019年12月末,甲公司为生产该产品已发生成本10万元,因原材料价格上涨,甲公司预计生产该产品的总成本为150万元。不考虑其他因素,2020年12月31日,甲公司因该合同确认的预计负债为(　　)万元。

A. 40　　　　　　B. 45　　　　　　C. 50　　　　　　D. 100

【解析】甲公司继续执行合同发生的损失为150－100＝50(万元),如违约将支付违约金45万元,并可能承担已发生成本10万元的损失。因此,甲公司应选择继续执行合同,执行合同将发生的成本＝150－10＝140(万元),应确认预计负债＝140－100＝40(万元)。

【答案】A

【例9·单选】2012年12月,经董事会批准,甲公司自2013年1月1日起撤销某营销网点,该业务重组计划已对外公告。为实施该业务重组计划,甲公司预计发生以下支出或损失：因辞退职工将支付补偿款100万元,因撤销门店租赁合同将支付违约金20万元,因处置门店内设备将发生损失65万元,因将门店内库存存货运回公司本部将发生运输费5万元。该重组业务确认的预计负债金额为(　　)万元。

A. 120　　　　　　B. 165　　　　　　C. 185　　　　　　D. 190

【解析】企业应当按照与重组有关的直接支出确定该预计负债金额。直接支出包括自愿遣散、强制遣散、不再使用的厂房的租赁撤销费。甲公司该项重组业务确认的预计负债有两项：因辞退职工将支付补偿款100万元；因撤销门店租赁合同将支付违约金20万元。共计120万元。

【答案】A

4. 预计负债信息的披露

预计负债在资产负债表负债栏的非流动负债单独列示,列示金额为"预计负债"科目的余额。

企业应当在财务报表附注中对预计负债做如下披露：
①预计负债的种类、形成原因以及经济利益流出不确定性的说明；
②各类预计负债的期初、期末余额和本期变动情况；
③与预计负债有关的预期补偿金额和本期已确认的预期补偿金额。

真题精练

一、名词解释

1.（沈阳大学2016、广东工业2016、河北经贸2015、广东外语外贸2018、哈尔滨商业2016&2021、上国会2017、新疆农业2017、新疆农业2020）或有事项
2.（财科所2015&2017、沈阳大学2018、河南财经政法2020、上国会2020、西藏民族2020、湖北民族2021、天津财经2021、哈尔滨商业2021、南京师范2023）或有负债
3.（中国石油（北京）2014、哈尔滨商业2017、财科所2019、哈尔滨商业2021）预计负债
4.（武汉科技2023、南京师范2023）或有资产

二、简答题

1.（武汉科技2020、天津大学2020、重庆理工2021、首都经济贸易2021）请问什么是或有事项？请举例说明。
2.（河南财经政法2020）或有事项有哪些？
3.（北京第二外国语2020）或有事项有什么特征？如何进行披露？
4.（南京林业2023）谈谈对或有事项的理解。
5.（湖南理工2020、武汉理工2020）说一说或有负债的定义，并举3个例子。
6.（陕西师范2020、华北电力（北京）2021）什么是或有资产？请举例说明。
7.（北京交通2015）至少举五个例子说明什么是或有事项，并说明或有负债和预计负债是怎样进行会计信息披露的。
8.（北京工商2020、华北电力（保定）2020）或有事项是什么？如何进行分类和计量？
9.（浙江农林2021）什么是或有事项？满足哪些条件可以确认为预计负债？
10.（哈尔滨商业2017、上国会2017、西南财经2021、华北电力（北京）2021、新疆农业2018&2019）如何理解预计负债的确认条件？
11.（上海对外经贸2020）预计负债所核算的经济事项有哪些？
12.（湖南理工2020）预计负债是什么？有什么特点？并举出3个例子。
13.（首都经济贸易2023）如何确定预计负债的最佳估计数？
14.（天津财经2021）简述预计负债的列报和披露要求。
15.（北京工商2020）预计负债和或有负债有什么区别？
16.（湖北民族2021）请举例说明或有负债、负债与预计负债。

第十三章 资产负债表日后事项

考情点拨

大白话解释本章内容
所谓资产负债表日后事项就是在资产负债日（一般指12月31日）至财务报告批准报出日之间发生的需要调整或说明的事项。由于财报在这一期间还没有公布，如果发生影响财务报告或影响财务报告使用者做出正确估计和决策的事项，就需要对财务报告做出调整或披露，以使得财务报告使用者能够全面、客观地了解企业的财务信息。
本章难度 ★★ 本章重要程度 ★
本章复习策略
本章内容比较简单，考试也多以主观题形式出现，考查的多为基本概念，大家在理解资产负债表日后事项实质的基础上进行记忆即可。

考点精讲

第一节 资产负债表日后事项概述

◆ 考点 115 · 资产负债表日后事项概念

资产负债表日后事项又称为期后事项，是指资产负债表日至财务报告批准报出日之间发生的需要调整或说明的事项。

①资产负债表日，即结账和编制资产负债表的日期。在我国会计年度中，资产负债表日一般是指每年12月31日。

②财务报告批准报出日是由董事会、经理（厂长）会议或类似机构批准财务报告报出的

日期。

③资产负债表日后事项并非涵盖上述特定期间内发生的所有事项,而是那些与资产负债表日存在状况有关的事项或对企业财务状况具有重大影响的事项。

④如果在财务报告批准报出日至实际报出日之间又发生了需调整或说明的事项,则需重新修正报告内容并再次确定财务报告的批准报出日,此时资产负债表日后事项的期间界限应顺延至新确定的财务报告批准报出日。

【注意】判断是否是资产负债表日后事项有两个关键点:时间+性质

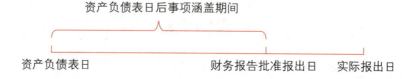

⑤资产负债表日后事项按其性质和处理方法分为以下两类。

```
                    ┌─ 调整事项:指对资产负债表日已经存在的情况提供了新的或进一步
                    │           证据的事项,从而有助于对资产负债表日存在状况的有关金额做出
                    │           重新估计
   资产负债表 ──────┤
   日后事项         │
                    │
                    └─ 非调整事项:指在资产负债表日以后才发生或存在的、不影响资产
                                  负债表日存在状况的,但如不加以说明,将会影响财务报告使用者
                                  做出正确估计和决策的一种资产负债表日后事项
```

【例1·单选·兰州理工2023】某上市公司2×20年的年度财务报告2×21年2月10日编制完成,注册会计师完成整个年度审计工作并签署审计报告的日期为2×21年3月5日,经董事会批准财务报告可以对外公布的日期为2×21年3月15日。在财务报告实际报出之前,2×21年3月18日,该公司2×20年8月销售的一批产品被退回,此项销售退回对公司的经营成果影响很大,经调整或说明后的财务报告再经董事会批准的报出日期为2×21年3月20日,财务报告的实际报出日为2×21年3月25日,则资产负债表日后事项的涵盖期间为(   )。

A. 2×21年1月1日至2×21年2月10日
B. 2×21年1月1日至2×21年3月5日
C. 2×21年1月1日至2×21年3月15日
D. 2×21年1月1日至2×21年3月20日

【解析】如果在财务报告批准报出日至实际报出日之间又发生了需调整或说明的事项,则需重新修正报告内容并再次确定财务报告的批准报出日,此时资产负债表日后事项的期间界限应顺延至新确定的财务报告批准报出日。本题中新确定的财务报告批准报出日为2×21年3月20日。

【答案】D

第二节 资产负债表日后调整事项

考点 116·调整事项的概念与特点

资产负债表日后调整事项，是指对资产负债表日已经存在的情况提供了新的或进一步证据的事项，从而有助于对资产负债表日存在状况的有关金额做出重新估计的一种资产负债表日后事项。

资产负债表日后调整事项的特点如下：

①在资产负债表日已经存在，资产负债表日后得以证实；

②对按资产负债表日存在状况编制的财务报表产生重大影响。

【例2·单选·云南师范2023】甲公司2×19年度财务报表于2×20年3月20日经董事会批准对外提供。2×20年1月1日至3月20日，甲公司发生的有关交易或事项如下：(1)2×20年1月20日，法院对乙公司就2×19年8月起诉甲公司侵犯知识产权案件做出终审判决，甲公司需支付乙公司的赔偿超过其2×19年年末预计金额200万元；(2)根据2×19年12月31日甲公司与丙公司签订的销售协议，甲公司于2×20年1月25日将其生产的产品发往丙公司并开出增值税专用发票。丙公司收到所购货物后发现产品质量存在严重问题，随即要求退货。甲公司于2×20年2月3日收到丙公司退回的产品并开具红字增值税专用发票；(3)2×20年2月15日，甲公司收到丁公司2×19年12月销售货款；(4)2×20年3月10日，甲公司与戊公司签订收购其持有的W公司全部股权的协议。假定上述交易或事项均具有重要性，不考虑其他因素，应作为甲公司2×19年年末资产负债表日后调整事项的是(　　)。

A. 销售退回

B. 签订收购股权协议

C. 法院判决的赔偿金额大于原预计金额

D. 收到丁公司货款

【解析】资产负债表日后调整事项，指对资产负债表日已经存在的情况提供了新的或进一步证据的事项，选项C属于资产负债表日后调整事项。选项A、B、D中的事项在资产负债表日前尚未存在，不属于调整事项。

【答案】C

【例3·多选】甲股份有限公司(以下简称"甲公司")2×19年度财务报告经董事会批准对外公布的日期为2×20年3月30日，实际对外公布的日期为2×20年4月3日。甲公司2×20年1月1日至4月3日发生的下列事项中，应当作为资产负债表日后事项中的调整事项的有(　　)。

A. 3月1日发现2×19年10月接受捐赠获得的一项固定资产尚未入账

B. 3月11日临时股东大会决议购买乙公司51%的股权并于4月2日执行完毕

C. 3月10日甲公司被法院判决败诉并要求支付赔款1 000万元，对此项诉讼甲公司已于

2×19年年末确认预计负债800万元

D. 2月1日购入丁公司的股权的相关手续已办妥，能够对丁公司实施控制，该项股权收购协议于2×20年1月5日签订

【解析】选项A，资产负债表日后期间发现重要的前期会计差错，属于资产负债表日后调整事项；选项C，资产负债表日后期间对资产负债表日已经存在的事项提供新的证据，属于资产负债表日后调整事项。选项B、D在资产负债表日前尚未存在，不属于调整事项。

【答案】AC

◆考点117·调整事项处理原则

资产负债表日后发生的调整事项，应当如同资产负债表所属期间发生的事项一样，做出账务处理，并调整资产负债表日的财务报表。调整的财务报表包括资产负债表、利润表及所有者权益表等内容，但不包括现金流量表正表和资产负债表中"货币资金"项目。

由于资产负债表日后事项发生在报告年度的次年，报告年度的有关账目已经结转，特别是损益类科目在结账后已无余额。因此，资产负债表日后发生的调整事项，应具体分别以下情况进行处理：

①涉及损益的事项，通过"以前年度损益调整"科目核算。调整完成后，应将"以前年度损益调整"科目的贷方或借方余额，转入"利润分配——未分配利润"科目。

②涉及利润分配调整的事项，直接在"利润分配——未分配利润"科目核算。

③不涉及损益以及利润分配的事项，调整相关科目。

④通过上述账务处理后，还应同时调整财务报表相关项目的数字，具体包括：

a. 资产负债表日编制的财务报表相关项目的期末数或本年发生数；

b. 当期编制的财务报表相关项目的期初数或上年数；

c. 经过调整后，如果涉及报表附注内容的，还应当做出相应调整。

⑤涉及损益的调整事项，如果发生在资产负债表日所属年度（即报告年度）所得税汇算清缴前的，应调整报告年度应纳所得税额，即对"应交税费——应交所得税"科目进行调整；如果发生在报告年度所得税汇算清缴后，应调整本年度（即报告年度次年）应纳所得税税额，即对报告年度"递延所得税资产"或"递延所得税负债"科目进行调整。

【例4·判断·天津商业2015、齐齐哈尔大学2015】资产负债表日后事项如涉及现金收支项目，应调整报告年度资产负债表的货币资金项目和现金流量表各项目数字。（　　）

【解析】资产负债表日后调整事项中涉及的货币资金，影响的是本年度的现金流量，不影响报告年度的货币资金项目，所以不能调整报告年度资产负债表的货币资金项目。而且资产负债表中的"货币资金"项目和现金流量表正表均采用收付实现制原则编制，后续再进行调整会违背此原则。

【答案】×

【例5·单选】甲公司2×19年度财务报告批准报出日为2×20年3月31日,2×20年3月10日,甲公司发现2×19年的一项重大差错,甲公司应(   )。

A. 不需调整,只将其作为2×20年3月份的业务进行处理
B. 调整2×19年度财务报表期初数和上年数
C. 调整2×20年度财务报表期初数和本年数
D. 调整2×19年度财务报表期末数和本年数

【解析】因重大差错发生在2×19年,又为资产负债表日后事项,所以甲公司应调整2×19年度资产负债表期末数和利润表本年数。

【答案】D

【例6·业务处理·北京航空航天2021】A公司于2020年9月18日销售给B公司一批商品形成应收账款332万元,款项尚未收付。A公司于2020年年末针对此应收账款按预期信用损失模型对其按余额的10%计提了坏账准备。由于B公司长期经营不善于2021年3月1日破产,A公司预计该应收账款只能收回70%。A公司按净利润的10%提取法定盈余公积,采用资产负债表债务法核算所得税,适用所得税税率为25%。A公司2020年财务报告与2021年4月10日批准报出。

要求:编制A公司2021年与资产负债表日后事项相关的会计分录(分录金额单位以万元表示)。

【答案】应补提的坏账准备金额=332×(1-70%-10%)=66.4(万元)
补提坏账准备增加的递延所得税资产=66.4×25%=16.6(万元)

借:以前年度损益调整——信用减值损失　　　　　　　　　　66.4
　　贷:坏账准备　　　　　　　　　　　　　　　　　　　　66.4
借:递延所得税资产　　　　　　　　　　　　　　　　　　　16.6
　　贷:以前年度损益调整——所得税费用　　　　　　　　　16.6
借:利润分配——未分配利润　　　　　　　　　　　　　　　49.8
　　贷:以前年度损益调整　　　　　　　　　　　　　　　　49.8
借:盈余公积　　　　　　　　　　　　　　　　　　　　　　4.98
　　贷:利润分配——未分配利润　　　　　　　　　　　　　4.98

【例7·分录·河海大学2017、西安理工2017】甲公司为增值税一般纳税人,2×16年的财务报告于2×17年4月10日批准对外报出,适用的所得税税率为15%。2×17年4月8日,甲公司于2×16年9月5日销售给乙公司的一批商品因质量问题而被退回。该批商品的售价为1 000万元,增值税税额为130万元,成本为800万元,甲公司已确认收入结转成本,乙公司货款尚未支付。经核实甲公司已同意退货,所退商品已入库。假定甲公司2×16年的所得税汇算清缴于2×17年4月15日完成。不考虑其他因素,请编制甲公司与资产负债表日后事项相关的会计分录(分录金额单位以万元表示)。

【答案】

借：库存商品	800
贷：以前年度损益调整——主营业务成本	800
借：以前年度损益调整——主营业务收入	1 000
应交税费—应交增值税（销项税额）	130
贷：应收账款	1 130
借：应交税费——应交所得税	30
贷：以前年度损益调整——所得税费用	30
借：利润分配——未分配利润	170
贷：以前年度损益调整	170
借：盈余公积	17
贷：利润分配——未分配利润	17

第三节　资产负债表日后非调整事项

◆ 考点 118 · 非调整事项概念

资产负债表日后非调整事项是指在资产负债表日以后才发生或存在的、不影响资产负债表日存在的状况，但如果不加以说明，将会影响财务报告使用者做出正确估计和决策的一种资产负债表日后事项。常见资产负债表日后非调整事项如下：

①资产负债表日后发生重大诉讼、仲裁和承诺；
②资产负债表日后资产价格、税收政策、外汇汇率发生重大变化；
③资产负债表日后因自然灾害导致资产发生重大损失；
④资产负债表日后发行股票和债券以及其他巨额举债；
⑤资产负债表日后资本公积转增资本；
⑥资产负债表日后发生巨额亏损；
⑦资产负债表日后发生企业合并或处置子公司；
⑧资产负债表日后，企业利润分配方案中拟分配的以及经审议批准宣告发放的现金股利或利润。

◆ 考点 119 · 非调整事项处理原则

对于资产负债表日后发生的非调整事项，是表明资产负债表日后发生的情况的事项，与资产负债表日存在状况无关，**不应当调整**资产负债表日的财务报表。但应当在报表附注中**披露**每一项重要的资产负债表日后非调整事项的性质、内容，及其对财务状况和经营成果的影响。无法做出估计的，应当说明原因。

【例8·多选】甲公司2×19年度财务报告于2×20年4月10日对外报出。假定其2×20年发生的下列有关事项均具有重要性，甲公司不应当据以调整2×19年财务报表的有（　　）。

A.5月2日，自2×19年9月即已开始策划的企业合并交易获得股东大会批准

B.4月15日，发现2×19年一项重要交易会计处理未充分考虑当时情况，导致虚增2×19年度利润

C.3月12日，某项于2×19年资产负债表日已存在的未决诉讼结案，由于新的司法解释出台，甲公司实际支付赔偿金额大于原已确认的预计负债

D.4月10日，因某客户所在地发生自然灾害造成重大损失，导致甲公司2×19年应收该客户货款按新的情况预计的坏账高于原预计金额

【解析】选项A和B，不属于资产负债表日后事项期间发生的交易或事项；选项C，无论何种原因，只要该事项在资产负债表日已经存在，在日后事项期间实际支付赔偿金额与原已确认预计负债金额不一致，均应调整原预计负债或确认一项新负债，即按调整事项处理；选项D，属于资产负债表日后自然灾害导致的重大损失，属于非调整事项。

【答案】ABD

【例9·单选·北国会2014】下列各项在资产负债表日至财务报告批准报出日之间发生的各项事项中，不属于调整事项的是（　　）。

A. 资本公积转增资本

B. 以前期间销售的商品发生退回

C. 发现的以前期间财务报表的重大差错

D. 资产负债表日存在的诉讼案件结案对原预计负债金额的调整

【解析】资产负债表日后调整事项，是指对资产负债表日已经存在的情况提供了新的或进一步证据的事项，从而有助于对资产负债表日存在状况的有关金额做出重新估计的一种资产负债表日后事项。选项A，资本公积转增资本是在资产负债表日以后才发生的、不影响资产负债表日存在的状况。

【答案】A

【例10·判断】2×19年年度财务报告批准报出前，公司董事会于2×20年3月25日提出分派现金股利方案，该公司调整了报告年度财务报表相关项目的金额。（　　）

【解析】对于董事会提出的分派现金股利方案，属于资产负债表日后非调整事项，公司应将该事项在报告年度财务报表附注中披露，而不能调整报告年度财务报表相关项目的金额。

【答案】×

【例11·业务处理·华北电力2021】甲公司2018年3月20日披露2017年财务报告。2018年3月5日，甲公司因违约被乙公司起诉，经咨询律师，甲公司很可能赔付乙公司80万元违约金。

要求：

(1)判断该事项是否属于2017年资产负债表日后调整事项。

(2)对上述事项做出会计处理(答案金额单位以万元表示)。

【答案】

(1)不属于,该事项是资产负债表日以后才发生的、不影响资产负债表日存在的状况。

(2)借:营业外支出　　　　　　　　　　　　　　　　　　　　　　　　80
　　贷:预计负债　　　　　　　　　　　　　　　　　　　　　　　　　80

真题精练

一、多项选择题

1.(江汉大学 2020)下列关于资产负债表日后事项的说法中正确的有(　　)。

　　A. 资产负债表日后事项通常按其性质和处理方法分为调整事项和非调整事项

　　B. 资产负债表日后事项中的调整事项能够为资产负债表日或以前所发生的事项提供新的或进一步的证据,并对按资产负债表日存在的状况编制的财务报表产生重大影响

　　C. 资产负债表日后事项中的非调整事项不需要调整财务报表,但需要在报表附注披露

　　D. 资产负债表日至财务报告批准报出日之间发生的自然灾害导致的资产损失属于非调整事项

2.(长沙理工 2017)甲股份有限公司 2015 年年度财务报告经董事会批准对外公布的日期为 2016 年 3 月 30 日,实际对外公布的日期为 2016 年 4 月 3 日。该公司 2016 年 1 月 1 日至 4 月 3 日发生的下列事项中,应当作为资产负债表日后事项中的调整事项的有(　　)。

　　A. 3 月 1 日发现 2015 年 10 月接受捐赠获得的一项固定资产尚未入账

　　B. 3 月 10 日甲公司被法院判决败诉并要求支付赔款 100 万元,对此项诉讼甲公司于 2015 年年末确认预计负债 800 万元

　　C. 4 月 2 日甲公司为从丙银行借入 8 000 万元长期借款而签订重大资产抵押合同

　　D. 2 月 1 日与丁公司签订的债务重组协议执行完毕,该债务重组协议系甲公司于 2016 年 1 月 5 日与丁公司签订

3.甲公司 20×7 年度财务报告批准报出日为 20×8 年 3 月 20 日,则甲公司下列事项中属于资产负债表日后事项中调整事项的有(　　)。

　　A. 20×7 年年末甲公司按应收账款余额的 5% 提取了坏账准备,到 20×8 年 2 月,甲公司收到通知,对方公司已破产,无法偿还所欠货款

　　B. 20×8 年 2 月 3 日发行债券筹集资金 3 500 万元

　　C. 20×6 年销售给丙公司一批货款,价款 500 万元,截至 20×7 年 7 月,丙公司仍未偿还该笔货款,20×7 年 10 月甲公司将丙公司告上法庭,截至 20×7 年 12 月 31 日,法庭尚未宣判,但是,甲公司获胜的概率有 60%;20×8 年 2 月 2 日,法庭宣判甲公司胜诉,要求丙公司立刻归还甲公司的货款,20×8 年 2 月 26 日,甲公司收到丙公司归还的该笔货款

　　D. 甲公司拥有丁公司(外国公司)20% 股权,投资成本为 1500 万元。在编制 20×7 年 12 月 31 日的资产负债表时,甲公司对丁公司的投资按历史成本反映。20×8 年 1 月,丁公司

股票市场价值明显下跌,该国还新增了防止资产和盈利返还给外国投资者的限制。由于这些变动,甲公司断定不可能全部收回对丁公司的股权投资

E. 甲公司有一笔应于20×7年6月30日偿还的贷款,在20×7年后期,甲公司与银行协商,希望将该笔贷款的偿还期限延长至20×8年12月31日。在编制20×7年12月31日的资产负债表时,甲公司与银行延长贷款期限的协商正在进行中,所以甲公司将该笔贷款全部归为流动负债。20×8年2月,银行正式同意延长该笔贷款的期限至20×9年6月30日

二、名词解释

1. (北京交通2020)资产负债表日
2. (江西理工2014、哈尔滨商业2016&2021、华侨大学2017、西安理工2014、长沙理工2018、北京交通2020、济南大学2020、中国石油2021、上国会2023、西安理工2023)资产负债表日后事项
3. (北京交通2020、河北工业2020、西安外国语2020、长沙理工2018、华北电力(北京)2021、哈尔滨商业2021)资产负债表日后调整事项
4. (沈阳农业2017、北京交通2020、东北石油2021、哈尔滨商业2021)资产负债表日后非调整事项

三、简答题

1. (上海大学悉尼工商2018、华北电力(北京)2020、哈尔滨商业2021)简述资产负债表日后事项定义及内容。
2. (福州大学2023)请举例说明什么是资产负债表日后事项。
3. (桂林电子科技2020、哈尔滨商业2021)资产负债表日后事项涵盖期间是什么?
4. (西安财经2017、新疆农业2020、湖北经济2020、中国石油2021、东北石油2021、北华大学2021)简述资产负债表日后事项包含哪些内容,并说明具体如何进行会计处理。
5. (桂林电子科技2020)资产负债表调整事项是什么时候调?怎么调?
6. (江西理工2014)简述资产负债表日后调整事项的处理原则。
7. (浙江工商2017)简述资产负债表日后调整事项的含义及其主要内容。
8. (桂林电子科技2020)资产负债表日后调整事项有哪些?
9. (西安理工2017)资产负债表日后调整事项是什么?与非调整事项有什么区别?
10. 为什么资产负债表日后事项中重要的非调整事项只需要在财务报表附注中进行披露,而不需要对财务报表相关数据进行调整?
11. (绍兴文理2023)什么是资产负债表日后事项?为什么要考虑资产负债表日后事项?资产负债表日后事项和或有负债有什么区别?

四、论述题

1. (河北经贸2015)论述资产负债表日后事项的特点及其包括的内容。
2. (西南财经2018)论述资产负债表日后事项定义、分类以及注意事项。

第十四章 会计变更与差错更正

考情点拨

大白话解释本章内容

本章讲的会计变更和差错更正是完完全全的两个东西,至于为什么放在一起讲解呢,主要是因为变更和更正容易混淆。会计变更,分为会计政策变更和会计估计变更,这两种变更都是因为取得了新信息或发生了新变化,使得变更后能更准确地反映企业的财务状况和经营成果。而会计差错则是因为资产负债表日后发现财报中存在错误,需要对财报进行修改。

本章难度 ★★
本章重要程度 ★

本章复习策略

本章内容比较简单,属于研究生复试考试中的低频考点。会计处理与上章资产负债表日后事项基本一致。学习这章主要是要保持条理与清醒,掌握"②=③-①调整模型",明确原有事项怎么编分录,变更事项怎么编分录,从而得出调整分录怎么编制。

考点精讲

第一节 会计变更

◆ 考点 120 · 会计政策变更

1. 会计政策

会计政策是指企业在会计确认、计量和报告中所采用的<u>原则、基础和会计处理方法</u>。

2. 会计政策变更

定义	会计政策变更是指企业对相同的交易或事项由原来采用的会计政策改用另一会计政策的行为。依据可比性的会计信息质量要求，各期采用的会计原则和方法应当保持一致，不得随意变更	
可以变更的情形	(1)法律、行政法规或者国家统一的会计制度等要求变更	例如：国家颁布新的金融工具准则
	(2)这种变更能够提供有关企业财务状况、经营成果和现金流量等更可靠、更相关的会计信息	例如：投资性房地产从成本模式变更为公允价值模式
不属于变更的情形	(1)对初次发生或不重要的交易或者事项采用新的会计政策； (2)当期发生的交易或事项与以前相比具有本质区别，因而采用新的会计政策。例如金融资产重分类、投资性房地产的转换	

【例1·多选】以下违背可比性原则的是(　　)。
A. 投资性房地产的后续计量由公允价值模式改为成本模式
B. 因预计发生年度亏损，将以前年度计提的无形资产减值准备全部予以转回
C. 鉴于本期经营状况不佳，将固定资产折旧方法由双倍余额递减法改为直线法
D. 由于增加投资，长期股权投资核算由权益法改为成本法

【解析】会计准则不允许投资性房地产后续计量从公允价值模式转换为成本模式，违背了可比性要求；B、C选项均是企业从自身利益出发，随意改变企业会计政策，违背了可比性要求。D选项，增加长期股权投资后，对被投资企业的影响程度从重大影响变为控制，属于会计事项不同引起的会计处理方式变更，不属于会计政策变更，不违背可比性要求。

【答案】ABC

◆考点121·会计估计变更

会计估计是指企业对其结果不确定的交易或事项以最近可利用的信息为基础所作的判断。

由于企业经营活动中内在不确定因素的影响，某些会计报表项目不能精确地计量，而只能加以估计。如果赖以进行估计的基础发生了变化，或者由于取得新的信息、积累更多的经验以及后来的发展变化，可能需要对会计估计进行修订。会计估计变更是指由于赖以进行会计估计的基础发生了变化，或者由于取得新的信息、积累更多的经验以及后来的发展变化，而对原来的会计估计所做的修改。

【注意】会计估计变更并不表明会计估计存在错误，而是由于情况发生变化或者掌握了新信息、获得新经验，对原来的会计估计进行修正可以更好地反映企业财务状况和经营成果。如果原来会计估计错误，需要调整，则属于会计差错更正。

◆ 考点 122 · 会计政策变更与会计估计变更的区分

项目	具体事项
会计政策变更 **（和确认原则、计量基础、处理方法有关）**	(1) 发出存货计价方法的变更 (2) 投资性房地产后续计量模式变更 (3) 分期付款取得的固定资产、无形资产由按购买价款计价变更为购买价款现值计价 (4) 将内部研发项目开发阶段的支出由计入当期损益变更为符合资本化条件的确认为无形资产
会计估计变更 **（和数字估计有关）**	(1) 固定资产折旧方法、年限和净残值的变更 (2) 无形资产的摊销方法、年限和净残值的变更 (3) 坏账准备计提比例的变更 (4) 存货可变现净值估计的变更 (5) 公允价值确定的变更 (6) 预计负债初始计量的最佳估计数确定的变更

【例 2 · 多选 · 四川大学 2017】下列各项中，企业需要进行会计估计的有( )。
A. 预计负债计量金额的确定
B. 应收账款未来现金流量的确定
C. 建造合同完工进度的确定
D. 固定资产折旧方法的选择

【解析】会计估计，是对结果不确定的交易或事项以最近可利用的信息为基础所做出的判断。主要包括：坏账；存货遭受损毁、全部或部分陈旧过时；固定资产的使用年限与净残值；无形资产的受益期限；或有损失等。

【答案】ABCD

【例 3 · 单选 · 厦国会 2014】下列各项中，属于会计政策变更的是( )。
A. 存货的计价方法由先进先出法改为移动加权平均法
B. 将成本模式计量的投资性房地产的净残值率由 5% 变为 3%
C. 固定资产的折旧方法由年限平均法改为年数总和法
D. 将无形资产的预计使用年限由 10 年变更为 6 年

【解析】选项 B、C 和 D 属于会计估计变更。

【答案】A

【例 4 · 单选】下列各项中，属于企业会计政策变更的是( )。
A. 固定资产的残值率由 7% 改为 4%
B. 投资性房地产后续计量由成本模式变为公允价值模式

C. 使用寿命确定的无形资产的预计使用年限由 10 年变更为 6 年

D. 在某一时段内履行的履约义务确认收入时，计算履约进度由投入法改为产出法

【解析】投资性房地产后续计量由成本模式变为公允价值模式属于会计政策变更，选项 B 正确，其他各项均属于会计估计变更。

【答案】B

【例 5·多选·江汉大学 2020】下列关于会计政策变更和会计估计变更的说法中不正确的有（　　）。

A. 固定资产残值率的改变属于会计估计的变更

B. 应收账款坏账准备的计提比例的改变属于会计估计的变更

C. 由于技术进步企业将固定资产折旧方法由直线法改为加速折旧法，属于会计政策变更

D. 由于追加投资企业将长期股权投资的核算由权益法改为成本法，属于会计政策变更

【解析】将固定资产折旧方法由直线法改为加速折旧法，属于会计估计变更，C 选项不正确；由于追加投资企业将长期股权投资的核算由权益法改为成本法，属于当期发生的交易或事项与以前相比具有本质区别而采用的新会计政策，不属于会计政策变更。

【答案】CD

【例 6·单选】企业发生的下列事项中，属于会计政策变更的是（　　）。

A. 本期发生的交易或事项与以前相比具有本质差别而采用新的会计政策

B. 存货发出的核算方法由先进先出法变更为移动加权平均法

C. 首次签订租赁合同，采用租赁准则进行会计核算

D. 使用寿命不确定的无形资产变更为使用寿命有限的无形资产

【解析】不属于会计政策变更的两种情形：

(1)对初次发生和或不重要的交易或者事项采用新的会计政策；(2)当期发生的交易或事项与以前相比具有本质区别，因而采用新的会计政策，因此，选项 A 和 C 不属于会计政策变更；选项 D，属于会计估计变更。

【答案】B

第二节　会计变更的处理方法

◆ 考点 123·会计政策变更的处理方法

1. 处理思路

对于会计政策变更，企业应当根据具体情况，分别采用不同的会计处理方法：

①法律、行政法规或者国家统一的会计制度等要求变更的情况下，企业应当分别以下情况进行处理：

a. 国家发布相关的会计处理办法，则按照国家发布的相关会计处理规定进行处理；

b. 国家没有发布相关的会计处理办法，则采用追溯调整法进行会计处理。

②会计政策变更能够提供更可靠、更相关的会计信息的情况下，企业应当采用追溯调整法进行会计处理。

③确定会计政策变更对列报前期影响数不切实可行的，应当从可追溯调整的最早期间的期初开始应用变更后的会计政策，在当期期初确定会计政策变更对以前各期累积影响数不切实可行的，应当采用未来适用法处理。

2. 追溯调整法与未来适用法

方法	概念	会计核算步骤
追溯调整法	视同该项交易或事项初次发生时即采用变更后的会计政策，并以此对财务报表相关项目进行调整的方法	①计算会计政策变更的累积影响数 ②相关账务处理 ③调整财务报表相关项目 ④财务报表附注说明
未来适用法	将变更后的会计政策应用于变更日及以后发生的交易或者事项，或者在会计估计变更当期和未来期间确认会计估计变更影响数的方法	未来核算按变更后的政策处理

【例7·单选·北国会 2014】某公司的投资性房地产采用公允价值计量模式。2011 年 6 月 23 日，该公司将一项固定资产转换为投资性房地产。该固定资产的账面余额为 400 万元，已折旧 80 万元，已经计提减值准备 30 万元。该项房地产在当日的公允价值为 330 万元，关于转换日的处理，下列各项表述中，正确的是(　　)。

A. 计入公允价值变动损益的金额为 40 万元

B. 投资性房地产的入账价值为 290 万元

C. 该项房地产在转换日的处理不影响当期损益

D. 该事项属于会计政策变更

【解析】非投资性房地产转换为投资性房地产时，公允价值大于账面价值的差额计入其他综合收益，不影响当期损益，A 选项错误，C 选项正确；非投资性房地产转换为投资性房地产，按公允价值 330 万元入账，B 选项错误。将固定资产转换为投资性房地产，两者的处理具有本质区别，不属于会计政策变更。

【答案】C

◆ 考点 124 · 会计估计变更的处理方法

会计估计变更一般采用未来适用法，即不需要计算变更产生的累积影响数，也不需要重编以前年度会计报表，但应对变更当期和未来期间发生的交易或事项采用新的会计估计进行处理。

第三节 会计差错更正

会计差错(前期差错),是指由于没有运用或错误运用下列两种信息,而对前期财务报表造成省略或错报。

(1)编报前期财务报表时预期能够取得并加以考虑的可靠信息;
(2)前期财务报告批准报出时能够取得的可靠信息。

◆考点 125·会计差错更正的处理方法

对于不重要的会计差错,企业不需调整财务报表相关项目的期初数,但应调整发现当期与前期相同的相关项目。属于影响损益的,应直接计入本期与上期相同的净损益项目;属于不影响损益的,应调整本期与前期相同的相关项目。

对于重要的会计差错,企业应当采用追溯重述法进行调整,即视同该项差错从未发生过,从而对财务报告相关项目进行调整。重要的前期差错,是指足以影响财务报表使用者对企业财务状况、经营成果和现金流量做出正确判断的会计差错。如果能够合理确定前期差错累积影响数,则重要的前期差错的更正应当采用追溯重述法。

【例8·单选】甲公司2×18年度的财务报告于2×19年3月31日经批准对外报出。该公司在2×19年6月份发现:2×18年年末库存钢材账面余额为310万元。经检查,该批钢材在2×18年年末的预计售价为300万元,预计销售费用和相关税金为10万元,甲公司此前未计提存货跌价准备。甲公司2×19年12月31日资产负债表中存货项目年初数应调减( )万元。

A. 15　　　　　　B. 13.5　　　　　　C. 0　　　　　　D. 20

【解析】2×18年12月31日应计提存货跌价准备=310-(300-10)=20(万元),甲公司2×19年12月31日资产负债表中存货项目年初数应调减20万元。

【答案】D

【例9·单选】A公司2×18年12月31日发现,应自2×17年12月开始计提折旧的一台管理用固定资产,从2×18年1月才开始计提折旧,导致2×17年度管理费用少记300万元,被认定为重大差错,税务部门允许调整2×18年度的应交所得税。假定A公司采用资产负债表债务法核算所得税,适用的所得税税率为25%,按净利润的10%提取法定盈余公积,不提取任意盈余公积。不考虑其他因素,A公司2×18年度资产负债表中的"盈余公积"项目年初余额应调减的金额为( )万元。

A. 7.5　　　　　　B. 22.5　　　　　　C. 30　　　　　　D. 225

【解析】2×18年度资产负债表中的"盈余公积"项目年初余额应调减的金额=300×(1-

25%)×10%=22.5(万元)

【答案】B

【例10·分录·哈尔滨商业2017、浙江工商2017】甲公司系国有独资公司,按净利润的10%提取法定盈余公积,不提取任意盈余公积。2×18年度的财务报告已批准报出。2×19年甲公司内部审计人员对2×19年以前的会计资料进行复核,发现以下问题:

资料一:甲公司以1 200万元的价格于2×17年7月1日购入一套计算机软件,在购入当日将其作为管理费用处理。按照甲公司的会计政策,该计算机软件应作为无形资产确认,预计使用年限为5年,采用直线法摊销,无残值。

资料二:2×18年12月31日"其他应收款"账户余额中的200万元未按期结转为费用,其中应确认为2×18年销售费用的金额为150万元,应确认为2×17年销售费用的金额为50万元。

资料三:甲公司从2×18年3月1日开始自行研究开发一项新产品专利技术,在研究开发过程中发生材料费1 400万元、人工工资500万元,以及用银行存款支付的其他费用100万元,总计2 000万元。2×18年10月1日,该专利技术已经达到预定用途,甲公司将发生的2 000万元研发支出全部费用化,计入当期管理费用。

经查,上述研发支出中,符合资本化条件的支出为1 200万元,假定形成无形资产的专利技术采用直线法按10年摊销,无残值,并且用该专利技术生产的产品已经全部对外出售。

资料四:甲公司于2×18年3月30日将一栋自用的写字楼对外出租,并采用公允价值模式进行后续计量。该写字楼账面价值为36 000万元(原值42 000万元,累计折旧6 000万元,未计提减值准备),出租时的公允价值为40 000万元,2×18年12月31日的公允价值为42 000万元。

经查,该写字楼不符合采用公允价值模式进行后续计量的条件,应采用成本模式进行后续计量。若采用成本模式进行后续计量,该写字楼应采用年限平均法计提折旧,预计使用年限为25年,预计净残值为0。

资料五:2×18年5月20日,甲公司向乙公司销售商品一批,售价为1 130万元(含增值税),双方约定8个月后收款。甲公司由于急需资金,于2×18年12月30日将该笔应收账款作价1 110万元出售给工商银行,工商银行对该应收账款具有追索权。甲公司进行如下账务处理(金额单位以万元表示):

借:银行存款　　　　　　　　　　　　　　　　　　　　　　　1 110
　　营业外支出　　　　　　　　　　　　　　　　　　　　　　　　20
　贷:应收账款　　　　　　　　　　　　　　　　　　　　　　　1 130

其他资料:
(1)假定上述差错均具有重要性;
(2)假定不考虑所得税及其他因素的影响。

要求:对资料一至资料五的会计差错进行更正。(合并编制结转以前年度损益调整及调整盈余公积的分录,分录金额单位以万元表示)。

【答案】 资料一：对无形资产的调整

2×19年年初无形资产累计应摊销金额＝1 200/5×1.5＝360（万元）

借：无形资产	1 200
贷：以前年度损益调整	1 200
借：以前年度损益调整	360
贷：累计摊销	360

资料二：对销售费用的调整

借：以前年度损益调整	200
贷：其他应收款	200

资料三：对无形资产的调整

借：无形资产	1 200
贷：以前年度损益调整	1 200

2×18年无形资产累计应摊销金额＝1 200/10×3/12＝30（万元）

借：以前年度损益调整	30
贷：累计摊销	30

资料四：对投资性房地产的调整

借：投资性房地产	42 000
其他综合收益	4 000
贷：投资性房地产——成本	40 000
投资性房地产累计折旧	6 000
借：以前年度损益调整	2 000
贷：投资性房地产——公允价值变动	2 000

2×18年投资性房地产累计应摊销金额＝36 000/25×9/12＝1 080（万元）

借：以前年度损益调整	1 080
贷：投资性房地产累计折旧	1 080

资料五：对应收账款的调整

借：应收账款	1 130
贷：短期借款	1 110
以前年度损益调整	20

"以前年度损益调整"科目借方余额＝－1 200＋360＋200－1 200＋30＋2 000＋1 080－20＝1 250（万元）。

借：利润分配——未分配利润	1 250
贷：以前年度损益调整	1 250
借：盈余公积	125
贷：利润分配——未分配利润	125

◆ 考点 126 · 会计差错更正的披露

企业应当在附注中披露与前期差错更正有关的下列信息：
①前期差错的性质。
②各个列报前期财务报表中受影响的项目名称和更正金额。
③无法进行追溯重述的，说明该事实和原因以及对前期差错开始进行更正的时点、具体更正情况。

在以后期间的财务报表中，不需要重复披露在以前期间的附注中已披露的前期差错更正的信息。

真题精练

一、名词解释

1.（深圳大学、北国会 2014、广东工业 2016、山西财经 2018、财科所 2019、浙江理工 2021、吉林财经 2021、东北石油 2021）会计政策
2.（深圳大学、北国会 2014、哈尔滨商业 2017、山西财经 2018、财科所 2018、西南民族 2020、浙江理工 2021）会计估计
3.（西安理工 2017）未来适用法
4.（浙江工商 2017、山西财经 2018）前期差错
5.（南京农业 2017）追溯调整法

二、简答题

1.（南京大学 2018、中国海洋 2018、新疆农业 2019、兰州财经 2020、北京工商 2022）什么是会计政策？请举例说明。
2.（华东理工 2018、浙江工商 2021）会计政策变更是什么？哪些情况可进行变更？请举例说明。
3.（河南大学 2020、暨南大学 2020）什么情况下需要变更会计政策？
4.（西安财经 2020、广东财经 2021）简单解释一下会计政策变更，并说明哪些不属于会计政策变更。
5.（上海对外经贸 2020）公司随意更改会计政策会有什么影响？公司是否能够随意进行会计政策变更？
6.（华北电力（北京）2020）简述会计政策变更与会计估计变更的概念。为什么要区分会计政策变更和会计估计变更？
7.（山东工商 2019、苏州大学 2020）简述会计政策变更和会计估计变更。
8.（华北电力大学 2017）会计估计变更和会计政策变更有什么区别？
9.（云南财经 2020）简述会计政策变更和会计估计变更的区别，并分别举例。
10.（中央财经 2020）某公司购入被投资公司 10 000 股，持股比例从 6% 变为 10%，由可供出售

金融资产变为一项具有重大影响的投资,请问这是否属于会计政策变更?简述会计处理过程。

11. (东北石油 2021)会计估计变更在企业中有哪些表现形式?
12. (新疆农业 2019、湖北经济 2021、东北石油 2022、北京化工 2022、上海大学 2022、河北师范 2022)什么是会计估计变更?请举例说明。
13. (云南大学 2021、桂林电子科技 2020、新疆农业 2019)请你谈谈如何正确划分会计估计变更与会计政策变更,如何正确理解其划分依据,分别举例说明。
14. (暨南大学 2020)会计变更的处理方法有哪些?其适用条件如何?
15. (中南大学 2014、沈阳农业 2017、天津商业 2017、吉林财经 2021)简述会计政策变更的含义及其处理方法。
16. (北国会 2017、首经贸 2017)举例说明如何区分会计政策变更和会计估计变更,企业发生会计估计变更采用什么方法进行处理。
17. (北京工商 2021)会计估计的含义是什么?会计估计变更采用的方法是什么?
18. (华东交通 2016)投资性房地产由成本模式转为公允价值模式是属于何种变更?
19. (华北电力 2022)固定资产折旧方法变更属于会计政策变更还是会计估计变更?如何进行会计处理?
20. (广东财经 2021)存货计价方法从月末一次加权平均变更为先进先出法,属于是会计政策变更还是会计估计变更?
21. (北京航空航天 2018)企业现在应收账款计提比例是 5%,现在要调整为 50%,针对这个会计估计变更,对企业的财务状况、经营成果、现金流量分别有哪些影响?
22. (长沙理工 2017)什么是会计差错?如何更正会计差错?
23. (北京航空航天 2021)重大会计差错的更正方法是什么?

第十五章 跨章节综合题

一、单项选择题

1. (四川轻化工 2020)下列项目违背了会计信息质量谨慎性要求的会计处理是( )。
   A. 当存货可变现净值低于账面价值时计提存货跌价准备
   B. 对技术更新换代快的机器设备采用加速折旧方法计提折旧
   C. 对使用寿命不确定的无形资产既不摊销也不考虑减值测试
   D. 根据当年销售收入的一定比例预计可能的保修费用而形成的预计负债

2. (西安外国语 2016)下列各项中,通常采用公允价值计量的是( )。
   A. 存货的后续计量   B. 其他权益工具投资的计量
   C. 盘盈固定资产的计量   D. 应收账款的后续计量

二、多项选择题

(云南师范 2018)下列各项关于资产期末计量的表述中,正确的有( )。
   A. 持有至到期投资(债权投资)期末按照摊余成本计量
   B. 长期股权投资期末按照市场价格计量
   C. 交易性金融资产期末按照公允价值计量
   D. 应收账款期末按照账面价值与其预计未来现金流量现值孰低计量

三、会计处理题

1. (长沙理工 2016、兰州大学 2023、暨南大学 2023)中海公司为增值税一般纳税人,2015 年 7 月发生下列经济业务:

(1)购入甲材料 200 公斤,单价 40 元,增值税税额 1 360 元,对方代垫运费 400 元,全部款项尚未支付,货物尚未收到。

(2)国家拨入资金 10 000 元存入银行。

(3)售给某公司 A 产品 50 件,单价 320 元,增值税税率 17%,收到对方承兑的一张商业汇票。

(4)仓库发出甲材料 12 000 元,其中生产 A 产品耗用 8 000 元,车间一般消耗 3 000 元,厂部行政管理部门消耗 1 000 元。

(5)上述甲材料已验收入库,结转其实际采购成本。

(6)分配本月工资费用 9 000 元,其中生产 A 产品生产工人工资 6 000 元,车间行政人员工资 1 000 元,厂部行政管理部门人员工资 2 000 元。

(7)按上述工资总额的 14% 计提职工福利费。

(8)计提本月固定资产折旧4 000元,其中车间固定资产折旧2 600元;厂部固定资产折旧1 400元。

(9)以银行存款800元预付明年订阅报刊费。

(10)以存款1 000元支付产品广告费。

(11)预提应由本月负担的借款利息400元。

(12)假设本月产品销售收入26万元,产品销售成本10万元,营业外收入800元,销售费用1 000元,财务费用400元,其他销售收入2 000元,其他销售成本1 200元,管理费用25 000元,营业外支出600元,所得税44 410元。请予以结转。

要求:根据上述资料,编制会计分录。

2.(长沙理工2017改编)甲有限责任公司为一家从事机械制造的增值税一般纳税企业。2016年1月1日所有者权益总额为5 400万元,其中实收资本4 000万元,资本公积400万元,盈余公积800万元,未分配利润200万元。2016年度甲公司发生如下经济业务:

(1)经批准,甲公司接受乙公司投入不需要安装的设备一台并交付使用,合同约定的价值为3 500万元(与公允价值相符),增值税税额为595万元;同时甲公司增加实收资本2 000万元,相关法律手续已办妥。

(2)出售一项专利技术,售价25万元,款项存入银行,不考虑相关税费。该项专利技术实际成本50万元,累计摊销额38万元,未计提减值准备。

(3)被投资企业丙公司其他债权投资的公允价值净值增加300万元,甲公司采用权益法按30%持股比例确认应享有的份额。

(4)结转固定资产清理净收益50万元。

(5)摊销递延收益31万元(该递延收益是以前年度确认的与资产相关的政府补助)。

(6)年末某研发项目完成并形成无形资产,该项目研发支出资本化金额为200万元。

(7)除上述经济业务外,甲公司当年实现营业收入10 500万元,发生营业成本4 200万元、税金及附加600万元、销售费用200万元、管理费用300万元、财务费用200万元,经计算确定营业利润为5 000万元。按税法规定当年准予税前扣除的职工福利费120万元,实际发生并计入当年利润总额的职工福利费150万元。除此之外,不存在其他纳税调整项目,也未发生递延所得税,所得税税率为25%。

要求:

(1)根据资料(1)至(6),逐项编制甲公司相关经济业务的会计分录;

(2)根据资料(2)至(7),计算甲公司2016年度利润总额和全年应交所得税;

(3)确认并结转全年所得税费用;

(4)将"本年利润"科目贷方余额结转至未分配利润;

(5)编制年末按照净利润的10%提取法定盈余公积,并提取任意盈余公积360万元的分录;

(6)计算甲公司2016年12月31日资产负债表中"实收资本""资本公积""其他综合收益""盈余公积""未分配利润"项目的期末余额。(金额用万元表示)

3.(青岛科技2022)W公司为增值税一般纳税人,适用税率为13%。2021年5月发生部分业务如下:

(1)购入一批原材料,增值税专用发票上注明的价款为 200 000 元,增值税为 26 000 元,经税务机关认证可以抵扣,货款已经支付,另购入材料过程中支付运费 1 000 元,运费增值税 90 元;材料已经到达并验收入库。

(2)根据"发出材料汇总表",本月耗用材料 40 000 元,其中为生产产品耗用材料 30 000 元,生产车间耗用材料 6 000 元,企业管理部门耗用材料 4 000 元。

(3)一批原材料用于建造集体福利设施,成本为 20 000 元,购进材料时进项税额 2 600 元已经抵扣。

(4)用原材料对外投资,双方协议不含增值税的价格为 600 000 元。

(5)以银行存款购入一台无需安装的设备,买价 1 000 000 元,增值税 130 000 元。

(6)销售 X 产品 1 件,价款为 200 000 元,增值税销项税额为 26 000 元,商品总成本为 80 000元。W 公司已经开具增值税专用发票,并收取全部款项。

(7)从银行提取现金 8 000 元,备零星使用。

(8)本月产品完工验收入库,结转本月完工产品的生产成本 129 000 元。

(9)开出转账支票支付电视台广告费 60 000 元。

(10)向银行借入 300 000 元 6 个月到期短期借款以补偿流动资金不足,款项已存入银行。

(11)计提本月固定资产折旧 16 000 元,其中生产车间应计提 10 000 元,行政部门应计提 6 000元。

(12)用银行存款支付本月税收滞纳金罚款 1 500 元。

(13)生产车间刘达工程师报销差旅费 1 800 元,原借 2 000 元,余额退回现金。

(14)收到所有者投资 1 000 000 元。

(15)计提法定盈余公积 600 000 元。

要求:根据上述业务编制会计分录。

4.(中南财经政法 2017 改编)甲公司为增值税一般纳税人,适用的增值税税率为 17%,2016 年 11 月 30 日资产负债表部分项目余额如表所示:

单位:万元

项目	期初余额	期末余额
货币资金	3 256.33	
应收账款	1 253.46	
无形资产	2 532.55	
预收账款	1 552.00	
长期借款	3 000.00	
其他综合收益	550.00	

2016 年 12 月发生如下交易或事项:

(1)2日，以银行存款1 200万元购入一宗土地使用权，甲公司将其用于建造厂房。甲公司预计该宗土地使用权可以使用40年，预计净残值为0万元，采用年限平均法进行摊销。同日以银行存款48万元支付了购买土地使用权的契税。

(2)6日，收回乙公司欠款500万元，款项于当日到账。

(3)13日，销售商品一批给丙公司，开具的增值税专用发票注明的价款为520万元，增值税税额为88.4万元，货款丙公司上月已通过预付方式支付500万元，剩余款项丙公司尚未支付。该批商品的成本为450万元。

(4)20日，以银行存款归还到期的长期借款600万元。

(5)31日，将一栋办公楼出租给丁公司，收取年租金120万元，采用公允价值模式进行后续计量。该办公楼的原值为1 500万元，已提折旧850万元，租赁开始日办公楼的公允价值为1 200万元。同日，甲公司持有的其他权益工具投资公允价值上升30万元。

要求：

(1)根据上述事项，编制相关会计分录；

(2)填写2016年12月31日资产负债表期末余额。

5.(三峡大学2017)大明公司2011年1月份发生经济业务如下：

(1)购入原材料一批，取得的增值税专用发票注明：价款300 000元，增值税税额51 000元。款项用银行存款支付讫，材料已验收入库。

(2)用银行存款归还短期借款103 000元，其中本金为100 000元，利息3 000元(已预提)。

(3)销售商品一批，增值税专用发票注明的价款6 000 000元，增值税税额102 000元。款项已收讫存入银行。该批商品的实际成本为240 000元。

(4)购入不需要安装的生产设备一台，取得增值税专用发票注明：价款600 000元，增值税税额102 000元，款项已用银行存款付讫，设备已投入使用。

(5)从银行提取现金900 000元，准备发放职工工资。

(6)用现金发放职工工资。

(7)分配本月职工工资900 000元，其中，生产工人工资500 000元，车间管理人员工资80 000元，行政管理人员工资200 000元，销售人员工资120 000元。

(8)按职工工资的14%计提职工福利费。

(9)本月共领用材料700 000元，其中生产产品领用600 000元，车间一般耗用100 000元。

(10)计提固定资产折旧240 000元，其中，生产用固定资产的折旧为180 000元，管理用固定资产的折旧为60 000元。

(11)用银行存款支付产品的展览费10 000元。

(12)结转本月制造费用371 200元。

(13)本月生产的产品全部完工入库，结转实际成本(假如大明公司只生产一种产品，且不存在期初在产品)。

(14)收到客户归还前欠货款100 000元，已经存入银行。

(15)销售商品一批，开出的增值税专用发票注明：价款600 000元，增值税税额102 000元，款项尚未收到。该批商品的实际成本为380 000元。

(16)收到合同违约金 10 000 元。

(17)厂办王晓借差旅费 2 000 元，付以现金支票。

(18)职工王晓出差归来，报销差旅费 1 800 元，退回现金 200 元。

(19)通过财产清查，发现盘亏设备一台，其成本为 200 000 元，已提折旧 150 000 元，经批准作营业外支出处理。

(20)计提应由本月负担的利息费用 16 000 元。

(21)计提应交城市维护建设税 2 100 元，教育税费附加 900 元。

(22)结转本年利润。

(23)假设会计利润与应纳税所得额一致。计算并结转本月应交所得税，所得税税率为 25%。

(24)将本月实现的净利润转入"利润分配"账户

要求：

(1)根据上述经济业务编制会计分录；

(2)计算出本月营业利润。

6.(三峡大学 2018)根据下列经济事项编制会计分录：

(1)投资性房地产公允价值变动 1 000 万元。

(2)出售原材料 100 千克，单价 9 元，增值税 17%，收到对方支付的银行本票。

(3)出售无形资产(原值 3 000 万元，累计摊销 430 万元，减值准备 540 万元)，售价为 2 000 万元。

(4)购买长期债券，其面值为 3 000 万元，以 2 800 万元购得。

(5)发行普通股 1 000 股，每股 5.2 万元，收回银行存款 5 200 万元。

(6)计提生产工人工资 400 万元，管理人员工资 600 万元，销售人员工资 500 万元。

(7)管理者使用公司提供的小汽车，小汽车原值 1 200 万元，预计使用 10 年，使用年数总和法计提固定资产折旧(今年为第一年)。

(8)采用权益法对长期股权投资进行后续计量，根据被投资单位实现净利润确认投资收益 1 000 万元，股利分配获得 200 万元。

(9)发放现金股利 100 万元。

(10)支付 101 万元银行存款取得一项交易性金融资产，其中包含已宣告但尚未发放的股利 1 万元，另支付 2 万元交易费用。

(11)存货期末账面余额 260 万元，期末公平市场出售价格为 265 万元，出售将发生费用 20 万元。

(12)销货时支付运费 750 万元。

(13)收回委托加工存货，收回后直接用于出售。该委托加工物资耗费原材料 5 万元，加工费 0.4 万元，消费税税率 10%，增值税税率为 17%。以银行存款支付加工费和税费。

(14)预计 1 000 万元应收账款不能完全收回，按 2% 计提减值准备。

(15)仓库出现未入账固定资产盈余，价值 300 万元，后未查明原因，企业认定为前期差错。

7.(齐齐哈尔大学 2018)甲公司为增值税一般纳税人，适用的增值税税率为 17%。对长期股权投资按成本法核算，原材料和库存商品均按实际成本核算，商品售价不含增值税，要求为甲

公司编制有关业务的会计分录。其中"应交税费"和"利润分配"需列出明细账。(答案中的金额单位用万元表示)

2012年甲公司发生如下交易或事项：

(1)12月3日，以商业承兑汇票支付方式购入商品一批，发票账单已经收到，增值税专用发票上注明的货款为30万元，增值税税额为5.1万元。材料已验收入库。

(2)12月5日，以银行存款购入公允价值为100万元的股票，作为交易性金融资产核算，支付相关税费1万元。

(3)12月7日，结转固定资产出售的净收益8万元。

(4)12月10日，公司向大海公司销售库存商品一批，该批商品销售价为100万元，成本80万元，增值税为17万元，商品已发出，并办妥托收手续。

(5)12月11日，分配工资费用，其中生产工人工资62万元，车间管理人员工资6万元，企业行政管理人员工资15万元。

(6)12月19日，购入一批需要安装的设备，取得增值税专用发票注明价款为5 000万元，增值税税额为850万元，立即投入安装。

(7)12月31日，计提管理部门用固定资产折旧20万元；摊销管理用无形资产10万元。

(8)12月31日，确认本年所得税费用3万元。

(9)12月31日，结转本年实现的净利润500万元。

8.(云南师范2017)A公司为增值税一般纳税人企业，2016年11月发生下列经济业务：

(1) 11月3日，从B公司购入甲材料一批，增值税专用发票注明：数量2 000千克，单价10元，不含税价款为20 000元，增值税税额为34 000元，另外对方代垫运杂费2 000元，甲材料当日已经验收入库，A公司尚未支付上述款项。

(2) 11月3日，从银行借入期限为6个月的借款100 000元，款项已存入本公司开户行。

(3) 11月4日，办公室主任王某出差归来报销差旅费8 000元，交回多余现金2 000元(原预借差旅费10 000元)，现金已收讫。

(4) 11月8日，以银行存款10 000元向希望工程捐款。

(5) 11月10日，收到C公司投资100 0000元，已存入银行

要求：

(1)根据经济业务编制会计分录。

(2)回答下列问题：

①会计的职能包含什么？会计职能之间的关系是什么？

②什么是借贷记账法？借贷记账法的理论基础及记账规则是什么？

9.(宁波大学2023)甲公司为上市公司，以生产销售动漫IP形象服饰为主营业务。为促进该服饰销售，甲公司投资拍摄动漫影视作品。在获得《国产电视动画片发行许可证》，并在省版权局进行版权登记拥有版权之后，甲公司将影视作品制作支出确认为存货；将为播放影视作品支付给电视台的播出、广告等费用计入当期销售费用；销售动漫玩具产品时，每月按动漫玩具实现的销售收入占预计总销量收入(动漫玩具未来3年预计收入)的比例对影视剧投资支出金额进行摊销，确认为营业成本。甲公司的上述会计处理是否正确？

四、简答题

1. (中国海洋2021)谈谈资产负债观。
2. (中国人民大学、新疆大学2022、中国财政科学研究院2020、内蒙古财经2020、吉林财经2021、新疆农业2020、四川大学2020、三峡大学2022)什么是公允价值?
3. (北京物资学院2021、广东工业2018)以公允价值计量的资产有哪些?
4. (新疆大学2022)哪些资产、交易或事项涉及公允价值计量?
5. (吉林财经2021、新疆农业2020、四川大学2020、中央民族2023)什么情况下需要以公允价值进行计量?
6. (吉林财经2022)公允价值适用于什么市场?
7. (北京物资2021、广东工业2018)公允价值计量有什么优点和缺点?
8. (桂林电子科技2020)公允价值计量与历史成本计量的区别是什么?
9. (广州大学2018)简述公允价值会计和历史成本会计的优缺点。
10. (安徽财经2022)成本模式和公允价值模式的后续计量对企业财务状况、经营成果和现金流量有何影响?
11. (湖北经济2020)公允价值计量有什么特点?
12. (中国人民大学)公允价值和其他计量方式有什么不同?
13. (三峡大学2022)公允价值是怎么确定的?
14. (中国财政科学研究院2020、内蒙古财经2020)公允价值如何计量?
15. (桂林电子科技2020)怎样反映企业的真实价值?
16. (中国人民大学2020)全部采用公允价值计量就能反映企业的价值吗?
17. (中国财政科学研究院2020、内蒙古财经2020)你如何理解公允价值?
18. (天津财经2020)计量属性中哪个更具有现实意义?
19. (浙江理工2021、吉林财经2021)现值作为会计计量属性,在经济业务上有什么样的具体应用?请至少举五个例子。
20. (聊城大学2023)会计的计量属性有哪些?公允价值是账面价值吗?
21. (湖北经济2022)企业的资产有哪些?它们的后续计量方式是什么?以公允价值计量的资产要注意些什么?
22. (三峡大学2023)简述资产的来源。
23. (东北师范2018)10元的生产工具应该计入固定资产还是流动资产?为什么?
24. (重庆工商2023)土地使用权除了当作无形资产,还可以当作哪种资产?请举例说明。
25. (西南财经2020)结合所学谈谈实际利率法在财务会计中的应用。
26. (华东交通2016、黑龙江大学2022)谈一谈盘盈和盘亏涉及的科目。
27. (陕西师范2020)"公允价值变动损益"科目最后怎么处理?